엄마도 모르는 영재의 사생활

The Gifted Teen Survival Guide

1400명의 천재 청소년들이 밝히는

엄마도 모르는
영재의 사생활

주디 갤브레이스(Judy Galbraith), 짐 덜릴(Jim Delisle) 지음 | 정수민 옮김

유아이북스
Ultimate Information

엄마도 모르는 영재의 사생활

1판 1쇄 인쇄 2017년 7월 15일
1판 1쇄 발행 2017년 7월 20일

지은이 주디 갤브레이스, 짐 딜릴
옮긴이 정수민
펴낸이 이윤규

펴낸곳 유아이북스
출판등록 2012년 4월 2일
주소 서울시 용산구 효창원로 64길 6
전화 (02) 704-2521
팩스 (02) 715-3536
이메일 uibooks@uibooks.co.kr

ISBN 978-89-98156-73-2 03370
값 15,000원

모든 영재 청소년들과 그들에게 격려와 지원을 아끼지 않는

주위의 많은 분들에게 이 책을 바칩니다.

[일러두기]

이 책은 영재 교육에 관심이 있는 모든 독자를 대상으로 출간되었지만, 영재들의
입장을 보다 생생하게 표현하기 위해 영재 청소년에게 직접 이야기하는 형식을
띠고 있습니다.

감사의 글

먼저, 성장 과정에 대한 온라인 설문 조사에 참여해준 1381명의 영재들에게 감사드립니다. 이 책에는 그들이 보내준 의견과 질문이 담겨 있습니다. 수많은 영재들의 솔직하고 사려 깊으며 유익한 정보가 가득한 답변 덕분에 21세기를 사는 독자들에게 의미 있는 책을 만들 수 있었습니다.

또 오하이오 주 트윈스버그에서 실시하는 영재 프로그램인 '프로젝트 플러스Project Plus'에 참여한 수백 명의 중학생들에게도 특별히 감사를 표합니다. 덕분에 교육자로서 저의 인생이 완전히 바뀌었습니다.

전문 분야인 IQ에 대해 조언해준 테레사 보트먼Teresa Boatman, 생각이 깊고 꼼꼼한 천재 편집자 메그 브라츠Meg Bratsch에게도 감사를 전합니다. 영재를 친근하게 여기던 메그 브라츠의 마음은 특히 기억에 남습니다. 덕분에 출간 작업이 정말 즐거웠습니다.

마지막으로 에세이를 기고해준 여러분들께도 감사를 표합니다. 많은 분들의 특별한 목소리와 생각이 더해져 이 책이 더 풍요로워질 수 있었습니다.

모험하지 않으면 아무것도 얻을 수 없다

영재를 위한 전문 교육 프로그램을 운영하는 학교는 좀처럼 찾아보기 힘들다.

지금 여러분이 살고 있는 지역에 이런 영재 프로그램이 있고, 영재들이 교사의 도움을 받으며 잘 자라고 있다면, 이 책은 필요 없을 것이다. 하지만 현실은 그렇지 않다. 당신이, 혹은 당신의 자녀가 단 한 번이라도 주변 환경에서 지루함, 혼란, 갈등, 불만, 소외감을 느껴봤거나 도전할 만한 무언가가 없어서 심심해했던 적이 있다면, 이 책을 쭉 읽기를 권한다. 이런 감정이 영재성에 어떤 영향을 미치는지 알게 될 것이다.

☆ 이 책을 쓰기까지

이 책은 영재에 '대한' 책이 아니라, 영재를 '위한' 책이다. 철저히 영재의 편에서 이야기를 한다는 뜻이다.

책이 나오기까지는 그 누구보다 약 1400명에 달하는 영재 청소년의 도움이 컸다. 이들의 국적은 무척 다양하다. 미국과 캐나다, 영국, 아일랜드, 아이슬란드, 벨기에, 네덜란드, 프랑스, 이탈리아, 오스트리아, 루마니아, 그리스, 터키, 파키스탄, 남아프리카공화국, 중국, 호주, 뉴질랜드 등 세계 여러 나라에 살고 있다. 이들은 영재로 성장하면서 느낀 점을 묻는 설문 조사에 선뜻 응해 주었다. 직접 만나 이야기를 들려준 수많은 영재들의 도움도 컸다. 변화를 요구하는 진보적인 성향의 교육자, 부모, 기타 영재 전문가의 지식과 최근까지의 관련 연구 결과에서도 많은 도움을 받았으며, 영재 아동과 청소년을 전문으로 교육하는 사람으로서 우리의 경험도 책 곳곳에 녹아있다.

안타깝게도 미국을 비롯한 세계 여러 나라에서 영재 교육을 무시하거나 비난한다. 예산 삭감과 축소로 영재 양성 프로그램을 폐지한 곳도 여럿이다. 예산이 빠듯하니 실력 있는 교사의 수는 줄었고, 반면 그들의 할 일은 많아졌다. 판에 박힌 교육에 치중한 결과 영재 아이들이 마땅히 받고 즐겨야 할 도전 기회가 줄어든 것이다.

미국의 '낙오 학생 방지법 NCLB(No Child Left Behind)' 제도에서 이런 현실을 엿볼 수 있다. 필수 시험 합격을 위해 모든 학생을 '시험 대비를 위한 교육'에 집중시키는 것이 이 제도의 취지이다. 이론적으로 생각하면 무척 좋아 보인다. 어떤 아이도 뒤처져서는 안 되고, 중요한 교육을 받을 기회를 '꼭' 가져야 한다는 내용이니 말이다. 하지만 일반 학급에서 수업 받는 학생의 성향이 매우 '폭넓다'는 점을 간과해서는 안 된다. 영재의 입장에서 이런 제도는 역차별인 것이다. 영재들은 학습 단계에 차이가 많이 나는 다른 아이들과 한 반에서 함께 공부해야 한다. 대개 교사는 평범한 유형보다는 진도를 따라오지 못하는 아이들을 가르치는 데 많은 시간을 할애할 수밖에 없다. 그로 인해 학습 진도가 빠른 학생, 즉 영재들은 자신에게 맞는 교육을 받지 못하게 되고, 학교생활은 지루해진다. 새로운 것을 배워야 할 시간에 낮잠을 자거나 단순한 정보만 반복하면서 숙제와 수업을 묵묵히 해내야 하기 때문이다.

오늘날 똑똑하다는 것은 그 어느 때보다 멋진 재능으로 추앙받고 있다. 이게 다 래리 페이지Larry Page와 세르게이 브린Sergey Brin[구글(google) 창업자], 나탈리 포트만Natalie Portman[오스카상 수상 배우, 하버드대학교(Harvard University) 졸업생, 과학 논문 출판], 미첼 베이커Mitchell Baker[모질라 파이어폭스 브라우저(Mozilla Firefox browser) 개발자], 마크 저커버그Mark Zuckerberg[페이스북(facebook) 창업자] 등 부유하고 유명한 천재들 덕분이다. 그렇다면 이제 더 이상 과거처럼 머리 좋은 학생들이 괴롭힘과 놀림을 당하거나 원망의 대상이 되지 않을까? 아쉽지만 그건 아니다.

어른들의 세상에는 '멋진 괴짜'가 존재하지만, 중학교와 고등학교 안에서도 똑같이 적용되지는 않는다. 영재 학생의 경우 성적은 좋을 수 있으나 학교에서 인기 있다고 장담하기 힘들다. 10대 또래 집단에서 인기가 높은 아이들은 멋진 외모를 가졌거나 친구가 많은 아이 또는 상이나 전액 장학금을 받는 운동선수 정도다. 많은 똑똑한 학생들은 그 안에 속하지 못한 채 '괴짜', '범생이', '얼간이' 혹은 더 심한 말로 불리고 있다. 이렇게 영재들은 참기 힘든 괴롭힘과 인신공격을 받으며, 가끔은 심한 폭력을 당하기도 한다.

"우리는 문화적으로 아름다움과 체력을 지식보다
더 높게 생각하는 듯합니다."- 그레고리 안리그(Gregory Anrig),
미국교육평가원(ETS, Educational Testing Service) 전 회장

☆ 이 책에서 얻을 수 있는 것들

이 책에는 영재성, 지능, 대학 입시 준비나 진로 문제뿐만 아니라 남들과 달라서 겪는 왕따, 우울증 등에 대해서도 담고 있다. 뿐만 아니라, 실제 조사를 통해 확인된 영재 학생의 관심사와 이들의 중요성에 대해서도 다루었다. 대략적인 내용을 알고 싶다면 페이지를 먼저 훑어보고, 더 알고 싶은 내용이 있으면 거기서부터 읽어도 좋다.

오랫동안 영재 학생들은 학교 그리고 교사와의 문제에서 수많은 고민을 겪고 있다. 그래서 영재 청소년이 적절한 계획을 세우고 행동하여 적극적으로 교육받을 수 있도록 이 부분에 가장 집중했다. 설문 조사 결과 영재들은 또래와의 관계에서 혼란을 느끼고 있다고 토로했다. 이 주제도 자세히 다루었다. 영재를 자녀로 둔 부모라면 아이에 대한 기대가 높아지기 마련이다. 이러한 상황에서 자녀 스스로 어떻게 대처하면 좋을지에 대한 조언과 함께, 영재의 두뇌와 성격에 대한 놀라운 연구도 담았다. 중요한 주제에 대해 전문가의 지식을 얻을 수 있는 기회도 함께 한다.

마지막으로 이 책에는 설문 조사에 참여한 영재 청소년의 많은 질문과 의견, 그리고 10대 영재와 어른이 된 영재가 기고한 여러 편의 에세이가 실려 있다. 어쩌면 이 글들이 가장 중요하다고 할 수 있다. 자신은 혼자가 아니며 자신처럼 생각하고 느끼는 사람이 존재한다는 것을 아는 것만으로도 위안이 되기 때문이다. 책 전반에 걸쳐 영재 청소년이 스스로를 통제하고 올바른 선택을 하며, 원하고 필요한 것을 얻는 데 유용한 방편을 제공하려고 노력했다.

우리가 하는 이야기가 너무 뻔하거나 당연해 보일 수도 있다. 하지만 고려할 만한 가치가 없다고 일축하기 전에 한번 시도해 보길 바란다. 너무 분명하고 평범하고 단순해 보일지라도 말이다. 옛 속담처럼 '모험하지 않으면, 아무것도 얻을 수 없다.'

> #### ···▶ 중요 포인트
>
> 이 책을 쓰면서 우리는 영재라고 판정받은 10대와 가장 관련 깊은 주제에 초점을 맞추려고 노력했다.

이 책은 우선적으로 영재들을 위해 쓰였지만, 영재의 부모와 교사가 꼭 읽었으면 한다. 이 책을 통해 가정과 교실에서 영재들을 더 잘 이해할 수 있을 것이다. 개인적인 경험에 따르면, 영재와 교사 또는 부모 사이에 문제가 생기는 건 서로 입장을 존중하지 않아서인 경우가 대부분이다. 부모와 교사는 영재에 대해 '애가 뭘 알겠어'라고 생각할 수 있고, 영재 학생은 '나는 100명 중 한 명에 불과하니까 선생님이 신경 써주지 않는다'거나 '부모님은 내가 영재니까 모든 것을 다 알아서 할 수 있다고 생각한다'고 느낄 수 있다. 양쪽 다 상대방이 해줄 수 있는 게 적거나 아예 없다고 단정하는 것이다.

> #### ···▶ 도움말
>
> 이 책에서 쓰인 '부모'라는 말은 친부모에 국한되지 않는다. 양부모, 조부모, 이모, 고모, 숙모, 삼촌, 외삼촌 등 영재 청소년을 돌보는 어른을 의미한다.

서로 존중하고 상대가 무엇을 원하는지를 깨달으면 영재와 부모 또는 교사 사이의 문제는 차츰 사라질 것이다. 책을 통해 부모와 교사가 청소년이 지닌 지식과 능력을 더 존중하게 되길 바란다. 청소년 역시 부모와 교사의 지혜와 경험담에 더 관심을 가졌으면 좋겠다. 양쪽이 말다툼을 하지 않고 서로를 반대하지 않으면 문제는 쉽게 풀릴 수 있다. 이를 위해 언제든지 청소년이 부모 및 교사와 협력하여 도움을 얻을 수 있는 방법을 제안했다.

인생은 나그네길이라는 말이 있다. 그 길이 각자에게 생존만을 위한 길이 아니었으면 한다. 도전할 것이 있고 모험할 만한, 행복하고 만족스러운 길이길 바란다. 아직까지 영재성을 자신의 것으로 받아들이지 못했다면 그렇게 할 수 있길, 그리하여 최대한 활용할 수 있기를 바란다.

행운을 빌며

주디 갤브레이스, 짐 덜릴

목차

- 감사의 글　6
- 머리말 : 모험하지 않으면 아무것도 얻을 수 없다　7

PART 1 영재와의 첫 만남

영재성의 정의　21

영재성은 부담일까, 축복일까?　23

영재에 관한 흔한 루머들　26

문화에 따라 영재가 달라진다?　29

영재에 포함되지 못한 사람들　34

두 배 더 특별한 아이들　42

2E가 된다는 것　54

교육제도 말고, 스스로를 믿어라　55

PART 2 지능을 설계하다

지능에 관한 다섯 가지 질문　63

IQ란 무엇일까?　68

IQ가 진짜로 의미하는 것　71

시험을 망쳤을 때 이렇게 생각해보자　74

머릿속을 들여다보는 여러 가지 검사들　77

PART 3 영재의 엄청난 능력

영재는 '강렬'하다　101

또 다른 강렬한 요소들　　　　　　　　　　　　　109

강렬함은 정상이다　　　　　　　　　　　　　　113

괴짜 같아도 괜찮아　　　　　　　　　　　　　　114

나의 성격을 알아보는 법　　　　　　　　　　　119

한때 괴물이었더라도…　　　　　　　　　　　　122

PART 4 영재의 뇌를 들여다보다

불타는 뇌　　　　　　　　　　　　　　　　　　124

뇌를 들여다보는 이유　　　　　　　　　　　　126

생각 나무 가지치기　　　　　　　　　　　　　128

영재들은 원래 정신없나요?　　　　　　　　　129

PART 5 스스로에 책임감을 갖는 법

위대한 기대, 초라한 결과　　　　　　　　　　137

완벽해야 한다는 생각은 위험하다　　　　　145

완벽주의의 그림자　　　　　　　　　　　　　149

천재는 과연 타고났을까?　　　　　　　　　　159

시간 관리도 배워야 한다　　　　　　　　　　168

공부 습관을 혁신하라　　　　　　　　　　　　177

스트레스는 마음먹기에 달렸다　　　　　　　181

PART 6 즐거운 학교 만들기

똑같은 교육과정은 좋지 않다?　　　　　　　188

영재의 권리를 주장하는 4단계 방법　　　　197

선생님에 대해 공부하기　　　　　　　　　　203

선생님이 거절하면 어떻게 해야 할까?　　　208

다른 선택을 할 수 있다면　　　　　　　　　　215

홈스쿨, 잘 부탁해　　　　　　　　　　　　　　235

뷔페 접시에 음식 담기　　　　　　　　　　　243

PART 7 대학 그리고 미래

대학으로 가는 길 250

어떤 대학을 선택할까? 256

대학의 대안: 가보지 않은 길 278

인턴십: 열정을 찾아가는 길 286

불확실한 것의 아름다움 289

모든 가능성을 열어두자 292

21세기 취업 시장에 오신 것을 환영합니다 293

PART 8 사회가 실전이다

우정이란 무엇일까? 305

나와 잘 맞는 친구를 찾는 법 315

놀림의 진실 325

놀림이 괴롭힘으로 변할 때 332

인터넷에서 똑똑하게 행동하는 법 338

부모님이 바라는 것과 내가 바라는 것 340

PART 9 영재 그리고 10대로 산다는 것

롤러코스터는 이미 출발했다 351

영재와 GLBTQ 355

내가 우울하다고? 361

지혜는 어떻게 공부해야 할까? 366

인생철학을 이야기하다 373

존재감이 희미할 때는 철학을! 375

앞으로 어떤 일이 우리를 기다릴까? 382

• 추천 자료 383

영재와의 첫 만남

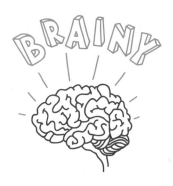

'영재'라는 주제는 냉정하게 말해 대학교 교양 수업 수준이 아니다. 적어도 대학원 수준에서 연구해야 할 정도로 지나치게 복잡해졌다.

우선, 영재라는 용어의 정의가 너무 많다. 미국만 해도 연방 정부와 각각의 주에서 영재의 정의가 천차만별이며, 세계 여러 나라마다 다양하게 정의하고 있다. 물론 수학이나 과학에 엄청나게 뛰어나야 한다는 것처럼 일부 공통된 부분이 보이기도 한다. 해당 연령의 아이들보다 똑똑해야 한다는 규정도 그렇다. 그러니까 만약 뇌가 양동이 같다면, 영재의 뇌는 한 학급 대부분 아이들의 뇌보다 더 많은 물을 담을 수 있어야 한다는 것이다.

> " '영재'라는 것은 정의할 수 없다고 생각해요. 영재란 다른 사람들과 약간 다르다는 뜻인데, 그 '다르다는 것'을 정의하기에는 너무나 다양하거든요." - 노아, 16세

하지만 이것은 수많은 정의 중 일부에 불과하다. 지난 수백 년간 영재의 의미는 여러 차례 바뀌었다. 그렇다. 수백 년 동안 영재를 더 깐깐하게 규정했다가(인구의 1%만이 영재에 해당된다고 보았다), 인구의 20%에 해당될 정도로 관대하게 정의하기도 했다. 영재라는 용어를 누가 만들었는지도 애매하다. 누군가를 지목해서 "그렇군요! 바로 당신이 이 용어를 만든 장본인이군요!"라고 말할 수가 없다. 다만, 1900년대 초 최초의 IQintelligence quotient(지능 지수) 시험인 스탠퍼드-비네Stanford-Binet 방식 개발에 기여한 루이스 M. 터먼Lewis M. Terman이 영재 발굴 운동의 선구자로 여겨질 뿐이다. 이 지능 지수 검사의 평

균 점수는 100점이었는데, 터먼은 여기서 140점 이상 받은 아이들을 '천재'라고 불렀다. 터먼은 수십 년 동안 꾸준히 (그렇다, 수십 년 동안 연구했다) 1528명의 '천재'를 대상으로 연구를 계속했다. 이때부터 영재라는 용어가 쓰이기 시작했고, 좋든 싫든 그 이후 계속 사용되고 있다.

터먼이 살았던 시대부터 지금까지 영재를 뜻하는 말의 다양한 의미를 살펴보면, 영재성은 다음 두 가지 중 하나의 의미를 지닌 것으로 보인다.

★ 영재성이란 '활동'을 통해 나타나는 것이다.
★ 영재성이란 '존재'를 통한 그 사람 자체다.

영재성이 존재가 아닌 활동을 통해 나타난다고 믿는 '활동 지지자'에게 그것은 성과 혹은 생산과 비슷한 말이다. 이들에게 영재를 증명한다는 것은 교향곡을 작곡하거나, 파이(π)를 다시 계산하거나, 무공해 자동차를 발명하거나, '호그와트 Hogwarts [J. K. 롤링(J. K. Rowling)의 소설 해리 포터 시리즈에 나오는 마법 학교-편집자]'라 불리는 학교에 관한 베스트셀러를 써내는 것과 같다. 쉽게 말해 이들에게 영재성이란 인간의 모든 활동에서 뛰어난 능력을 드러

설문 조사에 따르면…

37%의 응답자가 영재성을 논의하는 게 왜 중요한지 궁금해했다.
38%의 응답자가 친구에게 영재를 어떻게 설명해야 할지 알고 싶어 했다.
32%의 응답자가 영재 중 일부가 왜 학교 성적이 좋지 못한지 궁금해했다.

내는 것을 의미한다. 그래서 활동 지지자들은 천재 시인 또는 수재 신경외과 전문의가 있듯이 영재 쿼터백(미식축구의 포지션 중 하나-편집자)과 영재 치어리더도 있을 수 있다고 생각한다. 이들에게 영재가 학업 부진아라는 것, 그러니까 머리 좋은 아이가 학교나 인생에서 좋은 성과를 내지 못한다는 것은 있을 수 없는 일이다. 영재성은 전적으로 행동에 달린 것이므로 만약 천부적인 재능을 가지고도 보통 사람처럼 평균 정도만 쓰고 썩힌다면 영재라는 호칭과 이별이다!

반면에 영재성을 존재 자체와 연관 짓는 '존재 지지자'들은 조금 더 섬세하면서 덜 까다롭다. 이들은 영재성을 타고난 기질로 본다. 이들이 볼 때 영재들은 남다른 인지 능력과 세심함으로 세상을 더 깊이 경험한다. 예를 들면 많은 사람들이 노란색을 볼 때, 뛰어난 재능을 가진 아이는 선황색을 본다. 이 아이에게는 짙은 남색은 단순히 남색이 아니라 사파이어색이며, 분홍색과 푸크시아fuchsia색은 전혀 다른 색이다.

존재 지지자들이 말하는 영재는 논리의 모순을 알아내는 아주 묘한 능력을 갖춘 존재다. 그래서 (비록 사람들이 농담을 이해하지 못할지라도) 풍자와 아이러니를 좋아한다. 부정행위와 위선을 제일 먼저 알아차리기도 한다. 이런 점을 고려해 볼 때, 영재성은 학교 성적이나 인생에서의 성공이 아니라, 사고 활동과 직접적인 관련이 있다. 이런 흔치 않은 능력을 일과 놀이를 통해 보여 준다면 훨씬 많은 일을 해낼 수 있을 것이다. 높은 성과를 내지 못한다 하더라도 영재는 여전히 영재다. 이들에게 영재성이란 본디 한 인간의 타고난 체계이니 말이다.

유능한 아이들을 선발한 첫 번째 사례는 15세기 콘스탄티노플에서였다. 사회 계급과 관계없이 외모, 힘 그리고 지능이라는 선발 조건에 따라 이에 알맞은 소년들을 교육할 목적으로 궁중 학교가 설립되었다. 선천적 기질과 후천적 재능이 합쳐지면 성공에 이를 것이란 희망속에서 이 행운아들은 전사, 정치 지도자, 성직자로 성장하게끔 훈련을 받았다.

영재성의 정의

영재성에 대한 다양한 정의에 지면과 시간을 할애하기보다 가끔은 헷갈리고 혼동되는 이 용어의 정의 중 가장 알맞다고 생각하는 것을 제시하고자 한다. 여기서 말할 정의는 홀로코스트holocaust(제2차 세계대전 중 나치에 의해 일어난 유대인 대학살-편집자) 생존자인 안네마리 로퍼Annemarie Roeper 박사가 저술한 내용이다. 그녀는 70년 넘게 영재들을 연구하고 가르쳤다. 그녀와 그녀의 남편인 조지 로퍼George Roeper는 1941년 미시간 주에 로퍼 학교The Roeper School를 설립했다. 이 학교는 영재 교육 형성 초기부터 이를 제공한 교육 기관 중 하나이며, 유아원에서 고등학교까지 운영되고 있다. 로퍼 박사는 이 혼란스러운 용어를 다음과 같이 설명했다.

영재성이란 인식한 것을 지적, 감정적 경험으로 이해하고 바꾸는 더 높은 의식, 더 높은 감성, 더 큰 재능을 말한다.

다시 말해 영재성에는 '활동'과 '존재'의 의미가 섞여 있다는 것이다. 열일곱 살인 니콜은 여기서 말하는 영재성의 정의에 들어맞는다. 다음은 니콜의 어머니가 어릴 적 니콜이 어땠는지 들려준 내용이다.

"니콜이 다섯 살이었을 때 처음으로 축구를 하게 됐어요. 축구 연습을 할 때 니콜이 공에 집중하지 못한다는 것을 알게 됐죠. 하루는 아이에게 '니콜, 축구에 별로 흥미가 없어 보이는데, 하고 싶지 않다면 안 해도 괜찮아. 그런데 공은 차라고 있는 건데, 축구할 때 대체 뭘 보고 있기에 그렇게 자주 공에 맞는 거니?'라고 물었어요. 그러자 니콜이 이렇게 대답하더군요. '아, 하늘에서 날아가는 거위들을 관찰하고 있었어요. 대형을 이뤄서 날아가기에 혹시 그게 위험을 알리는 신호인지 아니면 다른 이유가 있는지 궁금했어요. 겨울을 나야 하는데, 잘못 가면 안 되잖아요. 걱정돼서요.'"

> "저는 서로 다른 영재성이 어떻게 연관되어 있는지 궁금해요. 예를 들면, 왜 영재 중에 악기를 연주하는 사람이 많은지, 또는 과학을 잘하는 사람은 왜 영어를 잘 못하는지 궁금해요." - 캐리, 16세

이 책 전반에 걸쳐 말하고자 하는 것은 다음과 같다. 영재성은 살면서 평생 지니고 갈 일부이지만 그것에 만족하지 말고 노력해 적극적으로 키워나가야 한다는 것이다. 이를 위해 영재나 영재성이란 것에 대

해 더 자세하게 밝혀 나갈 것이다. 영재가 같은 또래의 아이보다 주변을 더 예민하게 받아들이는 경우에 대해서도 살펴볼 것이다. 영재성을 부담스러워하고 무시할 것이 아니라, 소중히 다룰 수 있도록 가능한 자세하게 방향을 제시하고자 한다.

···▶ **영재 대 재능이 있는 사람**

영재 Gifted와 재능이 있는 사람 Talented을 같이 묶어서 부르거나 줄여서 'GT'라고 하는 것을 들어본 적이 있을 것이다. 영재와 재능이 있는 사람 사이에는 무슨 차이가 있을까? 사실 별로 없다. 예전에는 영재성이 있다는 게 공부를 잘한다는 의미였고, 재능이 있다는 말은 시각 또는 공연 예술에 뛰어난 능력이 있다는 의미였다. 하지만 관련 연구가 계속되면서 공부를 잘하는 영재가 대부분 예술에도 뛰어나며, 그 반대의 경우도 가능하다는 것이 밝혀졌다. 학문적 재능과 예술적 재능을 발견하고 개발하는 것은 개인에게 달려 있다. 따라서 이 책에서는 편의상 모든 영재성과 재능을 아우르는 말로 '영재'를 사용하겠다.

 ## 영재성은 부담일까, 축복일까?

우리가 아는 모든 영재들은 높은 지능이 주는 혜택을 누리고 있다. 이들은 자신이 어려운 개념을 완벽하게 이해할 수 있다는 사실을 잘 알고 있다. 아이디어가 너무도 왕성해서 마치 뇌가 춤을 추는 것 같다고 느끼며 여러 단어의 뉘앙스, 애매한 부분, 다양한 관점을 포착할 수 있다는 사실 또한 즐긴다. 하지만 모든 영재가 이 혜택을 달가워할까?

어떤 아이들은 영재라는 명칭에 발끈한다. 이 아이들에게 영재란 완벽한 성공 또는 실패, 이렇게 두 가지 결과로만 설명된다. 그래서 남모를 부담감을 느끼는 것이다.

이러한 현상이 일어나는 이유는 영재가 어떤 뜻인지에 대한 약속된 합의가 없기 때문이다. 대개 영재란 추상적으로 '엘리트'를 의미한다. 반면 영재가 아닌 사람은 '모자라다', '재능이 없다'는 등 여러 부정적인 말과 연결된다. 유독 실패를 두려워하는 영재들은 그래서 영재라는 명칭을 싫어한다.

> "'영재'라는 말이 싫어요. 학교에서 항상 특이하다는 소리를 들었는데, 영재라는 말이 상황을 더 심각하게 만들었어요. 다른 애들이 저를 놀릴 게 하나 더 늘었어요." - 메이, 19세

> "'영재'라는 말이 적절한 용어인지 잘 모르겠어요. 꼭 똑똑하지 않아도 다른 것을 잘하는 사람도 있지 않나요?" - 피터, 16세

세상에 하나의 뜻만 가진 용어는 없다. 우리는 이 문제로 수년 동안 고민하다가 한 가지 사실을 알아냈다. 대개의 영재 청소년들은 영재라는 명칭을 받아들이기보다는 '견뎌냈다'는 것이다. 오른쪽 어깨에 있는 점이나 항상 머리스타일을 망치는 관자놀이 주변의 뻣뻣한 머리카락을 없앨 수 없는 것처럼 여기에 신경을 덜 쓸수록 아이들은 더 행복하게 지낼 수 있었다.

"제 주변에서는 '영재'라는 말을 잘 쓰지 않아요. '똑똑하다', '재능 있다', '총명하다'는 평가는 들어봤지만, 저를 영재라고 부르는 사람은 별로 없어요. 이건 정말 민감한 문제인 것 같아요."
- 그웬돌린, 13세

그렇다면 영재라는 것 자체에 초점을 맞추기보다는 영재라는 명칭에서 얻을 수 있는 장점들을 생각해보면 좋을 것이다. 예를 들면 다음과 같다.

- ☀ 도전하고 싶은 것들(프로그램, 수업, 교육 기회)을 해볼 수 있다.
- ☀ 똑똑하니까 지혜로울 거라고 생각하는 어른들에게서 쉽게 신뢰를 얻는다. 그래서 통제를 덜 받을 수 있다.
- ☀ 다른 아이들은 힘들어하는 공부에 도전해보고, 그 경험을 차곡차곡 쌓아갈 수 있다.
- ☀ 영재인 어른을 만나고, 그 사람을 멘토mentor 또는 스승으로 삼아 존경하는 친구로서 친하게 지낼 수 있다.
- ☀ 다양한 것에 흥미도 있고 능력도 있기 때문에, 진로나 직업에 수많은 길이 열려 있다.

물론 비현실적인 주변의 기대, 지루한 학교 수업, 마음을 나눌 친구가 없다는 것, 나를 놀리기만 하는 동급생 등 가끔씩 부딪히는 단점만을 떠올리며 골머리를 썩는 수도 있다. 하지만 잘 안 되는 것, 가지지 못한 것에 온 신경을 집중하면 자기 자신만 더 힘들어질 뿐이다. 최소한 이 책을 읽으면서 영재로서 사는 게 얼마나 훌륭할 수 있는지 깨닫고, 그렇게 할 수 있도록 의연해지기를 바란다.

자, 그렇다면 영재라는 명칭은 부담일까, 축복일까? 둘 다 아니다. 그저 하나의 단어에 여러 모습이 복잡하게 담긴 것뿐이다. 다양한 모습을 가진 사람을 하나의 단어에 녹여내려고 하면 당연히 문제가 생기게 마련이다.

 ## 영재에 관한 흔한 루머들

영재성의 정의에 대해 갑론을박하는 것처럼 영재에 대한 고질적인 오해도 많다. 여기에 영재에 대한 가장 흔한 루머 열 가지를 실었다.

루머 어떤 일이 있더라도 영재는 원하는 것을 반드시 성공한다. 학교나 그 밖의 곳에서 특별히 도움을 받을 필요는 없다.

진실 자신의 능력을 최대한 발휘하려면 누구라도 주변의 격려와 도움이 필요하다. 실제로 많은 영재 청소년의 경우 평범한 아이들보다 감정이 강렬하고, 또 완벽주의에 빠져 있어 성공하기 어려운 면이 있다.

루머 영재는 당연히 학교를 좋아하고, 좋은 성적을 받으며, 매일 열심히 학교를 다닌다.

진실 대부분의 학교는 영재가 아닌 일반 학생에게 진도가 맞춰져 있어 영재가 학교생활을 즐기기는 어렵다. 그래서 아주 재능 있는 학생 중 일부는 학교를 자퇴하기도 한다.

루머 영재 뒤에는 언제나 더 잘할 수 있도록 힘이 되어주는 부모가 있다.

진실 영재로 태어났다고 해서 부모가 무조건 많은 도움을 주는 것은 아니다. 일부에서는 그 반대의 경우도 있다.

루머 영재는 모든 것을 다 잘한다.

진실 영재 중에는 다양한 분야에 재능을 보이는 아이도 있지만, 몇몇 분야에만 재능을 보이는 영재도 있다. 결론을 말하자면, 영재도 노력해야 잘하는 분야가 있으며 다른 사람들과 마찬가지로 배우기 힘들어하는 것도 있다.

루머 교사들은 반에 영재가 있는 것을 아주 좋아한다.

진실 그런 교사도 있지만 그렇지 않은 경우도 있다. 어떤 교사는 영재를 가르치는 것을 불편해하고, 학생이 자신보다 더 많이 알고 있을 때 방어적으로 반응하거나 자신이 무능하다고 느끼기도 한다.

루머 영재들이 한 그룹에 모여 지내면 커서 잘난 척하는 엘리트가 될 것이다.

진실 일부 그럴 수도 있으나 대부분은 그렇지 않을 것이다. 이 루머가 특히나 악의적인 이유는 어른들이 영재들이 모여서 공부하는 것을 막거나 그 아이들에게 필요한 학습 기회를 제공하지 못하는 것을 합리화하는 데 사용되기 때문이다.

루머 영재는 학교에 잘 적응하지 못하거나 친구를 사귀지 못한다.
진실 일부 그런 아이들이 있지만 그렇지 않은 아이들도 있다. 이것은 일반 아이들과 똑같다.

루머 영재는 자신이 '다르다'는 것을 남이 알려 주기 전까지 잘 모른다.
진실 대부분의 영재의 경우, 또래보다 남다르다는 것을 스스로 깨닫기 전까지 그들에게 굳이 다르다는 것을 알려 줄 필요가 없다.

루머 영재는 학문적 · 육체적 · 사회적 · 감정적 분야 모두가 똑같이 발달한다.
진실 그러면 좋겠지만, 근거 있는 추론은 아니다. 반대로, 지능이 높다는 이유만으로 다른 분야의 발달이 늦으리라고 추정하는 것 역시 옳지 않다.

루머 문화와 집단에 따라 영재가 많은 쪽이 있고, 그렇지 않은 유형이 있다.
진실 영재에는 성별, 종교, 사회 · 경제적 수준, 성 정체성, 학습 스타일, 신체 능력의 제한이 없다. 모든 문화와 인종 집단에 비슷한 수의 영재가 존재하며, 이 부분은 앞으로 책에서 확인할 수 있다.

문화에 따라 영재가 달라진다?

세계 여러 문화권은 물론 미국 내에서도 영재성을 인정하지 않거나 학교에서 알려 주는 것과 다르게 생각하는 곳이 있다. 퍼듀대학교 Purdue University의 진 선데 피터슨 Jean Sunde Peterson 교수는 미국 내 담임 교사들을 상대로 영재 학생의 무엇을 가장 중요하게 평가하며 주의 깊게 보는지 조사했다. 그 결과는 다음과 같다.

- ★ 미국 주류 사회(대부분 백인)의 담임 교사는 개성 있고, 승부욕을 보이며, 눈에 보이는 성과를 내는 것을 중요하게 여겼다. 자기주장을 말로 표현하는데 뛰어나거나, 수업 시간에 열심히 하는 모습을 눈여겨보았다.
- ★ 라틴계 선생님들은 표현 수단으로써 예술을 중요하게 여기고, 겸손을 가치 있는 덕목으로 생각했다.
- ★ 흑인 선생님들은 지역 사회에 대한 봉사 정신과 실천 정신, 특히 수작업을 중요하게 생각했다.
- ★ 미국 인디언 교사들은 영재를 따로 구별하는 것을 거부했다. 그들은 백인과 인디언 문화 모두에 잘 적응하는 일은 중요하게 여겼지만, 남보다 뛰어난 아이가 있다고 생각하지는 않았다.
- ★ 최근 이주한 아시아계에서는 북미에서 교육이란 요소가 얼마나 중요한지 알게 되면서 적응력을 중요하게 생각했다.
- ★ 대부분의 문화권에서는 지식이 아닌, '책에서 얻지 못하는' 지

혜를 중요하게 생각했다.

특정 집단의 문화적 가치는 다른 집단의 것보다 더 낮지도, 나쁘지도 않다. 그저 다를 뿐이다. 흥미로운 사실은 모든 문화에서 실력을 증명하라고 요구하는 학교의 경쟁적인 분위기를 나쁘게 보았으며, 그런 곳에서 학생들이 좋은 교육을 받지 못한다고 생각했다는 점이다. 설문조사에서 발췌한 부분을 보면 알 수 있을 것이다.

"저는 영국인이에요. 우리나라 사람들은 모두 재능이 있어요.
뉴턴도 살았고, BBC도 있고, 몬티 파이튼
(Monty Python, 영국의 코미디 공연 단체-옮긴이)도 있지요.
똑똑한 덕분에 맥줏집(pub)도 있어요." - 리처드, 16세

···› 문화와 민족에 따라 영재의 의미가 달라지지요. 여러분의 문화에
　　서는 영재를 어떻게 정의하고 있나요?

"솔직히 말하면 우리 문화(저는 소말리아계 캐나다인의 후손입니다)에서는 영재를 딱히 정해 놓지 않았어요. 정보를 막힘없이 이야기하고 계산을 잘하는 사람이 있는 반면, 지혜롭고 조언을 잘하며 여러 방면에 조예가 깊고 인간관계는 물론 자신의 마음을 잘 다스리는 사람도 있거든요."
- 아미나, 16세

"아일랜드에서 영재라든가 더 높은 교육을 받아야 하는 사람은 또래 중에 상위 5%에 들어간다는 뜻이에요. 우리 가족은 제가 영재라는 것을 알지만, 이것이 무엇을 의미하는지는 잘 몰라요. 제가 나름 설명해 봤지만, 아직도 이해하지 못하고 있죠."
- 니암, 15세

"우리나라(프랑스)에서는 영재성을 약간 금기시해요. 그래서 많은 사람들이 영재를 공식적으로 인정하지 않으려고 해요." - 이네스, 16세

"우리 문화(오스트리아 빈)에 사실상 영재란 존재하지 않아요. 그래서 학교에서 영재를 확인받을 방법이 없죠. 가끔 선생님들이 똑똑한 아이를 알아보지만, 그렇더라도 다른 아이들과 똑같이 대우해요." - 레오니, 17세

"아르마니아 사람으로서 말하자면, 우리 문화에서 유능하다는 것은 보통 전쟁에서 적에게 죽지 않는다는 걸 의미해요. 우리 가족이 영재성을 판단하는 기준은 제가 장학금을 얼마나 받느냐고요. 그래야 부모님이 제 등록금을 걱정하지 않으니까요."

– 나렉, 16세

"우리 부모님은 쿠바 사람들이 얼마나 대단한지 늘 말씀하세요. 우리(쿠바인 조상)는 미국에서 맨손으로 터전을 다졌어요. 엄마는 어딘가에 갈 때, 그곳에 마음도 데려가야 한다고 하시는데, 그게 바로 쿠바 사람들이 한 일이에요. 저는 기회를 잡으면 충분히 활용해야 한다고 배워 왔습니다."

– 로라, 18세

"대부분의 인도 사람들은 승부욕이 대단합니다. 그래서 우리는 언제나 최선을 다하죠."– 아만, 11세

"저는 멕시코와 필리핀 피가 반반씩 섞여 있어요. 우리 문화에서 영재란 옆집 흑인 이웃의 생각과 같고, 똑똑한 우리 백인 선생님의 생각과 같고, 골목 아래 사는 인도 가족의 생각과 같은 것입니다."

– 마리자, 15세

"히스패닉은 똑똑하지 않다고 생각하는 사람들이 많아요. 히스패닉 중에서 저만 영재반과 AP(대학 과목 선이수 제도) 수업을 듣는다고 생각하더라고요." – 칼로스, 14세

"뛰어난 재능이 있다는 것은 좋은 것이죠. 저는 중국인의 피가 약간 섞여 있는데, 중국어에는 우리 같은 아이들을 부르는 이름이 따로 있어요. 정말 멋진 것 같아요."
- 헨리, 13세

"태국에서 영재를 찾기는 쉽지 않아요. '영재'는 정말 똑똑한 사람을 말하거든요."
- 라완, 11세

"몇몇 사람들은 제가 속한 인종(미국 흑인)이 다른 사람보다 잘하는 게 별로 없다고 생각해요. 그래서 성공한다는 것은 저와 같은 인종에게는 더 큰 의미가 있어요."
- 타일러, 18세

"저는 아시아계 미국인이고 똑똑한 부모님 밑에서 태어났어요. 제 생각으로는 영재성보다 개인의 도덕과 진심이 더 중요한 것 같아요."
- 스카이, 13세

"미국 문화에서는 영재성을 다른 곳에 비해 크게 인정해 주지 않는 것 같아요."
- 가렛, 16세

영재에 포함되지 못한 사람들

교사와 행정 담당자들이 학생들에게 (영재 교육을 통해 적당히 도전하면 서 발전할 수 있도록) 영재 판정을 내릴 때 아무리 평등하고 정확하게 한 다 해도 소외되는 이들이 있기 마련이다. 사람들이 생각하는 특정 조 건에 들지 못했기 때문이다. 아무리 뛰어나더라도 그 조건을 만족시키 지 못하면 자신의 재능을 키우고 발휘할 기회를 놓칠 수 있다.

⋯→ 유명한 사람들의 유명한 실패담

1. 토리 에이모스(Tori Amos)는 그래미상 수상 가수이자 피아니스트로, 다 섯 살에 그 유명한 피바디음악대학교 Peabody Conservatory of Music에 최연소로 합격했다. 그러나 열한 살에 '비협조적'이라는 이유로 퇴학당 했다.

2. 파블로 피카소(Pablo Picasso)는 어릴 적 학교생활에 흥미가 없었다. 가 족들이 피카소를 학교에 보내는 유일한 방법은 학교에 살아 있는 닭을 가지고 가서 수업 시간에 그것을 그리게 하는 것이었다.

3. 앨버트 아인슈타인(Albert Einstein)은 고등학교 때 성적이 너무 나빠서 선생님이 자퇴를 권유할 정도였다. 선생님은 그에게 "아인슈타인, 넌 아 무것도 되지 못할 거야"라고 말했다고 한다.

4. 우피 골드버그(Whoopi Goldberg)는 아카데미상 수상 여배우로서, 어릴 적 ADHD Attention Deficit Hyperactivity Disorder(주의력 결핍 과잉 행동 장애)

와 심각한 난독증으로 공부를 힘들어했다. 그녀는 결국 열일곱 살에 고등학교를 자퇴했다.

5. 존 F. 케네디(John F. Kennedy)는 성적표에 계속해서 '노력 요함'을 받았으며, 영어 철자를 항상 틀렸다.

6. 스티븐 스필버그(Steven Spielberg)는 영화 역사상 가장 유명한 감독이지만, 어릴 적 캘리포니아에 위치한 명문대인 UCLA(캘리포니아대학교 로스앤젤레스캠퍼스)와 USC(서던캘리포니아대학교)의 영화학과에 불합격하고, 결국에는 조그만 주립대학교에 입학했다.

7. 로버트 자빅(Robert Jarvick)은 의사이자 연구원으로 학생 때 미국의 열다섯 개 의과대학에 낙방했다. 나중에 그는 인공 심장을 발명했다.

8. 아가사 크리스티(Agatha Christie)는 훗날 유명한 추리소설 작가가 됐지만, "저는 언제나 가족 중에서 이해가 느린 아이로 통했다"고 고백했다. 그녀가 언니에게 탐정소설을 쓰고 싶다고 말하자, 언니는 "그건 정말 쓰기 어려워. 넌 할 수 없을 거야"라고 대답했다고 한다.

9. 존 레논(John Lennon)의 성적표는 형편없었다. '분명히 실패할 것이다', '구제불능', '수업 중에 어릿광대처럼 행동한다', '다른 학생의 시간을 낭비한다' 등의 의견이 쓰여 있었다.

10. 샤키라(Shakira)는 콜롬비아 출신의 여가수로 전 세계적으로 수백만 장의 음반을 판매했지만, 초등학교 2학년 때 바이브레이션이 너무 강하다는 이유로 학교 합창단 선발에서 떨어졌다. 음악 선생님은 샤키라에게 '염소 같다'고 말했다.

영재 프로그램에서 제외된 아이들은 아래 유형일 가능성이 높다.

영재 소년

전에는 여자아이가 남자아이에 비해 영재 판정을 받을 가능성이 적었다. 하지만 지금은 반대다. 남자아이, 특히 에너지가 넘치는 소년은 영재 판정을 받기 어려워진 것으로 보인다. 평범하지 않다는 이유로 주의력 결핍 장애나 과잉 활동ADD·ADHD을 보인다고 오해 받는 경우가 있기 때문이다. ADD Attention Deficit Disorder(주의력 결핍증)나 ADHD는 주로 남성에 많이 나타난다. 최신 연구에 의하면 최근 몇 년간 그 진단율이 크게 증가했다. 이것은 ADD 또는 ADHD가 있거나 특별한 관심이 필요한 아이들에게는 좋은 일이겠지만, 영재일 가능성이 있고 그들과 다른 관심을 받아야 할 아이들에게는 그렇지 않다.

> "여학생은 남학생보다 오래 앉아 있을 수 있어서
> 수업 시간에 남학생이 더 힘들어하는 것 같아요." - 클레이턴, 11세
> "많은 선생님들이 남자애들 중에서 영재가 있는 것을 잘 알지 못해요.
> 그 남자애들을 지나쳐 버리거나 ADHD가 있다며 약을 먹어야 한다고
> 생각해요" - 베스, 12세

장애인과 학습 장애를 가진 아이

영재 프로그램에서 고려하지 않는 대상은 ADD 또는 ADHD, 난독증, 아스퍼거 증후군(언어 발달과 사회 적응 발달이 지연되는 것이 특징인 만

성 신경 정신 질환-옮긴이), 자
폐와 같은 학습 장애, 육체
적 장애, 정신적 장애, 감
정 또는 행동의 장애가 있
는 아이들이다. 이런 점 때
문에 일반적인 방법으로는
그들이 영재인지 알기가
어렵다. 영재를 발굴하는

기존의 방법으로 스티븐 호킹 Stephen Hawking 또는 헬렌 켈러 Helen
Keller와 같은 영재를 발굴할 수 없는 것이다. 장애를 가진 영재는 '보
이지 않는 소수'라고 불린다. 교사와 학부모에게 '영재'하면 어떤 아이
가 떠오르는지 물어보면, 장애가 있거나 학습 장애를 앓고 있는 아이
를 떠올리는 경우는 매우 드물다.

문제아

교사들은 좋은 행동과 영재성을 연결 짓고, 나쁜 행동을 학습 의지
부족으로 연결 지어 생각한다. 때문에 이러한 아이들이 영재 고려 대
상이 되지 않을 때가 많다. 실제로 토머스 에디슨 Thomas Edison 은 학
교에서 지독하게 말을 안 듣던 아이였다고 알려져 있다(그리고 실제로
초등학교를 졸업하지 못했다).

성적이 나쁜 아이

어떤 영재는 유독 시험에서 제 실력을 발휘하지 못한다. 내용은 알

고 있지만 시험을 볼 때 스트레스를 너무 많이 받아 결국 시험을 망치는 것이다. 사정을 잘 모르는 시험 감독관이 낮은 시험 점수를 줘서 손해를 보거나, 개인적인 문제로 집중하지 못해 진짜 실력을 발휘하지 못하기도 한다. 영재를 발굴하는 가장 주된 방법이 시험 점수이기 때문에 이런 아이들은 큰 불이익을 받는다.

학습에 흥미가 없는 아이

지능이 매우 높은 아이들 중에 학교 성적이 좋지 않아서 영재 프로그램에 들어가지 못하는 경우가 있다. 하지만 성적은 영재성과 아무런 관련이 없다. 학생이 그 과목에 흥미가 없거나 학교에서 배우는 내용이 너무 쉽기 때문에 의욕이 없을 수도 있다. 아니면 지하실에서 인터넷 스타트업 start-up(설립한 지 얼마 안 된 벤처기업-편집자) 회사를 운영하느라 숙제를 할 시간이 없을 수도 있다! 특히 이 그룹에 속하는 아이들에게 영재 프로그램과 관련된 기회가 가장 필요하다.

홈스쿨을 하는 아이

집에서 홈스쿨 homeschool(정규 학교 대신 자택에서 교육하는 방식-편집자)을 하는 아이들은 정규 교육을 받지 않기 때문에 당연히 학내 영재 프로그램 대상자가 아니다. 그러나 최근 들어 홈스쿨을 하는 영재 아이들이 늘어나고 있다. 학교에서 영재라고 공식적으로 확인받지 않았다고 해서 이 아이들이 영재가 아닌 것은 아니다. 학교 시스템 밖에서 받는 지원, 조언 그리고 기회라는 권리가 박탈되어서는 안 된다.

비주류 사회의 아이

표준 IQ나 성취도 평가와 같은 시험은 보통 절대 다수(중상위층 백인)의 학생에게 유리하다. 이 안에 포함되지 않은 소수 학생들의 재능은 이런 평가로는 측정하기 어렵거나, 주류 사회에서 주목하고 인정받지 못하는 종류일 수도 있다. 혹은 이들 문화에서 생각하는 영재가 학교에서 생각하는 것과 달라서 가족이 학교의 영재 프로그램에 아이를 등록하는 것을 거부할 수도 있다. 더구나 일부 학생들은 영어가 모국어가 아니라서 의사 표현을 하거나 학교에서 재능을 드러내는 데 불리할 수 있다.

"우리 학교 시스템에서는 초등학교 때 영재인지 확인하는데, 대부분 중상위층 백인 인구의 5%가 영재로 나와요. 저는 여기에 들어가죠. 하지만 제 생각에는 인종에 따라 영재 기준을 다르게 정해야 할 것 같아요. 우리 학교에 진짜 똑똑한데 '학교에서 하는 영어'를 잘 못하거나 가족 중에 미국 고등학교 제도를 잘 아는 사람이 없는 아이들이 있거든요. 이런 애들은 학교에서 잘해내기 힘들죠."

- 테일러, 17세

영재 히스패닉 아이들

by 패티 렌던

청소년 여러분은 지금 아마도 답하기 어려운 (그러니까 평소보다 더 어려운) 질문 혹은 답이 없는 문제에 대해 고민하는 시기를 지나고 있을 것이다. 어쩌면 그 문제가 '왜 히스패닉 등 다른 인종의 정말 똑똑한 아이들이 영재 프로그램에서 자주 제외될까?'일 수도 있다. 쉽게 답할 수 있는 문제는 아니지만, 한 가지 이유를 꼽자면 사람들은 히스패닉 계의 영재를 잘 알아보지 못한다. 히스패닉 학생은 영재 프로그램 대상자가 아니라는 사고방식 때문일 수 있다. 이런 선입견은 서로 다른 문화로 인한 오해에서 비롯된 것이다.

만약 자신이 소수민족이며 재능이 뛰어나다면 자신의 능력을 잘 알고 있는 것이 중요하다. 그래야 자기 자신을 변호할 수 있으니까. 자신에게 무엇이 필요한지 제대로 알면 알수록 선생님, 부모님, 친구들이 여러분의 요구를 받아들일 가능성이

미국의 다수 영재 프로그램에는 영어 학습자 ELL(English Language Learners) 또는 영어가 모국어가 아닌 학생은 포함되지 않는다. 예를 들어 뉴멕시코 주는 미국 내에서 영어 성적 상위권에 속하는 히스패닉 학생이 제일 많은 곳이다. 그러나 학생의 반 이상이 히스패닉인 이곳의 학교에서도 정작 AP 수업 등록자 중에 히스패닉 학생은 36%뿐이다. 영재 프로그램의 백인 학생 수는 히스패닉의 세 배에 달한다.

커진다. 시간을 들여 자신의 문화에서 영재들이 어떻게 사는지 알아보자. 이에 대해 많이 알면 알수록 영재로 산다는 게 어떤 것인지 자신만의 생각을 튼튼히 쌓을 수 있다.

최초의 히스패닉 여성 우주 비행사 엘렌 오초아 Ellen Ochoa, 야구 명예의 전당 Hall of Fame에 헌액된 로베르토 클레멘테 Roberto Clemente, 배우이자 가수인 제니퍼 로페즈 Jennifer Lopez, 노동 운동가 세사르 차베스 César Chávez, 미국 연방대법원 대법관 소니아 소토마요르 Sonia Sotomayor 등 자신의 분야를 이끌어 가는 특별한 재능을 가진 히스패닉이 많이 있다. 여러분의 문화에서 재능이 뛰어나면서 가장 존경받는 사람은 누구인가? 이를 알면 나의 재능을 깨닫고, 내가 필요한 것을 어떻게 얻을 수 있을지 감이 잡힐 것이다. 자신이 히스패닉이거나 다른 소수민족이라면 가장 좋아하는 선생님, 생활지도 선생님 또는 행정 직원과 상담해보자. 그리고 그들에게 영재 프로그램에 참여할 수 있는 방법이 있는지 물어보자. '로렌초 드 사발라 청소년 입법 회의 Lorenzo de Zavala Youth Legislative Session'(www.nationalhispanicinstitute.org/ldz)와 같이 리더십을 키우는 그룹에 참여하는 방법도 알아보면 좋겠다. 학교의 도움을 받으면 좋은 팀에 들어갈 수 있을 것이다.

모두에게 축복과 행복이 가득하기를 기원한다.

패티 렌던(Patty Rendon)

텍사스 주 에딘버그에 있는 리전 원 에듀케이션(Region One Education)에서 학습 코디네이터로 일하며 영재를 가르치는 교사들에게 교육법을 가르치고 있다. 그녀는 영재가 필요로 하는 것이 무엇인지 알리는 것에 가장 큰 보람을 느낀다.

두 배 더 특별한 아이들

영재 중에는 특별한 도움이 필요한 아이들이 있다. 영재이면서 (신체적·정신적) 장애 또는 학습 장애가 있을 수 있기 때문이다. 이런 경우를 '두 배로 특별하다[Twice(2) Exceptional].'란 말로 표현하는데, 짧게 줄여서 '2E'라고도 한다.

> "재능이 뛰어나면서도 문제가 있는 아이들이 참 많아요.
> 영재 선발 시험에 이 문제가 방해가 되죠. 저는 ADHD가 있지만 7년
> 동안이나 영재성을 보였고 선생님들도 저를 영재로 봐주셨죠.
> 하지만 영재 프로그램에 들어가는 시험에서 늘 떨어졌어요."
> - 알리자, 14세

2E 학생은 학교 성적이 한결같지 않고, 공부 의욕이 없어 보일 수 있다. 보고 들은 것을 처리하는 데 시간이 걸리므로 둔해 보이거나 글씨를 잘 쓰지 못하는 등 신체의 운동 기능에 문제가 있을 수 있으며, 학교에서 좌절감을 느끼는 경우가 많아서 파괴적으로 행동하거나 자존감이 낮은 경우도 있다. 하지만 많은 2E 학생들이 재능, 성적, 그리고 창의력 테스트에서 영재와 같은 점수를 받는다. 이 학생들은 상상력이 뛰어나며 다양한 주제에 박식하다. 어려운 단어를 사용하고 복잡한 아이디어를 가지고 있기도 하다.

교사와 학부모들이 눈에 보이는 장애가 아니라, 장점에 좀 더 초점

을 맞춘다면 이 학생들은 더 많은 혜택을 볼 수 있다. 2E 아이들에게는 배움의 기회가 필요하며, 자신에게 맞는 방법으로 재능을 보여줄 수 있어야 한다. 다음은 2E 학생의 특징 중에서 가장 일반적인 세 가지의 경우와 그 예다.

1. 난독증을 앓는 영재

역사적으로 난독증과 같은 학습 장애를 가진 학생들이 가장 먼저 2E 학생으로 분류됐다. 이들은 지능이 높고 지식이 풍부하지만, 종이 위에 자기 생각을 쓰는 것을 어려워한다. 문법과 맞춤법이 엉망진창이다. 하지만 그 속에 담긴 생각과 아이디어는 수준이 높고 통찰력이 있다.

여기 헥터를 소개한다. 헥터는 이제 스물세 살이다. 이미 어릴 적에 영재 판정을 받았지만, 그의 성장 과정은 평탄하지 않았다. 헥터의 이야기를 들어 보자.

"1학년은 악몽 같았어요. 플래시 카드의 단어를 (모양을 다 외워서) 읽을 수 있었지만, 같은 단어가 글 속에 나오면 읽지 못했죠. 다른 글자들과 섞인 듯 보였거든요. '거울 문자'(거울에 비추면 바로 보이게끔 거꾸로 쓴 글자-옮긴이)를 쓴 기억도 나요. 내 이름을 'Hector'가 아닌 'rotceH'로 썼었죠."

똑똑하지만 글을 잘 읽지 못한다니 선생님, 부모, 헥터 자신 중에서 누가 가장 답답했을까? 헥터의 선생님들은 영재라면 높은 성적이 기본이라고 생각하는 유형이었고, 따라서 헥터 역시 자신의 지능이 그렇게 높지 않을 수 있다고 의심하기 시작했다. 못하는 과목이 이렇게 많은데 어떻게 영재일 수 있을까 생각하면서 말이다.

헥터가 읽고 쓰는 것을 몹시 힘들어 하는 원인은 결국 학습 장애인 난독증으로 확인됐다. 학교 교사들은 헥터를 학습 장애 아이들 학급에 넣고, (그 반에 집중할 수 있도록) 잘 다니고 있던 영재 프로그램에서 빼려고 했다. 교사들은 영재성이든 난독증이든 둘 중 하나이지, 두 가지를 동시에 가질 수는 없다고 주장했다. (안타깝게도 헥터가 어렸을 때는 2E라는 명칭이 존재하지 않았다.) 그의 부모님이 소송을 걸겠다고 강경하게 대응한 후에야 헥터는 두 가지 수업을 모두 받을 수 있었다.

이번에는 케이트의 이야기다. 케이트도 헥터처럼 난독증이 있지만, 헥터와는 달리 영재 판정을 받은 적은 없다. IQ 테스트를 받았는데, 영재 프로그램 합격 점수에서 2점이 모자란 130점을 받았기 때문이다. 난독증 때문에 케이트가 제대로 실력 발휘를 못한 거라고 영재 프로그램 코디네이터가 학교 교사와 교장을 설득해 보았지만, 어떠한 조치도 취해지지 않았다. 케이트는 영재 프로그램에 참여하지 못했고 학교에서 계속 힘들어했다. 영재로서 그에 걸맞은 교육을 받지 못했기 때문이다.

안타깝게도, 헥터나 케이트의 이야기는 요즘 학교에서 흔히 일어나는 풍경이다. 만약 자신이 두 사람의 경우와 같거나 주변에 그런 친구가 있다면, 자신 또는 친구의 말에 귀 기울여 줄 사람을 찾아보기 바란다. 제대로 교육을 받지 못하는 영재를 도우려면 얼마나 노력해야 하는지 알 수 있을 것이다.

2. 아스퍼거 증후군이 있는 영재

아스퍼거 증후군은 1944년 오스트리아의 의사 한스 아스퍼거 Hans

Asperger에 의해 발견됐으며 1990년대 초반부터 대상자가 두드러지게 늘어나기 시작했다. 자폐의 한 종류인 아스퍼거 증후군은 다른 학생보다 남다른 영재 학생에게서 특정한 모습과 행동으로 나타난다. 예를 들어, 아스퍼거 증후군을 가진 10대는 다음과 같은 특징을 보인다.

★ 말이 단조롭고 거의 로봇 같다.

★ 풍자나 그 이면에 숨어 있는 유머를 이해하지 못한다.

★ 백과사전 같은 지식을 가지고 있다. 특히 좋아하는 주제에 박식하며, 그것에 관해 끊임없이 이야기한다.

★ 눈을 잘 맞추지 않거나 마치 상대방 너머를 보고 대화하는 것 같다.

★ 눈치가 없고, 사람들에 섞여 수다를 떨지 못한다.

★ 큰 소리와 특정한 질감에 굉장히 과민하며, 뭔가 찜찜하게 느끼는 옷이나 음식은 피한다.

★ 운동 신경이 무디고, 또래에 비해 미숙해 보인다.

★ 공감 능력이 떨어진다. 너무 많이 생각하고, 감정을 잘 느끼지 못한다.

이런 특징을 보이는 10대 아이라면 으레 학교에서 놀림을 받거나 따돌림과 괴롭힘을 당할 것이다. 사람들은 아스퍼거 증후군이 있는 영재들에게서 다음과 같은 장점을 보지 못하기 때문이다.

- ✦ 논리적으로 생각하며, 수학이나 순차적인 주제에 특별한 재능이 있다.
- ✦ 박학다식하며 해당 주제에 대해서는 말을 많이 한다.
- ✦ 기억력이 좋고, 특히 경험한 것은 아주 작은 부분까지 기억한다.
- ✦ 똑똑하다. 때에 따라서는 너무 똑똑하다.

고등학교 생활의 핵심이라고 할 수 있는 친구 관계에서 아스퍼거 증후군 청소년은 특히 힘들어하는 편이다. 어른이 되면 전문가로서 성공을 거두지만, 여전히 다른 사람과 관계 맺기를 힘들어한다. 하지만 이들이 고립되는 것은 선택이라기보다 습관 때문일 수 있다.

영재라는 여행길에서

인내에 관한 교훈

나는 아스퍼거 증후군 진단을 받았다. 사람들과 다르게 행동하기 때문에 신경 질환이 있다고 말하지 않아도 사람들은 내 정체를 금방 눈치챈다. 눈을 잘 맞추지 못하고 약간 단조롭게 말하면서 표정 변화가 별로 없기 때문이다. 시간이 흐르면서 마침내 내 상태 그대로를 받아들일 수 있게 됐다. 아스퍼거 증후군 증상을 완화하는 약을 끊었다는 게 아니라, 사람들과 조금 다르게 사는 것이 괜찮아졌다는 의미이다.

나는 아스퍼거 증후군에 관한 여러 공개 토론에 참여했다. 여러 부모님들과 이야기를 나누면서 자녀가 신경 질환을 앓는다는 사실을 알았을 때 부모로서 어떤 마음이 들었는지 물어보았다. 어떤 부모는 병증에 대한 나쁜 인식 때문에 아이가 낙인이 찍힌 채로 살아갈 것이 두려웠지만, 한편으로는 아이가 수학과 과학을 잘하기 때문에 굳이 그런 진단을 받을 필요가 없다고 생각했단다.

나의 경우에는 사람들 앞에서 발표는 잘하는 것 같다. 아스퍼거 증후군의 행동에 대한 잘못된 인식 때문에 이런 특성이 무척 특이한 것으로 여겨진다. 많은 사람이 아스퍼거 증후군이 있는 아이들은 수학이나 과학에는 뛰어나지만 작문, 독해 또는 말하기에는 뛰어나지 않다고 생각한다. 더욱이 자폐 성향이 있는 아이들은 감정 변화에 폭력적으로 반응하고, 스스로를 자극하는 감각 행동을 하며, 감정을 느끼지 못한다고 생각한다. 내 경우를 봤을 때, 맞는 부분도 있지만 모두 사실이라고 말할 수는 없을 것 같다.

나는 대학에서 특수교육을 전공했다. 하지만 취업을 위한 면접에서 매번 행동이 어색했고, 좋은 결과를 얻지 못했다. 이런 이유로 한동안 학교에서 보조 일을 할 수밖에 없었다. 말 못할 수치심도 자주 느꼈다. 교직에서 일할 수 없고, 가족의 생계에 도움이 되지 못했다는 것이, 특히 아스퍼거 증후군 진단을 받았다는 사실이 너무 부끄러웠다.

하지만 여러 경험 끝에 나 자신만의 기준을 만들 수 있었다.

나름의 가이드라인을 세워 스스로를 절제하며 전보다 나아질 수 있게 노력하고 있다. 예를 들어, TV 보는 시간을 제한하고 인터넷에서 경솔하게 행동하지 않는다. 이것은 또렷한 정신을 유지하기 위한 나만의 방법이자, 살아남아서 성공하는 데에 필요한 요소다.

나는 정말 여러모로 복을 많이 받았다. 자유로운 환경에서 두 팔과 두 다리도 멀쩡하다. 보고 들을 수 있고, 삶의 목표와 열정도 있다. 게다가 교직에 몸담을 수 있게 됐다! 설사 좌절감과 실망감을 느끼더라도 전적으로 내 몫이다. 더 똑똑하고 알차게 살지 못한 내가 그렇게 만든 것이다.

잘 살고 싶은가? 자신을 믿고 끝까지 버텨보자. 사람들이 이해해 주지 않더라도 의문과 불확실 속에서 살지 않아도 된다. 그것도 가치 있는 일이 아닐까?

작성자의 요청에 따라 개인 신상에 대한 정보를 공개하지 않았다.

다음은 아스퍼거 증후군이 있는 영재에 대한 두 번째 에세이다. 이번 에세이는 부모의 관점에서 쓴 것이라 더 의미 있다. 두 배 더 특별한 10대 영재에게는 필요한 것을 함께 요청해 줄 사람이 필요하다. 그래서 배려심이 많은 부모, 교사, 친구, 동료가 중요하다.

한번 상상해 볼까요?

by 마이크 포스마

　너무 똑똑해서 아프다? 총명하지만 사고력, 감수성, 표현력을 발휘하는데 어려움을 겪는 장애를 상상할 수 있는가? 실제로 이런 장애를 평생 안고 살아야 한다고 생각해보자. 가까운 사람 중에 이런 이가 있을지도 모른다. 학교나 이웃, 가족 중에 말이다. 그 사람은 바로 두 배 더 특별한 사람, 2E이다.

　나는 2E 학생이었지만 다행히도 사춘기를 견뎌내고 영재 학생들을 가르치는 교육자가 되었다. 아스퍼거 증후군 때문에 힘들지만 덕분에 지능이 훨씬 높아진 내 아들도 이제 10대에 접어들었다. 나는 내 자신을 다르다거나 치료가 필요하다고 생각해본 적이 없었다. 매일 아들을 괴롭히는 문제로 어릴 적 내가 겪었던 일들이 떠오르기 전까지는 말이다. 어쩌면 여러분도 그것이 어떤 문제인지 자기 자신 또는 또래를 통해 알고 있을지도 모르겠다.

　2E에는 다양한 의미가 있다. 사회 불안 장애가 있다는 말이 되기도 하고, 같은 말을 주위 사람들과 다른 뜻으로 받아들인다거나, 혹은 집중하기 힘들다는 말도 된다. 의미는 다양할 수 있지만, 2E 학생의 공통점은 자신의 멋진 아이디어를 다른 사람에게 표현하며 소통할 수 없다는 것, 그리고 학교의 교육 방식과 자신의 학습 방식에 큰 격차가 존재한다는 것이다.

　많은 영재 아이들이 자신에게 너무 쉬운 교육과정 때문에 학교생활을 지루해한다. 여기에 장애라는 이유로 특수 교육을 받아야 한다면 어떤 기분일까? 그곳에서 어떤 과제를 폭발하기 직전까지 반복해야 한다면 어떨까? 많은 2E 학생들이 이런 상황에 놓여 있다. '범생이', '괴짜'같은 명칭으로 인해 사람들 사이에서 고립되는 것을 상상해보자. 똑똑한 아이들은 이렇게 놀림당하는 것만으로 이미 힘겨워한다. 그렇기 때문에 대화하는 데 문제가 있거나 사람들과 눈을 잘 맞추지 못한다면 얼마나 외로울지 상상할 수도 없다. 너무나 많은 2E 학생들이 음지에 있다.

아들 벤은 예민한 아이다. 아스퍼거 증후군이 있는 아이들은 몇 가지에 대해서만 매우 열중해서 다른 곳으로 관심을 돌리기가 어렵다. 동물(특히 뱀과 공룡)에 관심이 많은 벤은 쌓기 놀이나 모험에 푹 빠져 있다.

벤이 세 살 되던 해에 깜짝 놀랄만한 사건이 있었다. 어느 날 아침, 마커로 그림을 그린 티셔츠만 입은 벤이 뒷마당으로 통하는 문의 잠금 장치를 풀고 나갔다. 그리고 집에서 8킬로미터 정도 떨어진 곳에 있는 놀이터로 가는 숲길을 찾아냈다. 혼자 있는 아이를 본 이웃이 경찰에 신고했고, 경찰은 놀라서 허둥대고 있는 아이 엄마에게 벤을 데려다주었다.

경찰과의 에피소드는 재미있는 추억이라고 할 수 있지만, 벤이 학교에서 겪은 이야기는 가볍게 넘기기 어렵다. 2E 아이들에 대한 충분한 정보가 없는 선생님들이 벤에게 필요한 것들을 한참 오해했다. 결국에는 아이가 학교와 관련된 것이라면 몸서리치는 지경이 됐다. 그 결과, 당시의 무단결석 기록은 아직까지 깨지지 않고 있다. 친구 관계도 힘든 문제다. 하나둘씩 벤에게서 떠나갔다. 이제 열세 살이 된 벤은 자기보다 훨씬 어린아이들 몇 명과만 친구로 지낸다. 이 아이들과는 놀림받는다는 두려움 없이 어울릴 수 있기 때문이다. 벤은 아직도 몇 가지 일에 (이제 비디오게임과 스노보드로 바뀌었지만) 열정적으로 집중한다. 이런 벤에게는 '낙하산'이 없다. 벤을 이해하고, 있는 그대로 인정하고, 좋을 때나 힘들 때나 함께해주는 그런 친한 친구 말이다.

벤과 같은 2E 청소년 문제의 해결책은 우정이다. 내가 말하는 우정은 공감, 이해, 그리고 지지가 동반되는 것이다. 영재라면 친구와의 관계가 얼마나 힘든지 잘 알 것이다. 2E 아이와 친구가 된다는 것은 특별한 도전일 수 있다. 그의 생각, 말, 행동을 언제나 이해하기란 쉬운 것이 아니며 가끔은 창피하다고 느낄 수도 있다. 친구란 서로를 지켜 주는 것, 자기 모습을 그대로 내보일 수 있게끔 해주는 것, 복잡한 10대들의 사회를 헤쳐 나가도록 도와주는 일이다. 아마도 가장 중요한 일은 남들이 괴롭힐 때 편을 들어주는 것일 것이다. 벤 같은 아이에게 진정한 친구는 가장 소중한 선물이다. 2E 사람들은 의리가 강한 것으로 유명하다. 무슨 일이 있더라도 친구를 버리지 않는다. 2E 친구를 사귄다면 즐거운 유머로 사람들을 웃기는, 독특한 관점의 다른 시각을 경험할 수 있을 것이다. 2E 학생과 친구가 되는 일은 인생에서 최고의 선택이 될 수도 있다.

마이크 포스마(Mike Postma)

미네소타 주의 미네통카에서 영재 학생을 위한 마그넷 스쿨(magnet school, 인종이나 통학 구역에 관계없이 다닐 수 있는 뛰어난 시설과 교육과정을 갖춘 학교-옮긴이)인 네비게이터 프로그램(Navigator Program)을 비롯하여 미네통카 학교 영재 프로그램(High Potential Program for Minnetonka Schools)을 맡고 있다. 아스퍼거 증후군 진단을 받은 두 아이를 포함한 네 아이의 아버지이다.

3. ADD 또는 ADHD가 있는 영재

재능이 아무리 많더라도 교사가 좋아하지 않는 아이들이 있다.

유독 '자습'을 일어서서 하고 싶어 한다. 큰 목소리로 이야기하는 것도 모자라 손도 들지 않고 그냥 말해 버린다. 쉬운 과제에 지루함을 느끼고, 하지 않겠다고 거부하거나 아주 빨리, 대충 끝내 버린다. 얼핏 보면 집중력이 부족한 몽상가다. 이런 학생과 맞닥뜨렸을 때, ADD 또는 ADHD라고 쉽게 판단해버리는 교사들이 있다.

영재들은 어떠한 자극도 받지 못하는 숨 막히는 상황에 놓이면 무관심이나 공상으로 반응할 가능성이 크다. 매일 또는 매년, 너무도 뻔한 내용을 공부하라고 강요당할수록 더 재미있는 것, 그러니까 게임에 빠지거나 음악을 작곡하는 등에 생각을 빼앗길 수밖에 없다. 도전할 만하거나 흥미를 끄는 어떤 것에 (이상한 행동을 보이지 않고) 적극적으로 집중하고 있다면, ADD · ADHD라고 판단할 수 없다.

다음은 ADD · ADHD와 단순한 지루함이나 불만을 구별할 수 있는 방법이다.

> ★ 과제 외 행동off- task behaviors(어떤 과제에서 주어진 것 이외의 반응을 하는 것 – 옮긴이), 즉 흥미 있고 도전할 만한 주제에 자유자재로 집중한다면 아마도 ADD · ADHD는 아닐 것이다.
> ★ 자신이 수업에 집중하거나 또는 그러지 않는 이유를 다른 사람에게 설명할 수 있다면 ADD · ADHD가 아닐 수 있다.
> ★ ADD · ADHD처럼 보이는 행동이라도 학습에 크게 방해되지 않는다면, 그 병이 아닐 가능성이 높다.

★ 자신과 학습 수준이 같은 사람들과 있을 때 과제 외 행동이 줄어들거나 없어진다면 ADD · ADHD가 아닐 수 있다.

안타깝게도 너무 많은 영재가 제대로 된 검사 없이 ADD나 ADHD로 불리고 있다. 집중하지 못하는 이유가 내면에 있는 것이 아니라, 흥미롭지 못한 수업 때문일 수도 있는데 말이다.

물론 영재라도 정식으로 ADD · ADHD를 진단받는 아이들이 있다. ADD 또는 ADHD가 있는 영재는 학교에서 또 다른 문제를 이겨내야 한다. 과제가 반복적이거나 자기 수준에 미치지 못하면, 일반 영재들보다 더 빨리 집중력을 잃기 때문이다. 그 결과 수업 시간에 이야기한 중요한 정보를 듣지 못해 나쁜 성적을 받을 수 있다. 총명한 아이일수록 좌절감은 더 크다. 이들은 또래보다 자의식이 강하고 예민하다. 실패 경험에 민감하기 때문에 자신을 오히려 뭔가 모자란 사람이라고 생각할 수 있다. 이렇게 되면 자신감과 학습 동기가 더욱 결여돼 열등생이 되기 쉽다. 어떤 교사는 이들의 나쁜 성적을 게을러서라든지 공부에 흥미가 없어서라고 단정할 수 있다. 이로 인해 아이에게 불만이 쌓이면 반항아가 될 가능성도 있다. 여러모로 2E 청소년이 영재 프로그램 또는 과목을 속성으로 들을 가능성은 더 줄어들게 되는 것이다.

"영재라고 확인받는 방법에 대해 자세히 알고 싶어요.
또, 제 공부에 도움이 되는 프로그램에 들어가려면 어디에
연락해야 하는지도 알고 싶고요." - 알렉산드라, 15세

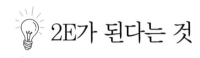

2E가 된다는 것

앞서 말한 2E의 특징에 속한다면, 제일 먼저 할 일은 되도록 학교에서 나를 믿어줄 어른을 찾아보는 것이다. 그 어른이 특이한 행동 너머에 있는 숨은 능력을 알아봐준다면 반은 성공한 것이다.

그 다음은 어떤 환경에서 공부를 잘할 수 있을지를 적어 보는 것이다.

- ✦ 나는 필기시험과 구술시험 중 어떤 것을 더 잘할까?
- ✦ 나는 혼자일 때와 그룹에 속해 있을 때 중 언제 더 아는 것에 대해 잘 말할까?
- ✦ 나는 형식이나 마감이 정해져 있을 때 열심히 할까, 아니면 스스로 그것들을 정할 수 있을 때 더 잘할까?
- ✦ 나는 쉽지만 반복되는 것을 좋아할까, 힘들더라도 복잡한 것을 좋아할까?

영재 학생에게 2E 성향이 있으면, 그들 말을 들어줄 선생님과 이야기를 나누면 도움이 된다. 만약 이런 진단을 정식으로 받게 된다면, 영재에게 필요하고 장점을 살리는 교육을 받을 법적 권리가 생긴다. 믿을 만한 선생님이나 학교 상담 교사는 물론 부모님도 이러한 교육을 받도록 영재 학생을 도와줄 수 있다.

어려움에 처한 친구를 돕는 법

앞서 말한 조언이 모두에게 통하는 것은 아니다. 2E 학생을 알고 있다면, 그저 좋은 친구가 되어주자. 그 아이와 일대일로 이야기하고, 여러 친구들과 함께 놀자고 제안해보자. 점심시간에 밥을 같이 먹자고 얘기할 수도 있겠다. 그렇게 했다고 2E 아이들이 하이파이브를 하거나 고마운 마음을 쏟아내지는 않겠지만, 이것을 명심하자. 어려움에 닥친 친구를 돕는 것은 올바른 일이며 자신이 친구들에게 받아들여지기를 바라고, 또 당연히 그럴 권리가 있는 아이들의 짐을 조금이나마 덜어주는 행동이다.

> "저는 영재 프로그램에 들어가지 못한 아이들이
> 어떻게 하면 참여할 수 있을지에 관심이 많아요.
> 그 아이들을 도와줘야 한다고 생각하니까요."
> - 칼렙, 13세

교육제도 말고, 스스로를 믿어라

재능이 있는 아이들 모두 영재로 확인받는 것은 아니다. 영재인 친구나 형제가 학교의 영재 선발 과정에서 떨어진 경우도 있을 것이다. (시험 점수가 떨어졌다면, 작년에는 영재로 선발되었으나 올해는 제외되었을 수도 있다. 말이 안 되지만 실제 벌어질 수 있는 일이다.) 어떤 학교에서는 영재성을 확인하는 절차가 없기 때문에 그런 학교에 다니는 아이들은 자신이 영재인지 영영 확인할 길이 없다. 영재성을 확인한다 해도 알맞은 프로그램이 없을 수 있다.

이 모든 혼란, 모순, 불공평을 통해서 기억해야 할 것이 있다. 제도는 완벽하지 않다는 것이다. 사람은 실수할 수 있다. 옳고 그름을 떠나, 교사들에게 영재 교육은 필수가 아니다. 대부분의 교사들은 영재가 아니기 때문에 이들에 대해 완벽하게 알지 못하고 영재 학생을 선발할 수 있는 충분한 지식도 없다.

중요한 문제는 자기 자신에 대해 어떻게 생각하느냐이다. 자신의 재능을 사용할 것인지의 여부와 사용 방법은 스스로에게 달려있다. 현재와 미래에 어떤 길을 갈지는 스스로 선택하는 것이다. 다른 사람에 의해 내가 얼마나 똑똑하고 얼마나 많은 것을 할 수 있는지 결정되도록 내버려 두지 말자.

뛰어난 재능이 있다고 해서 좋은 성적을 받거나 학교에서 성공하는 것은 아니다. 만족스럽고 의미 있는 직업이나 명예, 우정, 행복으로 보상받을 수도 없다. 영재라고 다르지 않다. 자신이 되고 싶은 사람이 되기 위해, 스스로 원하는 삶을 살기 위해 끊임없이 노력해야 한다. 물론 유리한 점은 있지만 말이다.

> "영재에게는 책임감이 더 많아져요. 좋은 재능이 생기면,
> 더 부지런히, 더 열심히, 더 열정적으로 하게 되니까요.
> 영재성은 꼭 잡고 싶은 기회의 문을 열어 줘요." - 레베카, 17세

···▶ 학교에서 영재를 잘 선발하는 것 같나요? 만약 그렇다면 왜 그렇게
생각하나요?

"아니요. 부모가 영재성 검사를 의뢰해야 해요.
부모가 관여하지 않으면 검사를 해주지 않을지도 몰라요."
- 에이미, 16세

"더 나은 방법이 있다고 생각해요. 학교에서는 자신의 특별한 능력을 쓸 줄 아는 학생은 선발하고, 그렇지 않은 학생은 선발하지 않아요. 저는 학교에 재능 있는 아이들이 훨씬 더 많다고 생각해요. 그 애들이 능력을 드러내려면 사람들의 도움이 좀 필요해요." - 하비에르, 17세

"아니요. 우리 지역 학교에서는 분석 모형을 사용하는데 영재를 뽑지는 못해요.
성취도에 기반을 둔 모형이라지만, 저와 같은 재능 많은 학생들이 항상 시험을 잘 보는 것은 아니니까요. 반대 의견을 낼 수 있는 기간이 있지만, 그냥 절차에 불과해요.
IQ 점수, 상급 학년 시험, 영재 및 재능 과정 평가 등 외부 시험은 받아주지 않아요. 여기서 나온 결과가 학교의 분석 모형과 반대라도 말이죠."
- 브라이스, 13세

"예. 시험 칠 후보 학생을 선발하고, 대부분의 시험에서 창의력을 보기 때문에 그렇다고 생각해요.
제 생각에는 영재는 창의력에 달린 것 같아요."
- 미카엘라, 12세

"아니라고 생각해요. 선발 과정에 여러 가지 요소(커닝, 편파)는 고려되지 않기 때문이죠. 영재 프로그램에 들어갈 자격이 없는 아이들이 합격하는 경우도 있고, 반대로 프로그램에 들어가야 할 아이들이 못 들어가는 경우도 있어요."
- 존, 17세

"예. 두 가지 시험에만 의존하지 않고 부모님, 선생님, 그리고 학생 스스로가 어느 부분에서 학생(또는 자신)이 어떤 재능을 어떻게 보이는지 써서 제출해요. 학생은 자신의 열정과 영재성을 보여줄 포트폴리오도 제출하고요.
제 생각에는 공평한 제도라고 생각해요. 시험을 망쳐서 놓친 아이들이 있을 수도 있으니까 말이죠."
- 치에두, 15세

"예. 학생들이 추천하는 제도에 따르거든요. 그래서 알지 못하고 지나쳤을 아이도 알아볼 수 있어요." - 엘리, 12세

⋯▸ 영재 권리 장전

아래의 권리 장전은 미국영재협회 NAGC(National Association for Gifted Children)의 델 시걸 Del Siegle 전 회장이 썼다. 이 세상의 헥터나 케이트 그리고 여러 영재를 위한 권리다.

영재 권리 장전

영재는,

자신의 영재성에 대해 알 권리가 있다.

매일 다른 것을 배울 권리가 있다.

어떠한 변명 없이 잘하는 것에 열정을 가질 권리가 있다.

재능 이외의 정체성을 가질 권리가 있다.

자신이 성취한 것에 기뻐할 권리가 있다.

실수할 권리가 있다.

재능을 개발하기 위해 도움을 요청할 권리가 있다.

여러 또래 집단이나 다양한 친구와 어울릴 권리가 있다.

어떤 재능을 더 개발할지 선택할 권리가 있다.

모든 것을 잘하지 않아도 될 권리가 있다.

지능을 설계하다

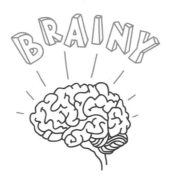

영재라는 단어에 담긴 의미가 너무 많다고 생각한다면, 지적 능력이란 부분에서도 머리를 긁적일 것이다. 사람마다 개념이나 생각이 다르기 때문이다.

'uxoricide'라는 단어를 알면 똑똑한 사람일까? 아마도 그렇게 생각하는 사람이 있나 보다. 이 단어는 무수히 많은 사람들이 치른 IQ 검사에 등장한 단어다. (혹시 궁금한 사람이 있을지 몰라 말하자면, uxoricide는 '남편에 의한 아내 살해'를 뜻한다.) 아프리카 초원의 사파리에서 성난 코끼리에게 쫓기고 있는데, uxoricide 같은 단어를 아는 것이 후피동물厚皮動物(포유류 중에서 가죽이 두꺼운 동물로, 코끼리, 돼지, 말 등이 해당된다-편집자)의 추격을 막는 데에 도움이 될까? 여기서 말하고자 하는 요점은 지능은 언제나 특정한 상황 안에서 평가되기 때문에 한가지로 정의하기 힘들다는 것이다. 모잠비크에서 똑똑한 사람과 멕시코나 메인 주에서 똑똑한 사람의 특징이나 행동이 같을 수는 없다.

"누가 뭐래도 지능은 중요해요. 영재라고 불리지 않더라도 지능이 있다면 대학에서 좋은 성적을 내고, 원하는 진로를 선택할 수 있을 테니까요." - 크리스, 16세

"호주 원주민이 IQ 검사를 만들었다면, 아마도 서양의 모든 사람들은 낙제했을 것이다."
- 스탠리 가른(Stanley Garn),
미시간대학교(University of Michigan) 전 인류학 교수

물론 공통적인 특징도 있을 것이다. 예를 들면, 문제 해결 능력이 있거나, 논리적이고 창의적인 사고를 잘한다던가, 자신에게 필요한 것과 자신의 생각을 명확하게 전달하는 사람이라면 어디에 살든 성공할 것이다. 인간 지능의 기초를 이루는 요소는 보편적이다.

설문 조사에 따르면...

응답자의 66%가 IQ와 성취도 평가 성적이 의미하는 것과 그렇지 않은 것을 알고 싶어 했다.

응답자의 70%가 다른 유형의 지능에는 무엇이 있는지 알고 싶어 했다.

응답자의 50%가 비판적 사고, 문제 해결 능력, 의사 결정 능력을 향상할 수 있는 방법을 알고 싶어 했다.

지능에 관한 다섯 가지 질문

지능에 관한 질문 중 우리가 편지, 설문 응답, 발표나 워크숍 이후의 질의응답 시간에 학생들에게 가장 많이 받은 질문을 몇 가지 소개하겠다.

1. 지능은 유전적으로 물려받나요?

일반적으로 유전(친가, 외가 모두)으로 지능의 일부가 결정된다고 알려져 있다. 그러나 어느 정도가 유전(본성)에 의해 결정되는지는 미지수다. 사람들과의 관계나 주변 환경에 얼마나 좌우되는지도 아직 명확하지 않다. 우리는 이렇게 생각한다.

'DNA는 바꿀 수 없다, 하지만 환경은 개선할 수 있다.'

그러므로 두뇌 자극을 위해 책을 읽고 공연도 보자. 학교에서 컴퓨터 수업(아니면 지역 교육 센터의 요리 강습)도 듣자. 인터넷에서 루브르박물관이나 스미소니언박물관 홈페이지도 찾아보자. 공원에서 운동하고, 질문하고, 할 수 있다면 여행도 하고, 여행을 다녀온 사람과 이야기도 나누자.

> "혈통이 좋다면 자연에서 좋은 패를 받고,
> 좋은 환경에서 그 패를 잘 쓰는 방법을 배운다."
> - 월터 C. 알바레즈(Walter C. Alvarez), 의사이자 작가

2. 지능을 사용하지 않으면 잃어버리나요?

테니스, 농구 또는 체스를 할 줄 아는 사람은 이 문제에 답할 수 있을 것이다. 경기를 더 잘하려면 연습, 연습 그리고 더 많은 연습이 필요하기 때문이다. 일반적으로 재능을 사용하지 않는다고 없어지는 않는다. 하지만 약해지기는 한다. 뇌의 능력도 마찬가지다. '앵그리 버드Angry Birds'와 '프루트 닌자Fruit Ninja'(둘 다 모바일 게임이다) 중에서 어떤 것을 할지가 당신에게 가장 중요한 문제라면 생각이 좀 둔해지더라도 너무 놀라지 말자.

3. 다른 인종보다 똑똑한 인종이 있나요?

위험한 질문이다. 편견이 있다고 오해받을 수 있다. 하지만 솔직한

대답을 들을 준비가 되어 있다면 문제가 되지는 않는다. 이 질문에 대한 솔직한 대답은 '없다'이다. 앞서 영재성에는 어떠한 경계도 없다고 했던 것처럼 지능도 그렇다.

그렇다면 왜 이런 질문을 하는 것일까? 역사와 문화 그리고 지능을 판별하는 방법 때문이다. 예를 들어, 먹고 사는 것에 대해 아무런 걱정 없는 아이들이 있다고 하자. 이 아이들은 학교와 자신의 동네를 넘어 다른 곳을 경험할 수 있다. 지능 평가에서 가젤gazelle이나 정원의 정자gazebo의 정의를 묻는 질문을 보면, 하나는 동물원에서 봤고 다른 하나는 친구네 집 뒷마당에서 봤다는 것을 떠올릴 수 있다. 이렇게 혜택과 동시에 전통적인 시험에서 유리한 지식이 이들에게 주어진 것이다.

하지만 학교에서 집으로 가다가 큰 수컷 사슴을 보면 어떻게 대처해야 하는지, 조각을 하려면 향나무 재목은 어떻게 준비해야 하는지, 바다를 항해할 때 별을 어떻게 보아야 하는지 묻는다면 멍하니 쳐다만 볼 것이다.

지능은 특정 인종에게 더 주어지는 것이 아니다. 단지 지능 측정 방법에 의해 보수적인 성향의 중산층 백인이 더 많이 영재로 선발되는 것이다. 흑인, 히스패닉, 동양인, 백인, 미국 인디언은 각자의 전통, 지혜, 그리고 전문 지식이 있다. 모두 각각 다른 인종에게 가르쳐 줄 것이 있다. 어떤 배경을 가졌든 똑똑한 사람이라면 듣고 배워야 한다.

4. 즐거운 시간을 보내는 데 지능이 방해가 되나요?

가끔 영재들은 골치 아픈 존재다. 너무 많이 생각하고, 질문하며 설명한다. 지나치게 진지하다. 두 살짜리 영재가 이런 행동을 보이면 귀

엽겠지만, 10대 청소년이 이렇게 하면 사람들은 짜증을 낸다. 유감스럽게도 말 많은 영재가 입(과 뇌)을 쉬는 것은 치약을 치약 튜브에 다시 밀어 넣는 것만큼이나 어렵다. 사람들이 즐거워하는 주제와 지겨워서 잠드는 주제를 구별할 수 있다면 좋겠지만, 잘 모르겠다면 다음 사항을 고려해보자.

- ★ 천천히 말하고 말수를 줄이자. 그리고 더 많이 듣자. (어쩌면 말을 너무 많이 하고 있을 수도 있다. 그게 범죄는 아니지만, 그것 때문에 상대방이 하고 싶은 말을 못할 수 있다.)
- ★ 친구들과 어떤 시간을 보내는지 확인해보자. 어쩌면 다른 친구들을 찾아야 할지도 모른다. 나의 말과 생각을 인정해주는 그런 친구들을 만나자.
- ★ 가끔은 진지함을 내려 놓자. 농담, 유머, 즉흥적인 행동, 장난, 즐거움을 위한 자리를 비워두자.

5. 잘 못하는 게 있는데도 저는 여전히 영재일까요?

심리학자인 하워드 가드너 Howard Gardner의 대중적이며 흥미로운 용어 중에 여러분도 들어 봤을 만한 '다중 지능 multiple intelligences'이란 것이 있다. 가드너는 지능이 하나의 요소가 아니라 여러 가지 형태를 띤다고 생각하였다. 정확히 말하면, 현재까지 여덟 가지 유형이 있다.

- ★ 시각 / 공간: '예술적 감각'으로도 불림
- ★ 구두 / 언어: '언어적 감각'

- ★ 논리 / 수학: '수적 감각'
- ★ 신체 / 근감각: '운동 능력'
- ★ 대인 관계: '관계 능력'
- ★ 내적 관계: '자기 성찰'
- ★ 음악 / 리듬: '음악 감각'
- ★ 자연주의: '본능적 감각'

가드너는 우리 모두가 한 개 이상의 지능 영역에 강점을 가지고 있으며, 두 개 이상을 잘하는 사람도 있다고 믿었다. 만약 지능이 이처럼 다양한 모습을 띤다면, 다양한 분야에서 영재성을 발견할 수 있다는 것이 논리적으로 성립한다. 한쪽에서는 지능에 대한 가드너의 관점을 너무 단순하다고 평가하기도 했다. 하지만 이 이론은 '똑똑한' 사람에게도 (가드너가 말한) 여덟 가지 영역에서 잘하는 것과 못하는 것이 있음을 목격한 사람들에게 인기를 끌었다.

아무리 똑똑하더라도 이 개념을 확실하게 이해하기 전이라면 열등감에 사로잡힐 수 있다. 영재도 다른 영재 아이와 자신을 비교하기 때문이다. 많은 영재가 한곳에 모였을 때 이런 태도가 나타난다. 모두 고등학교 때부터 자신이 제일 똑똑하다는 평가에 익숙해져 있기 때문이다. 우등생 명단, AP 수업, 수석 졸업, 미국우수학생협회 NHS (National Honor Society), 국비 장학생 등으로 표현되는 완벽한 학생이었을 것이다. 그러던 어느 날 갑자기 자기와 동등하거나 자신보다 능력 좋은 수백 명의 학생에게 둘러싸인다. 자신감이 꺾이는 건 당연지사다. 더 이상 공부를 가장 잘하는 사람이 아니라는 사실로 인해 정체성의 혼란을 겪을 것이다. 하지만 다중 지능에 대한 가드너의 이론이 맞다면(많은 사람들이 그렇다고 생각한다) 비교를 멈추고 자신만의 재능을 즐길 수 있을 것이다.

 ## IQ란 무엇일까?

학교는 숫자로 꽉 차 있다. 평점GPA, 시험 성적, 반 석차, 사물함 자물쇠 비밀번호 등으로 말이다. 유능한 학생이 (아직 모르고 있다면) 궁금할 숫자를 하나 들자면 바로 자신의 IQ, 즉 지능 지수라고 할 수 있다. 정확히 이것이 무엇이며 왜 중요한 것일까?

서양과 일부 문화권에서는 언어 구사력, 시공간 추리력(쌓기 또는 공간 감각 작업 능력), 분석력(정보를 이용해 꼼꼼히 추리하는 능력) 등을 중요하게 여긴다. 이런 능력들은 수학, 과학, 논리, 철학 같은 과목에 요구된다. 대부분의 IQ 검사는 언어, 시공간, 분석에 관한 기능을 집중적으로 검사한다. 일부 IQ 검사에는 언어 영역이 없기도 하다. 대신 시각 항목에서 어떤 패턴을 찾아 완성하라는 문제가 나온다. 추리하여 정답을 맞히면 더 높은 IQ 점수를 받는다.

대부분 IQ 검사의 평균 점수는 100이다. 이 평균 점수는 또래와 비교하여 나온 점수이다. 130의 점수를 받은 사람은 1만 명 중에 300명밖에 없다. IQ가 150이라면? 이렇게 지능이 높은 아이는 1만 명 중 9명에 불과하다. 그리고 IQ가 160이라면 이렇게 날카로운 사고력을 가진 사람은 1만 명 중 1명 정도다. IQ 측정 기준은 여러 가지다. 여기에서는 그 이야기는 생략하기로 한다. 한때 IQ 160이면 '천재'라고 했지만 어떤 검사에선 130 이상이면 된다.

현재 교육자나 심리학자 중에는 IQ 검사가 편향되어 있고 구시대적이며, 너무 단순한 지능 측정 방법이라며 무시하는 사람들도 있다. 타당한 부분도 있으나 그 한계에도 불구하고, 지난 100여 년간 사용된 IQ 검사는 지능이 높은 학생을 가려내는 오랜 전통으로서 여전히 유용하다. 아마도 IQ는 한동안 더 사용될 것으로 보인다. (최소한 뇌 스캔으로 대체될 때까지 말이다. 아마도 그때까지 한참 더 걸릴 것 같다.) IQ 검사는 지난 100여 년 동안 일관되게 지능을 파악한 몇 안 되는 방법이다. 어쩌면 그래서 문화적으로 IQ를 중요시하는지도 모르겠다.

IQ 검사는 심리학자인 알프레드 비네Alfred Binet와 시어도어 시몬Theodore Simon에 의해 1900년대에 처음 사용되었다. 흥미로운 것은 최초의 IQ 검사가 일반 학교에서 가르치기에 '너무 부진한' 아이를 뽑으려고 개발되었다는 것이다. 1920년대에 루이스 터만Lewis Terman이 비네-시몬식 지능 검사Binet-Simon test를 스탠퍼드-비네식 지능 검사Stanford-Binet test로 수정해 자신의 연구에 필요한 '천재'를 선발하는 데 사용했고, 그 후 IQ 검사가 더욱 널리 퍼지게 되었다.

간단하게 IQ를 수식으로 설명할 수 있다(물론 실제 계산법은 훨씬 더 복잡하다).

$$\frac{\text{정신 연령}}{\text{실제 나이}} \times 100 = IQ$$

예를 들어, 내 나이가 13살이라고 하자. IQ 검사를 받으면, 시험관은 나의 답을 수천 명의 다른 아이들의 답과 비교한 뒤, 내 점수를 계산한다. 만약 내 답이 정확하고 수준이 높다면(그러니까 논리적 사고와 면밀한 수정을 거쳤다면) 사고력은 실제 나이(또는 인생 나이)인 13세보다 높은 16세가 나올 수 있다. 이제 숫자를 대입해서 식이 어떻게 계산되는지 보자.

$$\frac{16(정신\ 연령)}{13(실제\ 나이)} \times 100 = 123\ IQ$$

IQ 평균이 100이므로, 123이라면 우수한 쪽에 들어간다. 이것을 백분위수로 바꾸면 92가 된다. 이것은 같은 시험을 치른 13세 아이들 100명 중에 92명보다 내 점수가 높게 나왔다는 의미이다. 어떤 사람들은 IQ 140이 똑똑한 아이와 천재를 구분하는 커트라인이라고 말한다. 보통 130 정도의 IQ는 뭔가를 배우는 데에 튼튼한 바탕을 두었다고 한다(물론 그 지능을 가졌다고 해서 사용하고 있다는 의미는 아니다).

···➔ **IQ 점수에 따른 특징 (미국 기준)**

IQ 점수	분류	인구 중 빈도 근사치
160	매우 우수	10000명 중 1명
150	매우 우수	10000명 중 9명
140	매우 우수	1000명 중 7명
130	매우 우수	100명 중 3명
120	우수	100명 중 11명
110	총명	100명 중 21명

IQ가 진짜로 의미하는 것

IQ를 안다는 것은 자신이 가진 능력의 일부를 찾아냈다는 것이다.

IQ 점수는 세 가지 중요 영역(언어 구사력, 시공간 추리력, 분석력) 그리고 기억력과 학습 속도의 능력을 평가한 것이다. 내가 무엇을 잘하는지 아는 것은 스스로를 더 잘 알 수 있는 방법 중 하나다. 언어 구사력이 뛰어난 10대는 단어 사용이나 아이디어 표현, 정보를 말로 전달하는 것 등을 자유자재로 한다. 언어 구사력이 뛰어난 아이는 자신보다 나이 많은 사람들이 쓰는 단어를 사용한다. 공간 지각력이 뛰어난 아이들은 패턴이나 공간 연결을 잘하며 전체 그림을 잘 그린다. 또 레고Lego, 퍼즐, 만들기 숙제를 아주 잘한다. 분석력이 뛰어난 사람들은 문제를 잘 해결하며, 정보를 모아서 그것을 논리적으로 묶을 줄도 안다. 만약 문제에 효과적으로 명쾌하게 접근하는 편이라면 분석력이 뛰어날 가능성이 크다. 자신의 장단점을 잘 알게 되면 수업 시간이나 인생에서 자신의 가능성을 파악할 수 있다.

IQ는 평균 점수이기 때문에 특정 분야에서만 영재일 수도 있다.

어떤 영역에서는 영재 범위(IQ 130 이상)에 있으나 다른 영역에서는 그렇지 못할 수 있다. 모든 영역을 다 잘하는 사람은 몇 안 되며, 비동시성(서로 조화를 이루지 못한다는 뜻)을 보이는 것이 일반적이다. 공간 지각력이 특출나서 기하학, 공학 수업과 만들기 과제를 특히 잘한다고 해보자. 아무리 다른 영역에서 두드러지더라도 언어 구사력이 뛰어나지 못한다면, 작문과 문학 비평 같은 것이 무척 어렵게 느껴질 수 있다. 공감각이 뛰어난 수많은 영재가 머릿속에 그림으로 떠오르는 멋진 아이디어를 말로 표현하지 못해 영재로 선발되지 못할 수 있으며, 말은 잘하지만 공감각이 약한 경우도 있다. 이들에게는 언어보다 수학 공부가 더 어렵게 느껴질 것이다. 많은 교사와 학부모들은 '영재'라고 하면 모든 분야에 재능이 있지 않을까 오해한다. 영재 스스로 장점과 단점을 파악해야 한다. 그래야 자신에게 더 잘 맞는 진로를 선택할 수 있을 것이다.

IQ 점수는 그 자체로 큰 의미가 있는 것은 아니다.

창의력, 리더십, 기질, 동기부여, 경험에 대한 태도를 측정할 수 없기 때문이다. IQ가 높다고 반드시 성공한다거나 높은 성적이 보장되는 것도 아니다. 학생회장이 되거나 육상부 주장을 맡게 되는 것도 아니다. IQ가 높다고 학교 연극에서 주연을 맡는 것도 아니고, 수강 과목을 패스할지 과락할지도 알 수 없다. IQ가 의미하는 것은 머리를 쓰는 일을 얼마나 할 줄 아느냐하는 가능성이자 잠재력이다. 드러나지 않은 잠재력은 쓸모가 없다. IQ가 높을수록 더 많은 노력이 필요하다. 문제가 생겼을 때 방해라기보다 도전이라고 생각해야 한다.

IQ 점수를 알고 있어야 할까?

미국에서 대부분의 교사와 학부모는 학생에게 IQ 점수를 알리는 데에 반대한다. 어떤 사람들은 IQ 점수만 보고 학습 결과를 단정한다. 예를 들면 자신의 IQ가 117에 '불과'하다며 자신의 능력이 평생 평균 정도밖에 되지 않으리라 판단해버린다. 그럭저럭 살기엔 충분하지만 아주 높은 수준의 성과를 낼 수 없다고 생각하는 것이다. 반대로 IQ가

157이라면 평생 공부를 안 해도 될 정도로 똑똑하다고 생각할 수 있다. 두 경우 모두 잘못된 판단이다.

IQ가 높을 때 예측할 수 있는 것	IQ가 높아도 예측할 수 없는 것
지능에 관한 분야를 쉽게 배울 수 있다 (언어적, 시공간적, 분석적 지능)	학교 성적
새로운 정보를 알아가는 속도	시험과 서술형 숙제를 해내는 속도
문제 해결 능력	학습 동기부여
높은 수준의 아이디어를 내는 능력	아이디어를 결과물로 전환하는 능력
수준 높은 학문을 이해하는 잠재력	성공하고자 하는 욕망
사실적 정보를 아는 것	주어진 상황에 대한 창의력과 상상력

IQ는 단편적인 정보일 뿐이다. 만약 IQ 검사를 했는데 점수가 너무 알고 싶다면 물어보면 된다. 만약 담당자가 가르쳐 주지 않는다면 두 가지 행동을 취해 볼 수 있다.

➤ 만 18세가 될 때까지 기다렸다가 그때도 궁금하다면 시험 점수를 보여 달라고 요청한다.
➤ 성인용 IQ 검사를 하고 자신이 채점한다.

위 두 가지 중 어떤 방법을 사용하든 상관없다. 다만 자기 자신에 대한 생각, 미래에 관한 계획 또는 배우고 성장하는 데 들이는 노력을 시험 점수 때문에 바꾸지 않았으면 한다.

"궁금한 사람만이 배울 수 있고, 결심이 굳건한 사람만이 학습에
장애를 극복할 수 있다. 나는 항상 지능 지수보다 모험 지수에 열광했다."
- 유진 S. 윌슨(Eugene S. Wilson), 애머스트 칼리지(Amherst College) 전 입학처장

 ## 시험을 망쳤을 때 이렇게 생각해보자

영재가 치러야 할 시험은 지능 검사 뿐만이 아니다. 아마도 이전 어느 세대보다 오늘날 학생들이 더 많은 시험을 치고 있을 것이다. 어떤 시험이든 평등하게 창조되지는 않았다. 또 시험 출제자들이 최선의 노력을 다하고 있지만, 언제나 좋은 문제를 제출하는 것은 아니다. 그렇기 때문에 아래 내용을 염두에 두어야 한다.

시험 점수를 믿으면 안 되는 네 가지 이유

1. 시험 응시자의 관점에 따라 시험 문제의 답이 하나가 아닐 수도 있다.

> **문제** 다음 중 공통 요소가 없는 단어를 표시하시오.
> : 크리켓, 축구, 당구, 하키

어떻게 보느냐에 따라 모든 단어를 선택할 수 있다. 크리켓은 예시

중 영국에서 시작되지 않은 유일한 운동이다. 당구는 유일한 실내 운동이다. 그리고 하키에는 필드하키와 아이스하키가 있다. 어떤 것을 말하는지 불분명하다.

그래서 진짜 정답은 '위의 모든 단어'이다. 하지만 선택지에는 이러한 항목이 없다. 그렇다면 일부 학생들은 시험에서 높은 점수를 받기에는 너무 똑똑하고 깊이 생각하는 것은 아닐까?

2. 저소득층, 소수민족 또는 불우한 환경에서 자란 사람들에게 불리하다.

<blockquote>
문제 트루먼 카포트 Truman Capote와 노먼 메일러 Norman Mailer 의 소설에 등장하는 남자 캐릭터를 비교·대조하시오.
</blockquote>

당신이 백인 중산층 이상이 아니라면 당황할 질문이다.

이 작가들은 잘 모르지만 가브리엘 가르시아 마르케스 Gabriel Garcia Marquez(콜롬비아의 작가로 《백년간의 고독》으로 1982년 노벨 문학상을 수상했다-옮긴이)의 책을 스페인어 원서로 읽고, 마르케스의 소설에 대해 아주 잘 설명할 수 있는데도 말이다.

시험 대상에 적합한 질문이 나왔다면 더 많은 학생들이 더 높은 점수를 받을 수 있지 않을까?

3. 시험 점수가 잘못될 수 있다.

가끔은 시험 점수에 자신의 지식이 모두 반영되지 않을 수도 있다. 받았어야 할 점수보다 낮게 나오는 것이다. 예를 들어, 시험 당일에 엄청 아팠다거나 시험을 보는 동안 너무 긴장했다고 가정해보자. 혹은, 시험 자체가 논리적으로 타당하지 않았다고 해보자. 그렇다면 자신이 가진 지식과 전혀 상관이 없는 점수를 받게 된다.

이러한 시험의 점수가 낮게 나왔다고 해서 점수에 문제가 있다는 뜻은 아니다. 시험에 나온 내용을 모르거나 공부를 하지 않아서 점수가 낮을 수 있다. 하지만 시험에 나온 내용을 알고 있고 공부도 했는데 점수가 낮다면 이 점수에는 오류가 생긴다.

4. 개인의 학습 스타일은 시험에 반영되지 않는다.

학교에서 치르는 시험의 대부분은 온라인이나 지필 시험이다. 빈칸 채우기, 동그라미를 색칠하거나 클릭하기, 서술형 문제, 논술, 참·거짓 가려내기 등의 문제들이다. 여러분이 이런 시험을 잘 칠 수 있지만, 시험 유형을 달리하거나 시험 환경이 자신의 학습 스타일에 맞는다면 시험을 더 잘 칠 수도 있다.

집에서 침대에 누워 팝콘을 먹고 음악을 들으면서 공부할 때 공부가 제일 잘 된다고 가정해보자. 그러나 시험 당일에는 (대부분 돌처럼 딱딱한) 의자에 앉아서 시험을 치러야 하고, 심지어 껌도 씹을 수 없다. 시험장은 연필이나 키보드 소리, 부스럭거리는 소리, 다른 아이들의 기침 소리를 빼면 아주 조용하다. 즉, 자신에게 최적의 시험 환경이 아닌 것이다. 이 부분에 대해 할 수 있는 일이 별로 없겠지만, 그래도 선생님과 상의해보는 것이 좋다. 특히, 선생님이 학습 스타일에 대해 잘 안다면, 더더욱 그렇게 하는 것이 좋다. 어떤 경우에는 유연하게 시험 환경을 바꿔 줄 수도 있기 때문이다.

> "어떤 점수가 나오든 그것으로 사람을 '규정'해서는 안 된다.
> 어떤 시험도 그 시험 하나만으로 개인의 성과, 사교성, 명성에
> 도움이 되는 폭넓은 특성과 능력을 평가할 수 없다.
> 모든 시험은 불완전한 측정 방법이다."
> - 진 선데 피터슨(Jean Sunde Peterson), 퍼듀대학교 교육학 교수

머릿속을 들여다보는 여러 가지 검사들

IQ가 아무리 높아도 감성, 사회성, 그리고 창의성이 모자라다면 소용이 없다. 즉, EQ Emotional intelligence Quotient(감성 지수), SQ Social intelligence Quotient(사회성 지수), CQ Creativity Quotient(창의성 지수) 역시 IQ 못지않게 중요하다. 즉, 좋은 머리만 가지고는 성공할 수 없다는 것이다.

'Q'가 참 많이도 나오는데, 모두 같은 역할을 한다. 즉, 인간의 지능을 측정하고 설명한다. 네트워크 엔지니어, 비즈니스 컨설턴트, 요가 강사, 실험실 기술자, 소설가, 대학교수, 무 농장 농부 등 직업에 상관없이 이 지수들로 안정된 감정, 높은 성취도, 사람들의 존경, 만족감, 혁신, 다재다능함을 구별할 수 있다. 아래에 나열된 것들을 적용하여 자신에게 가장 잘 맞는 선택을 하는 데 도움을 얻기를 바란다.

EQ: 감성 지수

매 순간 우리는 어떤 감정을 느끼며 산다. 행복, 슬픔, 좌절감, 분노, 공포, 혐오, 놀라움, 경멸, 수치심 등 말이다. 심지어 잠을 자고 꿈을 꿀 때도 감정을 느낀다. 물론 우리가 이런 감정을 항상 의식하지는 못하며, 상황에 따라 그 힘은 세지거나 약해진다. 친구와 소리 지르기 시합을 하는 중이라면 감정이 생각의 중심에 서게 되지만 미적분 문제를 푸는 중이라면 분석적 사고 뒤로 감정이 물러난다.

우리는 컴퓨터가 아니라 인간이다. 때문에 감정적으로 사고하지 않으면 논리적이나 합리적으로 생각할 수 없다. 어딘가에 있는 '감정'이라는 것을 잘 처리할 수 있어야 알차고 유익한 결정을 내릴 수 있다. 그것이 자신에게 훨씬 유리하다.

물론 이렇게 행동하기란 말처럼 쉽지 않다. 마음이 안정된 사람들도 어떤 감정이 올라와서 이성을 잃을 때가 있다. (시험 시간이나 면접에서 우는 것을 예로 들 수 있다. 믿기지 않겠지만, 실제 있는 일이다.) 반대로 감정을 표출해야 할 순간에 그렇게 하지 못할 때도 있다. (가장 친한 친구가 힘들어할 때 자신이 얼마나 마음이 아픈지 이야기하지 못하는 것을 예로 들 수 있다.)

안타깝게도 이런 순간들을 모두 없앨 수는 없다. 하지만 자신조차 잘 모르는 혼란스러운 감정 때문에 힘들어하지 않을 수는 있다. 다시 말해, 앞으로 살아가면서 도움이 될 감성을 키울 수 있는 것이다.

나의 EQ는?

내 감정 지수는 어느 정도일까? 아래 문제에 솔직하게 답해보자. 가장 먼저 떠오르는 답을 적도록 한다.

1. 자신의 감정을 구별할 수 있나요?

2. 감정이 자신에게 어떤 영향을 미치는지 알고 있나요?

3. 결정을 내릴 때 직감을 믿는 편인가요?

4. 감정이 앞서면 얼마나 나쁜 일이 일어나나요?

5. 사람과의 관계에 감정이 나쁜 영향을 미치나요?

6. 주변 환경이 변하는 것을 잘 받아들이나요?

> "어떤 작업을 효과적으로 해내는 데 반드시 필요한 능력의
> 67%는 감성적인 것이다. IQ나 전문 지식과 비교하면, 감성은
> 두 배나 더 중요하다. 모든 종류의 직업은 물론
> 모든 조직에도 적용된다."
> - 데이비드 골먼(David Goleman),
> 《감성지능의 작용(Working with Emotional Intelligence)》의 저자

위의 문제에 답하면서 자신이 감정에 어떤 영향을 받는지 생각해 볼 수 있다. EQ가 높은 사람은 자신의 감정뿐 아니라, 그 감정으로 자신이 어떤 영향을 받는지 잘 알고 있다. 이들은 올바른 방법으로 감정을 조절하면서 결정을 잘 내린다. 예를 들면 어떤 수업을 들을지, 어떤 직업을 가질지, 어떤 조언을 귀담아들을지, 어떤 사람과 친하게 지낼지를 감성이 낮은 사람보다 자신 있고 능숙하게 판단한다. 사람을 대하는 능력이 뛰어난 사람은 관계, 협력, 협상, 리더십, 팀워크에 다른 사람보다 능숙하다. 그들은 더 많이 더 빨리 배우며, 위험하거나 반사회적인 범죄를 저지를 가능성이 적다.

좋은 소식은 IQ처럼 EQ도 타고나는 것이 아니라는 점이다. EQ는 살면서 배우고 키울 수 있다.

EQ를 강화하는 방법
아래에 몇 가지 방법을 제시해보았다.

1. 자주 관찰하고 묘사한다.
일과 중에 하면 좋은 훈련 방법이다. 한 시간에 한 번씩 어떤 감정을 느꼈는지 기록해보자. 지루함이나 성급함 같은 정신 상태와 감정을 혼동해서는 안 된다. 어떤 감정이 올라오면 어디에서 어떻게 나온 감정인지 살펴보자. (힌트: 지루함이나 성급함은 보통 좌절감이나 무력감에서 기인한다.) 단, 자신의 감정에 자책하지 않도록 조심스럽게 관찰하자.

2. 심호흡을 크게 하고, 숫자를 센다.
감정을 강하게 느낄 때는 마치 불길 속에 있는 것 같다. 하지만 자극이 없는 감정은 오래가지 않는다. 강한 감정을 느낄 때 불에 기름을 붓는 행동만 하지 않으면 된다. 우선, 심호흡을 몇 번 크게 하고 열까지 세자. 감정을 가라앉히기 위해 산책을 하거나 물을 마시거나 또는 눈을 감는 것도 좋다. 시간이 지나면 감정은 가라앉는다.
감정은 절대 영원하지 않다. 계속 왔다 갔다 하는 것이다. 증거가 필요하다면, 놀이터에서 놀고 있는 아이들을 30분 정도 관찰해보자. 아이들이 그새 얼마나 많은 감정을 느끼는지 관찰해보면(아이들의 감정은 얼굴에 다 드러난다), 얼마나 빨리 그리고 쉽게 감정이 변하는지 알 수 있다.

3. 숨겨진 감정을 찾는다.

감정에 압도되었을 때, 그 감정을 이성적으로 분석해보자. 느끼고 있는 감정 뒤에 어떤 것이 숨어 있지는 않은가? 화가 났을 때라면, 분노 뒤에 슬픔, 실망, 공포 같은 감정이 숨어 있을 수 있다. 같은 상황이라도 어떤 사람은 분노를 느끼지만, 어떤 사람은 슬픔이나 두려움을 느낀다. 이것은 그 사람이 편하게 느끼는 감정이 무엇인지와 관련 있다. 숨겨진 감정을 찾을 수 있는 방법은 우선 자신에게 물어보는 것이다.

4. 다른 사람은 어떻게 하는지 알아본다.

부모님, 선생님, 친구 등 감정 면에서 롤모델이 될 만한 사람을 생각해보자. 그 사람이 어떤 강한 감정을 느끼거나 남들이 강한 감정을 느끼는 것을 볼 때 어떻게 행동하는지 관찰하자. 또, 특정한 감정을 처리하는 특별한 방법이 있는지 물어보자. 정말 감정 지수가 높은 사람이라면 조언을 해주는 데 아무런 문제가 없을 것이다.

5. '자극'을 받아서 글을 쓴다.

자신이 어떤 감정을 느끼는지 알아내는 가장 쉬운 방법은 예술적 자극을 찾아서 그것에 반응하는 것이다. 시나 소설을 읽거나 영화를 보거나 음악을 듣거나 미술 전시회에 가보자. 그리고 자신을 감정에 휩싸이도록 내버려 두자. 그리고 감정에 자극을 받으면 글을 써보는 것이다. 우선 예술 작품에 대해 써볼 수 있을 것이다. 그 다음 작품에 얽힌 자신의 경험, 기억, 그리고 감정을 기록해보자.

6. 심리치료사 또는 학교 상담 선생님과 이야기한다.

꼭 정신 건강에 문제가 있어야 감정에 대한 조언이나 상담을 받을 수 있는 것은 아니다. 운동을 하고 건강 검진을 받는 것처럼, 많은 사람들이 정신 건강을 위해 상담을 받는다. 상담은 여러 가지 종류가 있으며, 심층 정신 분석부터 인지 행동 치료나 일상생활에 관한 상담까지 무척 다양하다.

7. 지역 사회에서 도와줄 수 있는지 알아본다.

믿을 수 있는 청소년 지도자나 종교 지도자와 면담을 해보자. 또, 내가 사는 지역에서 인간적인 성장에 대해 지원하는 단체가 있는지 찾아보자.

> "공포심은 하나의 물음이다. 무엇을 왜 두려워하는가?
> 우리가 알아내고자 한다면, 공포는 자신을 알 수 있는 보물 창고가 된다."
> - 마릴린 프렌치(Marilyn French), 페미니스트이자 작가

SQ: 사회성 지수

사회성 지수는 감성 지수와 묶어서 말할 때가 많다. EQ가 개인의 내적 관계(자의식이나 자기 관리)에 관한 것이라면, SQ는 대인 관계(사회에서의 인식이나 관계 관리)에 관한 것이다. 왜 이것이 필요할까? 외딴 산골 마을의 통나무집에 산다면 꼭 필요하지 않을 것이다. 하지만 대개 우리는 사회적 동물로서 '다양한' 사람들과 함께 살아가고 있다. 이 사람들을 이해할 수 있느냐에 따라 인생의 목표나 꿈을 이룰 수 있을지 없을지를 판단할 수 있다.

나의 SQ는?

친한 친구나 가족에게 나에 대해 묻는 다음 질문에 최대한 솔직하게 답해달라고 부탁하자. 이와 더불어 스스로 질문에 답해 보면 좋을 것이다.

1. 나는 얼마나 자주 웃나요?

2. 나는 평소에 긍정적인가요?

3. 나는 유머 감각이 있나요?

4. 나는 예의 바르게 행동하나요?

5. 나는 대부분 상황에 맞게 행동하나요?

6. 나는 단체 활동이 필요한 취미 등을 잘 하나요?

7. 나는 새로운 사람과 잘 지내나요?

8. 나는 감정이나 생각을 말로 편하게 표현하나요?

9. 나는 다른 사람의 감정을 배려하나요?

10. 나는 남의 이야기를 잘 들어주나요?

11. 나는 사람들의 마음을 움직이거나 감동을 주나요?

12. 나는 갈등을 얼마나 잘 해결하나요?

남들이 답한 것을 보고 놀랐는가 아니면 그 답에 대부분 동의하는가?

좀 더 노력해야 할 부분이 있다고 생각하는가? 만약 그렇다면 사회 지능을 관찰하는 것이 그 첫 단계이다. 사람들이 행동하는 것을 그냥 지켜보면 된다. SQ가 높고 사회적으로 재능이 많은 사람은 전염성 있는 미소, 예의 바른 모습을 보인다. 또, 유머러스하고 표정이 온화하며 몸짓이 활기차고 가볍다. 그들은 한두 명과 이야기를 나누기도 하고,

큰 단체에서 여러 사람과 이야기하는 시간을 갖기도 하는데, 자기 자신을 편하게 느끼고 다른 사람에게도 편하게 대한다. 또한 남의 말을 경청하고 자신이 말할 때는 사람들의 시선을 집중시키며, 다른 사람의 의견에 영향을 미친다.

반면 SQ가 낮은 사람은 바닥(이나 스마트폰)을 보면서 혼자 있거나 흥미가 없는 사람을 붙잡고 쉴 새 없이 이야기한다. 때론 나름대로 재미있는 농담을 던진다. 그러나 누구와도 긍정적인 관계를 맺지 못한다. 어떤 집단이든 똑똑하지만 사람들과 잘 지내지 못하는 사람들이 있다. 이들은 취업에도 어려움을 느끼며 업무를 잘 해내지 못하고, 심지어 대학 입학에서도 어려움을 겪는다. (예를 들어, 호주에서는 모든 의과대학의 입학시험에서 사회성을 검사한다.)

대부분의 사람들의 SQ는 가장 높지도 가장 낮지도 않은 중간 어디쯤 위치한다. 그리고 사회성 지수란 건 얼마든지 강화될 수 있다.

SQ를 강화하는 방법

더 자주 웃고, 남의 말을 경청하며, 예의를 갖추어 행동하자. 사람들이 반갑게 인사할지 차갑게 무시할지는 전적으로 나에게 달렸다. 내향적인 사람보다 외향적인 사람에게 SQ가 높은 사람의 행동이 더 자연스럽게 나온다. 하지만 외향적인 수다쟁이의 사회성이 더 높다는 게 연구로 밝혀지지는 않았다. 다른 성격의 사람들도 얼마든지 상대방이 편하게 느낄 수 있도록 커뮤니케이션 방식을 조절할 수 있다.

SQ를 키우는 다양한 아이디어에 대해서는 다음에 나올 유명 TV 작가인 채드 거비치의 에세이를 참고하기 바란다.

중요한 것은 자신의 매력! 방귀 조크 작가의 조언
by 채드 거비치

나는 TV 작가에 불과하다. 솔직히 말해서 누군가에게, 특히 아이들에게 뭔가를 조언할 자격은 없다. 단막극을 쓰거나, 이야기를 들려주고, 방귀에 관한 농담을 재미있게 만들어서 돈을 버는 내가 누군가에게 인생을 사는 방법이나 살아남는 노하우를 조언해줄 수 있을까?

하지만 적어도 나는 정말 괜찮은 사람이다. 웃는 것을 좋아하고, 어떤 사람과도 무슨 이야기든 나눌 수 있다. 이메일을 좋아하고, 페이스북facebook이 먹는 것이라면 아침, 점심, 저녁으로 삼시 세끼 먹을 것이다. 이런 것들이 웃기고 의미 없어 보일지 모른다. 하지만 장담컨대, 부모가 계속 요구하는 전 과목 A학점, 우등상 또는 전교 1등, 4년에 25만 달러나 하는 학사 학위보다 훨씬 더 쓸모 있는 능력이다.

소위 스펙이 중요하지 않다는 말은 아니지만 수석 졸업을 했다고, 영재 프로그램을 이수하거나 다른 취업 준비생보다 더 좋은 대학을 나왔다고 해서 취직하게 되는 것 또한 아니다. 반대로 파티에서 누군가에게 강한 인상을 남겼거나 인턴 일을 하다가 상사가 나에게 크게 감동을 받아서, 혹은 얼마 전 승진한 사람에게 축하 인사 이메일을 보냈다가 취직하게 되는 경우도 있다. 다시 말해, 사회에서 실제로 뛰어난 사람이 되려면 IQ가 아니라 EQ, 즉 사람을 사귀고, 이해하고 자신의 매력을 발산할 줄 아는 게 훨씬 중요하다. 왜 그럴까?

세상에 똑똑한 사람은 많다. 학교 동갑내기 중에서 자신이 제일 잘났을지 모르지만 그건 우물 안 개구리와 같다. 잘난 사람들이 가득한 '실제 사회'에 진출하면, 자신이 그냥 작은 개구리에 불과했다는 걸 깨닫게 된다.

학교의 평가 과정과 회사의 평가 과정은 다르다는 점도 중요한 이유다. 세상에는 시험 점수가 좋지 않거나 에세이를 잘 쓰지 못하거나 좋은 성적을 받지 못하는 사람들이 무척 많다. 이들을 실험실, 디자인 스튜디오, 회의실에 던져 놓으면 오히려 고등학교 수석 졸업자보다 훨씬 더 나은 결과를 가져올 수 있다.

대부분의 직업에서는 팀의 일원으로서 사람들과 협력하여 일하는 게 중요하다. 만약 자신이 농구 선수나 심포니 연주자라고 해보자. 팀에서 일해야 하는 것은 당연하다. 변호사도 마찬가지다. 집을 지으려면 건축사, 건설업자, 현장 인부가 모두 협력해야 한다. 심지어 TV쇼도 작가들이 함께 개요를 짜고, 집필한 후 다시 대본을 수정한다. 그래서 지식과 기술이 중요하지만, 팀워크 능력을 높이려면 다른 특성, 즉 신뢰, 인내, 유머 감각, 귀담아 듣기, 적응력, 리더십(그리고 리더를 따라야 하는 때를 아는 것)이 필요하다. 안타깝게도 이런 것들은 이력서로 전할 수 없다. 따라서 동료나 상사에게 다른 방법으로 전달해야 한다.

이를 위해 사회에 나가 직접 사람들을 만나봐야 한다. 같은 취미, 같은 관점, 같은 감수성을 가진 사람들과 관계를 형성해가야 한다. 한번 생각해보자. 이력서와 인터뷰로 잠깐 만났던 낯선 사람과 잘 알고 신뢰하며 함께 있으면 편한 사람이 채용 담당자 주위에 있다면 누구를 직원으로 뽑겠는가. 사회생활을 하는 사람이라면 대부분 답은 후자일 것이다.

물론 사람을 사귀고 인맥을 쌓는 것은 쉬운 일이 아니다. 성격이 아주 사교적이지 않다면 두려움을 느낄 수도 있다. 그렇다면 어떻게 시작해야 할까? 사람들과 관계를 맺고 자신의 반짝이는 개성이 주목받는 효과적인 방법은 무엇일까?

1. 여러 활동에 참여한다.

요즘은 인터넷으로 스포츠, 뜨개질, 펜싱 등 관심사를 쉽게 나누고 얘기할 수 있다. 오프라인 모임에서 굳이 활발하게 활동할 필요도 없다. 그냥 참여만 해서 관찰해도 된다. 만약 내가 좋아하는 분야와 관련된 모임이 없다면 내가 직접 만들어볼 수도 있다.

2. 사람들과 함께 점심을 먹는다.

점심시간은 하루의 중간으로 만나기에 부담이 없는 시간대다. 점심을 함께 먹는다는 것은 상대방에게 나의 재치나 지능 또는 매력으로 감동을 주려는 의도가 아니다. 상대방에게 질문하고, 이야기를 들으면서 상대를 알아가기 위해서 만나는 것이다. 그렇기에 내가 아니라 상대방에게 주의를 집중해야 한다.

3. 작은 호의를 베푼다.

사람들은 남이 나를 생각하고 있다고 느끼고 싶어 한다. 그래서 상대방을 생각하고 있다는 작은 표현을 하는 것이 좋다. 간단한 생일 축하 메모를 쓰거나 특별한 일이 있을 때 인사 전하기, 새로운 친구나 사업상 동료에게 누군가를 소개해 주는 것 등은 크게 힘든 일이 아니다. 받는 사람이 보답해야 할 의무도 없다. 그냥 그렇게 상대에게 내가 도와줄 수 있다는 것을 알리는 것이다.

4. 공짜로 일하자.

주변에서 좋아하는 행사가 열리는지 찾아보자. 콘서트, 연극, 초대 강연, 스포츠 게임이 있는지 알아보고, 행사 안내, 테이블 정리, 행사 일정 분배나 그곳에서 필요한 일을 돈을 받지 않고 해보자. 그러면 ① 돈을 안 내고 재미있는 행사에 참여할 수 있고, ② 재미있는 사람들을 만날 수 있으며, ③ 부지런하다는 인상을 남겨서 정식 취업이 되거나 최소한 윗사람의 관심을 끌 수 있다.

5. SNS를 시작하자.

현재 SNSSocial Network Service(소셜 네트워크 서비스)는 옛날 친구는 물론 새로운 친구와 연락할 수 있는 아주 좋은 방법이다. 지역 행사나 공통의 관심사를 가진 사람들을 쉽게 찾을 수 있다. SNS는 진정한 관계를 만들 만큼 힘이 있지는 않기 때문에 온라인에서 관계를 맺는데서 끝나면 안 된다. 실제로 사람을 만나야 한다.

지금까지 말한 것들이 애매모호하더라도 많이 해봐야 잘할 수 있다. 노트에 농담을 적고, 다양한 성격의 사람을 만나고, 말해야 할 때와 들어야 할 때를 알아가면서 말이다. 그러면 나처럼 거창한 스펙 없이도 사회성을 키워 성공하거나 살아남을 수 있을 것이다.

채드 거비치(Chad Gervich)

애프터 레이틀리(After Lately), 리얼리티 빈지(Reality Binge), 말콤네 좀 말려줘 (Malcolm in the Middle) 등의 프로그램을 집필하고 제작했으며, 베스트셀러《작은 화면 큰 그림: 방송 작가를 위한 안내서(Small Screen, Big Picture: A Writer's Guide to the TV Business)》의 작가이기도 하다.

CQ: 창의성 지수

마지막으로 소개할 종합적 사고력은 CQ 또는 창의성 지수로 불리는 것이다. 우리는 아이디어의 황금기를 살고 있다. 어느 때보다 창의적이고 새로운 아이디어에 마음을 열어두고 있다. 실제로 우리에게는 그런 아이디어가 필요하다. 의료 문제부터 지구온난화에 이르기까지 국내외 중요한 문제에는 창의적인 해결책이 필요하다. 또한, 최고의 CEO(최고경영자)들은 미래에 가장 중요한 리더십 덕목으로 창의력을 꼽았다.

윌리엄매리대학College of William and Mary 김경희 박사는 최근 30만 명의 창의력 점수 분석을 통해 어두운 현실을 찾아냈다. 미국인의 창의력이 지난 20년 동안 급격히 저하되었다는 것이다. 일부에서는 현재의 창의력이 위기에 놓여 있다고 말하기도 했다.

창의력의 정확한 정의에는 논란이 많다. 하지만 대략 새롭고 쓸 만한 것을 만들어내는 능력이라고 생각하면 되겠다. 창의력은 어떠한 문제에 바탕을 두고, 누군가와 함께 이뤄지며, 어떤 제약이나 감정에 의해 발전한다. 다시 말하면, 진정한 창의력은 특정 '문제'를 '파트너 또는 그룹'과 연구하되 분명한 '제약'이 있으며, 그 문제에 '감정적'으로 '사로잡혀' 있을 때 나온다.

일반적인 오해와 달리 창의력은 예술에만 국한되지 않는다. 창의적으로 생각하는 과정은 누구에게나 비슷하다. 과학자와 수학자 중에도 화가나 작가처럼 창의적인 사람들이 많다.

무선 네트워킹 분야에서도 이런 사람을 찾아볼 수 있다. 1940년대에 '주파수 도약frequency hopping'이라는 기술이 여배우[헤디 라마

(Hedy Lamarr)]와 작곡가[조지 앤타일(George Antheil)]에 의해 개발되었다. 그 기술이 있었기에 훗날 휴대폰 통신이 가능해졌다. 엉뚱한 분야의 사람이 엉뚱한 발명을 하는 것은 놀랄 만한 일도 아니다. 예술가와 과학자는 모두 창의력과 긴밀한 관계가 있기 때문이다. 이것을 확산적 사고divergent thinking라고 말하는데, 수렴적 사고convergent thinking와 반대되는 개념이다. 그 모습이 어떤지 살펴보자.

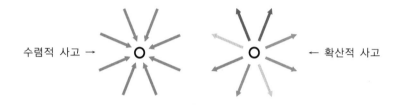

수렴적 사고(시험에서 가장 많이 측정하는 것)에서는 하나의 답을 찾기 위해 사실에 집중한다. 반면, 확산적 사고는 하나의 사실에서 시작해서 수많은 아이디어를 만들어내고, 그 안에서 예측하지 못했던 관계를 그려 낸다. 이런 확산적 사고는 자유롭게 아이디어를 발산하는 브레인스토밍 brainstorming 을 할 때 나타난다. 수렴적 사고나 확산적 사고 모두 일상에서 필요하다. 다만 얼마나 확산적 사고를 하는지가 창의력과 관련이 깊다는 것이다.

최근 연구에 의하면, 높은 IQ가 창의력에 방해가 될 수 있다고 한다. 뇌의 전방대상회 ACG(Anterior Cingulate Gyrus)에 N-아세틸아스파타이트 NAA(N-acetylasparate)라는 화학물질이 낮으면 창의력이 높은 것으로 밝혀졌는데, 평균 이상의 IQ를 가진 사람은 이 수치가 높게 나타났다. 세계에서 가장 지능이 높은 사람들이 독창적이지 못한 이유가 어쩌면 이 때문은 아닐까? 또한 이것은 평균 지능을 가진 사람들이 뛰어난 확산적 사고 능력을 가졌다는 것을 대변한다.

IQ가 높으면 독창성이 없다고 판결을 내리는 것은 결코 아니다. 하지만 지능이 높으면 창의력이 당연히 높으리라 추정하지는 말아야 할 것이다. 두 가지는 반드시 별개로 다뤄져야 한다.

창의력이 있으면 좋은 점

연구에 의하면 창의력이 낮은 사람과 비교했을 때, 창의적인 사람은 일반적으로

★ 사람들과 좋은 관계를 유지한다.
★ 스트레스를 잘 관리하고 문제를 더 잘 극복한다.
★ 우울증과 자살의 위험이 낮다.
★ 의욕적이며, 세상에 더 열린 마음을 가지고 있다. (창의적인 사람이 어둡고 우울하며 불안하고 신경증이 있다는 것은 오해다. 이러한 것들은 세상에 대한 열린 마음을 닫히게 하여 결국 창의력을 '없앤다.')

창의력이 높은 사람이 절대로 불안, 우울, 자살 충동을 느끼지 않는다는 것은 아니다. 예술가, 작가, 뮤지션들이 자살하는 것을 보면 당연히 이들도 그런 감정을 느낀다는 것을 알 수 있다. 하지만 전반적으로 창의력은 인생에서 결점이 아니라 이득이 된다.

CQ 알아보기

작가인 포 브론슨Po Bronson 과 애슐리 메리먼Ashley Merryman 은 미국 시사 잡지 《뉴스위크Newsweek》를 위해 TTCTTorrance Test of Creative Thinking(토런스 창의적 사고력 검사, 미국의 창의력 검사 중 하나다 – 옮긴이)에 나올 법한 세 가지 검사 항목을 공개했다. 창의력을 측정하는 데 있어 공신력을 인정받는 TTCT의 검사 항목은 일반인들에게 익숙한 시험 문제가 아닐 수 있다. 예를 들면 선으로 그린 그림이 완성되지 않은 채 들어 있고, 검사를 받는 사람이 그것을 완전한 그림으로 만들어야 한다. 뉴스위크 사이트(www.newsweek.com)를 방문하거나 'The Creativity Crisis(창의력 위기)'를 검색해서 TTCT에 대한 평가를 참고하기를 권한다.

전문가들이 TTCT를 채점할 때 중요하게 보는 부분은 그림을 잘 그렸느냐가 아니라 그림에 새롭고 세세한 아이디어가 있느냐다. 예를 들어, V자가 거꾸로 된 샘플 검사에서 상어 지느러미를 그렸다면 높은 점수를 받을 수 없다. 일반적으로 많은 사람이 할 수 있는 생각이므로 새롭지 않다고 본 것이다. 하지만 재미있거나, 움직임을 표현하거나, 독특한 관점이나 감정을 넣거나, 그림으로 이야기를 만들면 높은 점수를 받는다. 이것은 확산적 사고와 관련이 있으며 고로 창의적이다.

CQ를 강화하는 방법

지능 지수, 사회성 지수, 감성 지수는 아주 뛰어나지만, 새로운 아이디어를 내는 것이 힘들다면 어떻게 해야 할까? 본래 가지고 있는 창의력과 상관없이 뇌를 훈련하면 부족한 부분을 보충할 수 있다. 중요한 것은 연습이다. 창의력을 자주 갈고닦아 보자. 새로운 정보를 예전의 아이디어에 접목해보고 예전 정보에 새로운 아이디어를 접목해보는 것이다. 양방향으로도 생각해본다. '변칙적'으로 우뇌를 사용해서 생각해보고, '논리적'인 좌뇌도 사용해서 생각해보는 식이다. 이렇게 하기 위해 어떤 방법이 있을까? 처음에 사용해 볼 만한 방법이 여기에 있다.

···⟩ **창의력의 대가, 엘리스 폴 토런스**

엘리스 폴 토런스 Ellis Paul Torrance 는 미국의 심리학자이자, 2000종이 넘는 책, 기사, 검사 등 창의력에 대한 교육 자료를 집필한 작가다. 여기에는 세계에서 가장 신뢰받고 있는 창의력 측정 검사인 TTCT도 포함된다. 검사 내용에는 앞서 말한 과제를 비롯하여 흥미롭고 풀기 힘든 다양한 문제가 포함되어 있으며, 이것을 네 가지 방법으로 평가한다.

🎋 유창함: 응답 횟수, 많을수록 좋다
🎋 유연성: 사고방식을 바꿀 수 있는 가능성
🎋 완성도: 답변 속 세부적인 내용의 양
🎋 독창성: 같은 문제의 답을 다른 학생과 비교했을 때, 그 고유한 정도

"창의적 사고는 근육과 같아 스트레칭을 하고 풀어 줘야 한다. 그렇지 않으면 감퇴된다." - 김경희 박사, 윌리엄매리대학교

창의력을 끌어올리는 팁

★ 간단해 보이는 문제에 제약을 가한다. 예를 들어, 일반적인 3코스 식사(애피타이저, 앙트레, 디저트)를 네 가지 재료로만 만드는 것이다.

★ 파트너와 함께 단편 소설을 써본다. 서로 한 단락씩 순서대로 써보자.

★ 컴퓨터와 휴대폰을 최소한 일주일에 하루는 꺼둔다. 왜 그래야 할까? 전기 기기에 '꽂혀' 있으면 뇌는 지속적으로 빠르게 목표를 바꿔 가며 그것에 집중한다. 하지만 창의적인 생각을 하려면 뇌를 쉬게 하면서 관심 가는 곳에 자유롭게 집중하는 것이 좋다.

★ 혼자만의 시간을 갖는다. 공동으로 작업하는 것도 중요하지만, 깊이 생각하고 방해받지 않을 공간이 꼭 필요하다.

★ 악기를 배운다. 반음계에는 음조가 열두 개뿐이지만, 이것을 조작하는 방법은 무한대이다.

★ 표현 수단을 섞는다. 수학 문제를 음악으로 만들고, 화학 반응을 연기로 표현하거나 철학적인 생각을 그림으로 그려본다.

★ 파라코즘paracosm을 만든다. '파라코즘'이란 완전한 환상의 세상을 말한다. 그곳에서는 자신이 원하는 대로 세상이 단순해지거나 복잡해질 수 있다. 매일 여기에 한 가지를 덧붙여보자.

★ 역할 놀이를 한다. 매일 친구나 가족 또는 허구의 인물을 정해 역할 놀이를 해보자.

★ 어린아이 같이 행동한다. 매일 무엇을 만들기도 하고, 부수기도 하고, 탐색하고 놀기도 하자. 명심할 것은 아이들처럼 감정이 자유롭게 흐를 수 있도록 해야 한다는 것이다.

✦ 코미디 공연을 보러 간다. 아니면 즉흥 코미디에 직접 참여해 보자. 재미있는 농담은 밝고 열린 마음과 장난기 많은 상태를 만들어준다. 이것은 창의력에서 빠질 수 없는 관찰에 큰 도움이 된다.

✦ 어지른다. 너무 정리되고 깨끗한 것은 창의성을 가로막을 수 있다. 집의 한 공간을 자유롭게 실험하고 더러워도 되는 곳으로 정하자.

✦ 기술을 사용한다. 기술은 창의적인 사람들의 머리에서 나왔다. 즉, 창의적인 방법으로 사용되도록 만들어졌다는 의미이다. 휴대폰에서 보물찾기 게임을 할 사람은 없는가? 가상 세계의 우주선은 어떨까?

> "교실의 컴퓨터를 사용하는 방법은 두 가지다.
> 학생과 선생님을 평가하고 대신하는 데 쓰거나 반 학생들이
> 가상의 우주선을 만드는 데 쓰는 것이다. 전자는 현재 어디에서나
> 쓰이는 방법이지만, 가상 우주선은 독특한 환경에서 끈기 있는
> 괴짜들만 만들 수 있다. 우주선이 제발 더 많아졌으면 좋겠다."
> - 재런 러니어(Jaron Lanier), 마이크로소프트(Microsoft) 수석 연구원,
> 《디지털 휴머니즘(You are not a gadget)》의 작가

⋯ 학교에서 했던 창의 활동, 프로젝트, 숙제 중에서 가장 어려웠던 것
  은 무엇이었나요?

"수업 시간에 미국 식민지 시대
에 대한 뉴스 보도를 만들어 봤
어요.
이와 관련된 세 가지 광고를 만
들고, 우리가 만든 뉴스에 대한
진행 순서도 정해야 했어요."
- 레이첼, 15세

"6학년 영재 영어반에서 우리만의
행성을 만드는 과제가 있었어요.
행성의 이름을 짓고, 정부, 화폐,
교통수단 등을 정해야 했어요.
창의력을 키우기 정말 좋은 활동
이었어요." - 브룩, 17세

"영재반에서 골드버그 장치
Goldberg machine(단순한 작
업을 어렵고 복잡하게 해결하는
기계 장치-편집자)를 만들어야
했죠.
정말 힘들었지만 재미있고
보람 있었습니다." - 윌, 15세

"공학 수업 시간에 인쇄용지와
테이프로 구슬을 태우고 달리
는 롤러코스터를 만들어야 했
어요.
원을 돌고, 코너를 돌 때를 정확
하게 맞추기 위해 여러 번 다시
해야 했지만, 너무 재미있어서
적극적으로 참여했던 과제였어
요." - 로렐, 16세

"자신만의 문화와 종족을 창조하는 과제였습니다.

생김새, 언어(종족의 글과 숫자를 만들었어요), 정부, 환경 적응 방법, 식량, 식량 채집 방법, 의복, 주택, 그리고 일상생활을 생각해내야 했어요. 전부 다 꾸며 낸 것이지만 현재의 문화를 이해하는 데 많은 도움이 되었습니다." - 첼시, 15세

"중동 평화 회의라는 가상의 모임에 참석했는데, 제가 이스라엘 대사였어요.

모두 함께 힘을 합쳐서 지금 중동에서 일어나는 문제의 (예를 들어, 예루살렘 문제, 팔레스타인과 이스라엘의 대립, 핵무기 등) 해결 방안에 합의해야 했어요." - 엘레나, 13세

"세계사 시간에 중세 시대의 투석기를 만드는 과제가 있었어요.

최대한 정확하고 강력하게 만들어야 했어요. 재미있었지만 어렵기도 했어요. 에세이만 쓰는 게 아니라, 실제로 3차원의 물체를 만들어야 했으니까요. 평소 사용하지 않던 뇌를 사용해야 했죠." - 사울, 14세

"지금까지 학교에서 했던 가장 재미있는 프로젝트는 미소덱스(mythodex)예요.

제가 이름 붙이고 만든 것인데, 신화 속 동물을 정리해 놓은 카탈로그죠." - 키데스트, 17세

영재의 엄청난 능력

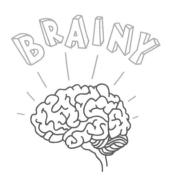

지금까지의 내용에 따르면, 영재라는 것은 제곱근을 빛의 속도로 계산해 내거나 제임스 조이스 James Joyce의 작품《율리시스》를 처음 읽고 그 의미를 이해하는 범위 이상이다. 어쩌면 당신이 EQ, SQ, CQ 가 높은 영재일 수 있다. 그렇지만 영재에게 나타나는 특징은 여기에서 끝나지 않는다. 필자들은 자신이 가르치고 상담했던 10대 영재들을 통해 그들의 개성이 영재와 관련된 여러 가지 특성에 의한 것임을 발견했다. 실제로 영재 청소년은 거의 대부분 '강렬함'이라고 이름 붙여진 요소를 가지고 있고, 이는 여러 가지 형태로 나타난다.

> "나이가 들면서 동갑내기와의 격차는 줄어들겠지만,
> 기본적인 재능과 영재로서의 경험은 계속 남을 거예요.
> 어떤 것을 파악하고 빨리 배우고 좋아하는, 이런 것들은
> 사라지지 않고 나 자신을 말해 줄 거예요. 말로 표현할 수 없을
> 만큼 다르다는 느낌은 절대 사라지지 않죠." - 비안카, 18세

영재는 '강렬'하다

'강렬함intensity'이란 말은 폴란드의 심리학자 카지미어즈 다브로프스키Kazimierz Dabrowski에게서 비롯되었다. 그는 '과잉흥분성overexcitability' 이론을 내놓았는데, 이것은 '초민감성supersensitivity' 이라고 불리기도 한다. 다브로프스키가 파악한 다섯 가지 과잉흥분성은 육체, 정서, 지능, 감각, 그리고 상상 면에서 일어난다. 그의 이론은 이후 마이클 피초프스키Michael Piechowski와 수잔 대니얼스Susan Daniels에 의해 발전하였고, 이들에 의해 과잉흥분성이 강렬함이란 말로 표현되기 시작했다. 강렬함으로 인해 영재는 놀랍고, 창의적이며 풍부한 개성을 갖게 된다. 다른 사람에게 매번 이해받지 못할 행동을 할 수도 있다. 연구자들은 모든 사람이 이런 강렬함을 경험할 수 있으나, 대개 평범한 지능을 가진 사람보다 똑똑한 사람의 경우에 이것을 더 강하게 자주 경험하게 된다고 말한다.

다음은 수잔 대니얼스의 에세이로 다섯 가지 강렬함에 대해 심도 있게 설명하고, 그것들이 영재와 어떤 관련이 있는지 밝히고 있다.

꼭 그렇게 격렬하게 반응해야 하니?

by 수잔 대니얼스

이런 질문을 받아 본 적이 있는지 궁금하다.

"왜 그렇게 집요하고 예민하고 에너지가 넘치나요?"

어쩌면 다른 사람들이 어떻게 생각하는지 알 수 없을 수도 있겠다.

영재는 똑똑하다는 특징만 갖고 있는 것은 아니다. 그들이 어떤 감정을 느끼고 주변 환경을 어떻게 알아 가는지도 영재의 특징에 속한다. 다시 말해 다른 사람보다 에너지가 넘치거나, 주변 환경에 민감하거나, 질문이 많거나, 어떤 감정을 깊이 느끼는 것도 포함된다.

이것은 강렬함과 관련이 있다. 이미 카지미어즈 다브로프스키가 '과잉흥분성'이라고 이름 붙인 바 있다. 여기에는 다섯 가지 유형이 있으며 재능이 뛰어난 사람들에게서 공통적으로 나타난다. 그렇다면 이 다섯 가지 강렬함은 무엇이며 영재와 어떤 관련이 있을까?

1. 지성의 강렬함(intellectual intensity)은 호기심이 많고 관찰력이 뛰어난 것을 말한다. '인생의 의미는 무엇인가?'와 같은 철학적 의미를 남들보다 깊이 생각하는 것이다. 지성의 강렬함은 얼마나 머리가 좋은가와 다르다. 이것은 개인의 지적 열정, 즉 뭔가를 알고 싶거나 진실을 찾으려는 욕망을 불태우는 것이다. 지성의 강렬함은 무언가를 이해하고 싶은 욕구를 뜻한다.

2. 정신 운동의 강렬함(psychomotor intensity)은 과잉된 신체 에너지, 움직임에 대한 욕구, 긴장감을 몸으로 표현하는 것, 마음에서 일어나는 충동, 그리고 적극적이고 활기찬 행동을 말한다. 대개 육체 에너지(운동)는 정신 활동(심리)과도 관련이 있다.

3. 감각의 강렬함(sensual intensity)에는 미적 즐거움, 그리고 강화된 시각, 후각, 미각, 촉각, 청각이 포함된다. 여기에는 아름다운 물건을 보는 즐거움이나 단어, 음악, 형태, 색과 균형감을 보는 기쁨도 있다. 한편, 감각의 강렬함에는 감각을 즐겁게 해주는 옷, 예술 작품, 음악 등을 탐닉하거나 음식을 과식하는 것 등도 포함된다.

4. 상상의 강렬함(imaginational intensity)은 풍부한 상상력, 선명한 마음속 이미지, 생생한 꿈, 환상과 허구에 대한 수용력, 시적이며 극적인 지각력, 참신하고 다양한 것을 필요로 하는 것과 관련이 있다. 강렬한 상상을 하는 사람은 창의적인 배출구를 통해 자신의 상상을 표현하고 싶어 하는데, 작문, 연기, 디자인, 춤, 음악 등이 여기에 포함된다.

5. 감정의 강렬함(emotional intensity)은 다브로프스키의 업적 중 제일 중요한 부분이다. 그는 영재의 경우 강렬한 감정을 자주 경험한다고 말했다. 그것은 날아오를 듯한 기쁨에서부터 깊은 절망감까지 다양하며 긍정적, 부정적 감정을 모두 포함한다. 어떨 때는 여러 가지 감정을 한꺼번에 느끼는 복합적인 감정을 가지며, 타인의 감정에 민감하다. 이러한 강렬한 감정에는 복통, 수족다한증, 홍조, 두근거림 같은 신체적 반응이 동반되기도 한다.

··· 나를 울게 하는 '특이한' 것들은 무엇인가요?

마이클 피초프스키는 감정의 강렬함에 대해 이렇게 말했다.

"강한 감정을 느끼는 것을 보고 어쩌면 일부에서는 '진정하라'고 말할지도 모르겠다. 하지만 스스로 그건 불가능하다는 것을 알 것이다. 왜냐면 그냥 그렇게 태어났으니까. 나는 새들의 노래가 너무 아름다워서 눈물이 날지도 모른다. 나를 울게 하는 것들은 또 무엇이 있을까?"

만약 이러한 감정을 경험했다면 일기에 목록을 만들어보자.

지금 설명한 내용을 보면서 '아! 바로 나구나!' 또는 '아니, 전혀 아닌데'라고 생각했을지 모르겠다. 강렬함을 느꼈던 적도 있었을 것이고, 별로 강렬한 감정이 일어나지 않았던 적도 있었을 것이다. 어쩌면 '영어 선생님(아니면 부모님이나 가장 친한 친구)에게 보여드려야지', '정말 많은 것이 설명된다!'라고 생각했을지도 모르겠다. 어쩌면 '아하!' 하고 자신이나 친구나 친척에 대해 이해했을 수도 있다.

영재라면 이 중 몇 가지 강렬함을 경험했거나 다섯 가지 모두 경험했을 가능성이 있다. 반대로 일부 영재는 재능이 아주 뛰어나지만 강렬함을 크게 느끼지 못하는 경우도 있다. 그리고 가끔은 영재가 매우 강한 감정을 느껴도 외부에서 모를 수도 있다. 왜냐면 이런 강렬함은 깊은 곳에서 일어나며 자신의 내부에서 경험하는 것이기 때문이다.

강렬함을 느끼는 데에 물론 힘든 점이 있을 것이다. 하지만 강렬함과 동반되는 문제점을 긍정적으로 연결한다면 이득이 되기도 한다. 이 점을 염두에 두고 각각의 강렬함을 다시 살펴보자.

지성의 강렬함이 자신에게는 있고 상대방에게는 없을 때, 종종 조급한 마음이 들 수 있다. 수업 시간에 질문을 많이 하면 즐거워하는 교사도 있지만, 자신에게 도전하는 것 같아 불편해할 수도 있다. 나 역시 친구, 가족 또는 선생님이 내 생각을 따라오지 못하거나 대화 주제를 재미있어 하지 않으면 짜증이 나기도 한다. 자신과 같은 사람을 만난다는 것은 종종 다른 환경, 즉 체스 클럽, 독서 토론 클럽, 또는 온라인 대학 수업에서 자신과 같은 생각을 하는 사람을 찾는 것을 의미한다. 자신이 열정을 느끼는 주제나 활동에서 멘토나 개인 교사를 찾는 것은 공통의 관심사를 가진 사람과 관계를 맺을 수 있는 하나의 방법이다. 여기에 지성의 강렬함도 따라올 것이다.

···▶ **나의 펜시브(Pensieve)는 어디에 있을까?**

종종 지성의 강렬함이 피곤하게 느껴질 수 있다!《해리 포터와 불의 잔 Harry Potter and the Goblet of Fire》에 보면 해리의 멘토인 덤블도어는 너무 힘들었던 하루가 지난 후, 애제자인 해리를 불러 이렇게 위로한다.

"너도 잘 알고 있을 것 같은데, 난 머릿속이 너무 많은 생각과 기억으로 꽉 차 있는 것 같을 때가 있단다. 그럴 때는 펜시브를 사용하지. 사이펀 하나만 있으면 머릿속의 넘치는 생각을 대야에 붓고 한가한 시간에 다시 볼 수 있단다."

이렇게 그 상황에 대처할 수 있을 때까지 넘치는 생각을 다른 곳에 보관할 수 있다면 대단히 즐겁지 않을까? 만약 실제 펜시브를 디자인한다면 펜시브는 어떤 모습일까? 일기장에 펜시브를 그리고 설명을 덧붙여보자.

정신 운동의 강렬함의 경우, 몸을 움직일 때 가장 좋은 아이디어가 나오며, 가만히 앉아있는 것이 힘들다. 특히, 머릿속이 아이디어로 가득할 때 움직이지 않으면 폭발해버릴 것 같은 강렬한 느낌을 받는다. (일부 수업 시간에 한정될 수 있다.) 선생님과 상담해보면, 필요할 때 교실 뒤쪽에서 서성이거나 교실 뒤에 책상을 놓고 숙제할 때 서있도록 허락받을 수도 있다.

감각의 강렬함은 감각의 자세한 면을 더 알게 해주지만 특정한 맛, 촉감, 냄새, 소리, 광경을 굉장히 끔찍하게 만들기도 한다. 그래서 학교에서 감각적인 것에 주의를 기울이는 것이 좋다. 물론 그것을 모두 통제할 수는 없지만, 약간만 적용할 수 있어도 상황은 크게 달라진다. 편안한 옷을 입고, 햇빛이 들어오는 창가에 앉아도 되는지 물어보자. 그리고 공책이나 휴대폰에 마음을 진정시키는 데 도움이 되거나 보면 행복해지는 사진을 보관해두자.

상상의 강렬함은 창의력과 큰 관련이 있다. 상상력이 풍부하면 내면이 풍요로워지고, 과학, 기술, 예술 쪽에 취미나 직업을 가졌을 때 큰 도움이 될 수 있다. 나는 대학에서 창의력 수업을 하고 있는데, 거기서 J. K. 롤링과 레오나르도 다빈치의 작품에 관해 이야기한 적이 있다. 대부분 상상력과 창의력은 예술과 문예 창작에만 쓰인다고 생각한다. 물론 뛰어난 상상력과 꾸준한 노력이 해리 포터 시리즈와 같은 창의적인 세계를 만드는 데 필요했을 것이다. 그러나 과학에도 상상력이 필요하다고 생각하는 사람들은 드물다. 참 안타까운 일이다.

아이슈타인은 말했다.

"상상력이 지식보다 더 중요하다."

미술계의 거장인 레오나르도 다빈치 역시 헬리콥터, 잠수함, 탱크 등 수백 가지의 발명품 스케치를 그렸다.

설문 조사에 따르면…

응답자의 52%가 강렬한 슬픔, 우울, 분노, 좌절감, 불안을 어떻게 해야 할지 알고 싶어 했다.

상상의 강렬함을 키우는 방법에 대해 조언하자면 다음과 같다.

일기를 쓰자. 글을 쓰고, 낙서하고, 그림을 그리고 영감을 준 사진을 잡지에서 오려 붙이는 것도 좋다. 도표를 만들고 할 일을 적어보자.

이런 활동을 통해 상상력이 향상되면 우리가 보는 세계와 인생의 경험이 늘어난다. 내 아이디어에서 또 다른 무엇인가를 발견하게 될지도 모른다!

감정의 강렬함은 축복이기도 하고 저주이기도 하다. 감정의 강렬함은 단순히 더 많이 느끼는 것이 아니라, 감정의 질이 남다른 것이다. 기쁨과 절망, 그리고 그 사이의 모든 뉘앙스의 감정이 내 안에 꽉 들어차 있는 것 같다. 이를 통해 기운이 북돋워질 수도 있고, 부담감이 늘어날 수도 있다. 만약 감정의 강렬함을 느낀다면 자신의 감정을 깨닫고 주의를 기울이는 것이 중요하다. 자신이 그렇게 타고났다는 점을 깨닫는 것만으로도 도움이 된다.

누군가와 친해지고 싶다면 깊은 감정을 나누는 과정이 꼭 필요하다. 감당하기 어려운 감정이 들면 하루를, 아니 심지어는 수업 한 시간을 버티기 힘들다. 이런 경우 내게 도움이 됐던 방법은 깊은 숨을 내쉬고 집중한 다음, 불편한 감정이 무엇인지, 그것에 어떻게 대처할지를 글로 써보는 것이다. 일기를 쓰는 것도 좋다. 일기를 쓰면 감정이 더 분명해지고 당장 이야기할 친구가 없거나 수업 중일 때 감정을 배출할 수 있다. 감정을 글로 쓰고 잠깐 치워 두자. 처음에는 이런 행동이 이상하게 여겨질 수 있다. 감정의 강렬함을 아주 심하게 느낀다면 말이다. 하지만 다른 시간이나 공간에서 다른 관점으로 자신의 감정을 되돌아볼 '안전한 공간'이 있다는 것은 강한 감정을 탐색하고 관리하는 무척 유용한 방법이다.

자신의 강렬한 느낌을 탐색해보는 모험을 즐기기 바란다.

(강렬한 감정을 다루는 방법을 더 알고 싶다면 앞서 감성 지능에 관해 설명한 부분을 참고하자.)

수잔 대니얼스(Susan Daniels)

캘리포니아 주립대학교 샌버너디노캠퍼스(California State University in San Bernardino)에서 교육 심리학 및 상담학 교수로 재직 중이다. 강연자이자 혼합 미디어 아티스트이며, 캘리포니아 주 월넛 크리크(Walnut Creek)의 서밋 센터(Summit Center)에서 교육 기관장을 맡고 있다.

또 다른 강렬한 요소들

우리는 영재 아이들을 깊이 알아가면서 수잔 대니얼스가 에세이에서 설명한 다섯 가지 외에도 세 가지의 강렬함이 있다는 것을 깨달았다.

목적의 강렬함

완벽한 악기 연주, 400미터 배영 학교 최고 기록 등과 같이 한 번 목표를 정하면 끝장을 보는 이들이 있다. 그들에게는 목적의 강렬함이 삶을 이끈다. 남들이 포기했을 만한 상황에도 굴하지 않고 견뎌내며, 거기서 예상한 것을 배우고 느껴보기 전에는 좀처럼 만족하지 못한다. 자신의 선택에 집착하며, 마음먹으면 끝까지 해낸다.

어떤 사람은 한 아이디어에서 다른 아이디어로, 한곳에 그다지 오래 머물지 않고 옮겨가지만 목적의 강렬함이 있는 사람은 자신에게 중요한 것을 끝내겠다고 마음먹으면 절대 포기하지 않는다. 시야를 넓게 가지라고 다른 사람들이 조언하거나 일에 차질이 생기더라도 가장 편한 자리에 웅크리고 앉아서 목표를 끝낼 때까지 움직이지 않는다. '포기해!'라고 말하는 사람도 있고, '그냥 넘어가라!'라고 말하는 사람도 있지만, 그렇게 하는 것은 본인의 방식이 아니라고 여기는 것이다. 이처럼 목적의 강렬함이 있는 사람은 넓이보다는 깊이를 중요하게 생각한다. 다른 사람들이 넓게 알려고 할 때, 이 사람들은 깊이 알려고 한다.

목적의 강렬함이 있는 사람의 좋은 예는 매켄지가 일곱 살 때의 일이다. 이 어린 소녀는 위탁 가정에 사는 두 아이에게서 사회복지사가 자기들을 데리러 올 때면 장난감과 옷을 검은색 쓰레기봉투에 쑤셔 넣어야 한다는 이야기를 듣는다. 매켄지는 이러한 상황이 안 그래도 고통스러운 아이들을 더 슬프게 만든다고 생각했고, 부모님에게 이런 생각을 이야기했다. 주말이 되자 그녀는 가족들과 함께 집 주변 야드 세일yard sale(미국에서 개인이 집 앞 마당에 쓰던 물건을 놓고 파는 중고용품 세일-옮긴이)에서 중고 여행 가방을 몇 개 샀고, 이것을 사회복지 시설에 기부했다. 열네 살이 되었을 때 매켄지의 노력은 더욱 빛을 발했다. 그녀가 설립한 비영리단체인 '칠드런 투 칠드런Children to Children'은 이제 미국 모든 주에 지부를 두고 있고, 위탁 가정의 아이들을 위해 100만 달러나 모금했다. 단순한 사명에서 시작했던 이 일에 그녀는 자신의 인생을 바친 것이다.

활동의 강렬함

자녀에게 뉴스를 보지 못하게 하는 부모들이 있다. 뉴스 장면을 보고 지나치게 화를 낼까 봐 말이다. 사람이나 동물, 혹은 환경을 잔인하게 다루는 것을 보면 불의를 참지 못하는 아이들이 있기 때문이다.

학창 시절, 혹시 선생님이 전학생들을 꼭 당신 옆에 앉히지는 않았는가? 학교나 지역 공동체에서 방관하지 말고 적극적으로 행동해야 한다고 나서서 설득하는 사람이 당신 아니었나? 길을 잃은 동물을 발견하면 자주 집에 데리고 왔는가? 만약 그렇다면 당신은 활동의 강렬함을 가지고 있다. 이러한 사람들은 언제나 더 나은 세상을 만들고자 한다.

필자들이 아는 1학년짜리 맷이 그렇다. 아이는 어느 날 수업 시간에 그렸다는 요상한 그림을 집으로 가져갔다. 그림에는 집 한 채, 나무 두 그루와 함께 막대기처럼 그려진 사람들이 어떤 놀이를 하고 있었다. 그런데 색깔이 온통 검은색이었다. 맷의 부모는 어린 아들이 지나치게 우울한 생각을 하는 줄 알고 깜짝 놀랐다. 이유는 다른 데 있었는데 말이다. 맷은 사실을 얘기하면 혼날까 봐 무서워하고 있었다.

그는 이렇게 말했다.

"친구가 전학 왔는데, 크레파스가 없었어요. 그래서 검은색 빼고 다 가지라고 했죠."

맷은 야단맞지 않길 바라면서 부모님을 바라봤다. 그러고는 망설이듯 웃으며 이렇게 말했다.

"그 애가 이렇게 예쁜 크레파스를 많이 써보는 건 처음이라고 했어요."

그렇다. 활동의 강렬함을 가진 사람은 이기적이라는 말이 어떤 의미인지 모를지도 모른다. 맷과 같은 강렬함을 가지고 있다면 진심으로 자신보다 다른 사람을 먼저 챙긴다. 우리가 사는 세상에서 일어나는 아름다운 것과 추한 것 모두에 가슴이 뭉클해질 수도 있다. 활동의 강렬함을 가진 사람은 자신에게 중요한 이상을 위해서 싸운다. 사람이든 동물이든 환경이든 상관없이, 약자가 조롱받거나 따돌림당하고 무시당한다면 그들을 기꺼이 보호하기 위해 나선다.

활동의 강렬함을 가진 사람은 주변 사람 모두에게 마음을 쓴다. 자신의 크레파스 상자가 텅 비어도 다른 사람이 색칠을 잘할 수 있다면 즐거워한다는 얘기다.

영혼의 강렬함

지금 자신이 일곱 살이고, 영화 〈오즈의 마법사〉를 처음 보고 있다고 상상해보자. 영화의 등장인물들은 마지막에 뇌, 심장, 그리고 집에 돌아가는 것과 같이 각각 원하는 소원을 이루게 된다. 어느 순간 어려운 문제가 하나 머릿속에 떠올랐다.

'겁쟁이 사자가 원하던 용기를 갖게 된 후에 도로시와 토토를 잡아먹으려고 하면 어떡하지?'

이런 생각을 했을지도 모른다.

'사람들은 태어나기 직전과 죽기 직전에 똑같은 감정을 느낄까?'

'살아 있다는 것의 진정한 의미는 뭘까?'

'신이 세상을 창조했다면 신은 누가 창조했을까?'

영혼의 강렬함을 가진 사람들이 묻는 말들이다. 사람들은 이들의 물음에 "세상에, 도대체 어떻게 그런 생각을 했니?"라고 말한다.

이런 강렬함과 연관이 있다면 아주 어렸을 때부터 인생의 의미가 무엇인지 찾고 있을 것이다. 어쩌면 신발 끈 매는 법을 배울 때부터 말이다. 끊임없이 '왜?'라는 질문을 하면서 답을 찾기 힘들더라도 꼭 물어봐야 했을 것이다. 사람들은 영혼의 강렬함을 가진 아이를 보통 '애늙은이'라고 부른다. 이들은 자신의 질문을 진지하게 받아줄 나이가 좀 더 많은 언니, 오빠 혹은 어른과 잘 어울린다. 철학, 윤리, 종교 및 난해한 주제의 책도 즐겨 읽는다. 그들은 확실한 것은 아무것도 없으며 모든 이론에는 똑같이 타당한 반대 이론이 있다고 생각한다. 이런 사람은 계속 질문하고 또 질문하고 또 질문이 이어지는 불확실한 세계에서 산다.

강렬함은 정상이다

강렬함에 대해 몇 가지 단서를 붙이자면, 많은 영재들이 하나 또는 그 이상의 강렬함을 가지고 있지만 꼭 강렬함을 지녀야만 영재가 되는 건 아니다. 영재와 강렬함에는 연관되는 부분이 많다는 정도로 이해하면 된다. 하나 이상의 영역에서 강렬하더라도 그 강렬함의 강도는 사람마다 다르고, 그것을 겪는 시기도 다를 것이다. 어떤 강렬함은 한동안 잠자코 있다가 나중에 깨어날 수도 있다.

물론 강렬함이 반갑지 않고 창피하게 느껴질 때도 있을 것이다. 예를 들어, 친구들이랑 영화를 보는데 감동적인 장면에서 아기처럼 엉엉 울어 버려서 차라리 감정을 강렬하게 느끼지 않았으면 하고 바랄 수 있다. 혹은 사회 수업 시간에 재정적자 감축과 경제 긴축의 필요성에 대해서 열변을 토하고 있는데 옆에 앉은 친구가 옆구리를 찌르면서 "야, 아무도 관심 없어"라고 말할 수도 있다. 이럴 때 내가 그저 '평범'했으면 하고 생각하게 될 것이다. 이런 강렬함이 가끔은 성가실 수도 있지만, 결국엔 '나'라는 사람을 만드는 큰 부분이다. 또 강렬함은 비정상적인 것이 아니다. 다른 사람보다 더 깊이 생각하고 느끼고 아프고 인생을 즐긴다는 것은 그냥 그렇다는 뜻이지 좋거나 나쁜 것이 아니다. 자기 자신만의 정상적인 상태를 존중하자. 영재라는 단어의 의미상 일부에 속하기 때문에 통계적으로 소수일 수 있고, 그래서 또래 아이들보다 특이할 수 있다. 하지만 비정상(이렇게 되고 싶어 하는 사람들이 별로 없다)이라는 단어와 특이하다(특별하다 또는 독특하다는 의미)라는 단어에는 큰 차이가 있다. 강렬함이 영재의 일부분이라는 점을 인정한다면 강렬함을 짐이 아닌 장점으로 느낄 수 있을 것이다.

> "가끔 '영재'라는 말이 이상하다는 뜻의 암호인지 궁금할 때가 있어요."
> - 캐머런, 15세

괴짜 같아도 괜찮아

1970년에 크로스비 스틸스 내시 앤 영 Crosby, Stills, Nash, And Young 은 〈Almost Cut My Hair(머리를 거의 잘랐네)〉라는 노래를 발표한다. 밴드 멤버들은 사회에서 원하는 대로 머리를 자르지 않았다. 가사에 걸맞게 괴짜 같은 모습을 마음껏 보여주었다. 저항정신과 개성을 드러내기 위해서다.

30년이 지난 후, 2001년 사랑스러운 허풍쟁이 초록색 괴물 슈렉은 자신의 괴짜 같은 모습을 영화와 브로드웨이 뮤지컬(2008년)에서 마음껏 보여주었다. 여기에 이 노래가 다시 등장한다. 남들과 달라서 불편하지만 있는 그대로 받아들인다는 메시지를 전하기 위해서다.

슈렉의 조언을 따라 자신의 독특한 면을 그대로 포용해보자. 어떻게 하냐고? 여기에 몇 가지 방법이 있다.

'강렬한' 사람들과 친해지자

영재 아이들에게 영재반을 좋아하는 이유가 뭐냐고 물어보면 멋진 프로젝트를 진행하거나 교과별 수준이 높아서라고 이야기하는 아이는 별로 없다. 대신 드디어 '뭘 좀 아는' 아이들과 사귀게 되어서라고 말한다.

초등학교 고학년에 재학 중인 에릭은 이렇게 말했다.

"영재 프로그램에 참여하기 전에는 내 생각과 말을 사람들이 이해하지 못해서 항상 고립된 것 같았어요. 하지만 영재반에서 나랑 비슷한 사람들을 만나면서 마음이 편해졌어요. 이제 아이디어를 이야기하기 전에 다른 사람들이 내 말을 오해할까 봐 한 번 더 생각해 볼 필요가 없어졌어요. 이제 자유롭게 말할 수 있어요. 나의 피난처를 찾았죠."

피난처, 은신처, 보호 구역, 안전한 장소 등 자신을 이해해주는 존재를 어떻게 부르든 간에 적어도 자신의 열정을 함께 나눌 만한 사람이 있어야 한다. 이러한 친구들은 같은 학교, 우등반, 클럽 또는 어떤 조직에 있을 수 있다. 영재라고 공식적으로 확인받지 않았더라도 나와 열정은 비슷할 수 있다. 어쩌면 학교 자체를 다니지 않을 수도 있겠다. 홈스쿨을 할 수도 있고, 영재 여름학교를 다닐 수 있다. 만약 온라인 채팅을 하고 있다면 자신의 괴짜 같은 모습을 마음껏 보여줄 블로그blog나 채팅방을 찾아보는 것도 방법이다.

나랑 비슷한 어른을 찾자

강렬함은 마음대로 나타났다가 사라지는 것이 아니다. 어렸을 적에 강렬함을 보였다면 어른이 되어서도 마찬가지일 것이다. 그러니 주위를 둘러보자. 학교에서든, 가족이든, 스카우트 활동 또는 지역 강좌나 스포츠를 통해 알게 되었든 주변 어른 중에 자신의 일에 굉장히 열중하는 사람이 있는가? 이런 어른 중에서 이야기를 나눌 때 나이의 벽이 느껴지지 않고, 아이를 똑똑한 사람으로 대해 주는 사람이 있는가? 어른으로서의 의무 때문이 아니라 진정으로 나와의 대화를 즐기는 사람은 누구인가? 이런 어른이 주변에 있다면 그 사람에게 연락해서 자신을 존중하는 사람과 만날 수 있어서 얼마나 고마운지, 그리고 왜 고마운지 이야기해보자.

좋은 일을 하자

강렬한 사람은 이 감정을 표현하지 못할 때 가장 답답함을 느낀다. 예를 들어, 지역에서 재활용에 큰 관심이 없는 게 불만이라면, 이것을 긍정적으로 바꾸기 위해 누구를 만나야 할까? 시의회? 이웃 주민? 버려지는 쓰레기양에 작은 변화만 일으킬 수 있어도 아무것도 하지 않는 것보다 훨씬 큰 영향을 미친다. 언제나 적극적인 태도가 환경에 수동적으로 반응하는 것보다 낫다.

강렬함이 긍정적으로 작용하려면, 우선 그 부분을 무시하는 것이 아니라 탐색해야 한다. 남과 다른 점이 위험하게 느껴지고 튀어 보일까 걱정되겠지만, 스스로를 부인하는 것보다는 낫지 않을까?

강렬함에 대해 자세히 알아보자

강렬함은 심리학자, 교육자, 정신과 전문의 등으로부터 여러 세대에 걸쳐 연구가 활발히 진행되었다. 이제야 더 많이 알려지고 있을 뿐이다. 참고 자료의 '강렬함 · 성격 유형'에서 좀 더 자세히 공부할 수 있다.

열정 활용하기

by 잭 리치브라움

내가 남들과 다르게 생각한다는 사실을 잘 알고 있다. 이것은 영재에게 주어진 좋은 선물이며 또한 문제이기도 하다. 일상에서 복잡 미묘한 면을 깊이 볼 수 있어서 좋았던 때도 있었지만, 그냥 단순하게 생각했으면 좋겠다고 생각할 때도 있었다.

태풍의 눈을 생각하면 된다. 사나운 폭풍의 한가운데에 있는 아주 작고 고요한 부분 말이다. 내 감정도 똑같다. 강렬하지만, 그 안에는 완벽히 편안해질 수 있는 아주 작은 부분이 있다. 내가 느끼는 모든 감정은 친구들의 문제에 공감해 주고 꽤 괜찮은 조언을 해주는 데 아주 쓸 만하다. 친구들을 돕는 것을 좋아하지만 가끔 부담스러워질 때도 있다. 그러나 상황이 어떻든 내 친구들이고, 친구들과 함께 있어주고 싶다. 동시에 나 자신과도 함께 있어야 한다. 이상하게 들릴지 모르겠지만, 나 자신과 내 감정을 돌보지 않으면 다른 사람도 도울 수 없다.

내 가장 큰 문제는 남들은 눈치 채지 못하는 그들의 미묘한 감정을 느낀다는 점이다. 상대가 그것을 숨기고 싶어 할 때는 더욱 그렇다. 나는 상대방이 이야기하는 것보다 더 많은 것을 알고 있다.

이런 나에게 고마워하는 사람도 있었고, 화를 내는 사람도 있었다.

어떤 여자애가 있었다. 이름을 세라라고 하자. 어느 날, 세라는 평소의 밝은 모습과 좀 다른 모습을 보였다. 나에게 웃으며 인사했지만 미소 뒤에 불안함이 얼핏 보였다. 무슨 일이 있었냐고 물었다. 세라는 방어적인 태도로 "아무것도 아니야. 괜찮아"라고 했다. 아무리 봐도 뭔가 안 좋은 일이 있었던 게 분명했다. 나는 그녀가 거짓말을 하고 있다는 걸 금세 알아챘다. 세라는 나중에야 부모님이 이혼할까 봐 불안해했던 당시 이야기를 털어 놓았다. 세라는 자신의 고민에 대해 털어 놓을 사람이 필요했지만, 약해보이는 건 절대로 싫었던 것이다.

안타깝게도 많은 사람들이 자신들의 감정에 대한 관심을 불편하게 느낀다. 지금보다 어릴 적에, 그러니까 열두 살 때쯤 (관찰을 통해) 내가 잘 아는 어떤 어른에게서 깊은 외로움을 느꼈다. 그 사람은 그렇지 않은 척 행동했지만 나에게는 그 감정이 느껴졌다. 다정한 얼굴에서 뭔가 채워지지 않는 것이 있다는 사실을 알아챘던 것이다. 참지 못한 나는 외롭냐고 물었고 돌아온 것은 분노였다. 그는 화를 내며 예의가 없다고 정색했다. 본인 스스로 애써 무시하려는 것을 열두 살짜리가 들춰내니 발끈한 것이다. 이런 것만 봐도 그는 외로웠다. 하지만 상대의 반응을 본 나는 그 이야기를 다시 꺼내지 않았다.

이런 일이 당신에게도 있었다면, 자신의 감정을 따르는 것을 두려워하지 말자. 하지만 조심스레 행동하자. 상대를 위한답시고 과감하게 행동하기보다는 조용한 곳에서 단둘이 있을 때 도울 방법이 있는지 물어보자. 그리고 그 사람의 대답을 존중해주자.

이러한 것들은 자신의 강렬한 열정을 좋은 곳에 활용하는 방법이다. 혼란스러운 상황을 생각하고 이야기하고, 내 생각의 주인이 되면 앞서 이야기했던 '태풍의 눈'을 찾을 수 있었다. 물론 항상 내가 내 생각의 주인이 되는 건 아니지만 그렇게 됐을 때 기분이 훨씬 좋았다.

잭 리치브라움(Zach Ricci-Braum)

웨스트버지니아대학교(West Virginia University)에서 공군 ROTC 전액 장학금을 받으며 기계공학을 공부하고 있다. 4년 후 석사 학위를 받을 예정이다.

 나의 성격을 알아보는 법

강렬함과 더불어 영재의 또 다른 특성을 '성격 유형'을 통해 알 수 있다. 마이어스-브릭스 검사MBTI[Myers-Briggs Type Indicator, 마이어스(I. B. Myers)와 브릭스(K. C. Briggs)가 카를 융(C. G. Jung)의 심리 유형론을 근거로 만든 성격 유형 검사-옮긴이]에 대해 들어본 적이 있을 것이다. MBTI는 성격 유형 검사 중 가장 유명하며 직장, 상담실, 직업 상담 센터, 대학과 학교에서 많이 사용되고 있다. MBTI 이론에서는 가장 많이 나타난다는 열여섯 가지 성격 유형으로 개인별 성격 차이를 설명했다. 누구나 타고난 성격 유형이 있으며, 평생 동안 선호하는 성격 유형을 자연스레 유지하게 된다고 한다. 특별히 성격을 바꾸고자 하는 노력이 없다면 말이다. 노력하면 바뀌는 게 성격이다.

MBTI에는 네 가지 '선호 경향'이 있다.

외향성(E) 또는 내향성(I) 에너지가 어느 방향으로 향하는가?	**감각형(S) 또는 직관형(N)** 어떤 방식으로 정보를 수집하는가?
사고형(T) 또는 감정형(F) 의사 결정을 어떻게 하는가?	**판단형(J) 또는 인식형(P)** 일상생활에서 어떻게 행동하는가?

예를 들어 ENTP 또는 IFSJ와 같은 성격 유형이 있을 수 있다. 영재도 열여섯 개 유형 중 하나에 포함된다. 하지만 영재 학생들 사이에서는 흥미로운 사실이 발견되었다.

★ 영재는 대부분 N과 P 지표를 가지고 있다. 미국 대부분의 인구가 S와 J 지표를 가지고 있으므로 이 사실만으로도 영재는 고유한 그룹을 형성하게 된다.

★ 영재는 일반인보다 I 지표를 가지고 있을 가능성이 크다. 특히 남성일 때 더욱 그렇다.

★ 영재는 일반인보다 T를 가지고 있는 경우가 많았다. 특히 여성일 때 두드러지게 나타났다.

★ 영재 남성의 경우, 일반인 남성보다 F 지표를 가지고 있을 가능성이 더 컸다.

성격 유형을 알면 좋은 이유

자신의 성격 유형을 알고 싶다면 검사를 받으면 된다. 이 검사에는 자신이 좋아하는 것과 싫어하는 것 그리고 습관, 경향, 기량, 어려움에 대한 여러 가지 문제들이 출제된다. 성격 유형을 알면 좋은 점은 다음과 같다.

1. 나 자신을 받아들일 수 있다. 자신의 강점과 '약점'(더 노력해야만 얻을 수 있는 것)을 알면, 완벽주의를 극복하고 있는 그대로의 자신을 받아들일 수 있다.

2. 성과가 오른다. 자신이 선호하는 부분이 아니라, '약점' 부분을 더 연습해서(영재에게는 보통 S와 J이다) 평소 어렵게 느꼈던 것들을 해내거나 훨씬 잘할 수 있다.

3. EQ와 SQ가 나아진다. 어떤 성격인지 알게 되면, 외로움이나 좌절감 등의 감정을 더 잘 이해하게 되고 다른 사람과 더 잘 소통할 수 있다. 그리고 더욱 사람들의 의견에 공감하고 그들을 존중하게 될 수도 있다.

자신의 성격 유형을 알게 되면 미처 몰랐던 사실에 놀랄 수도 있다. 부모님, 선생님, 상담 선생님 또는 믿을 만한 친구 두어 명과 그것에 대해 이야기해보자. 상대방도 자신의 성격 유형을 이미 알고 있거나 관심이 있을 수도 있다.

자신의 행동은 언제나 스스로 선택한 것이다. 나쁜 행동을 성격 유형 탓으로 돌릴 수 없다. 성격 유형 이론은 아직도 신뢰성에 대한 의견이 분분한 '이론'이라는 점을 유념하자. 네 글자의 알파벳으로 한 사람을 '단정'해 버릴 수는 없다. 또 그럴 수 있을 정도로 강력한 심리학 이론도 없다!

 ## 한때 괴물이었더라도…

영화 〈슈렉 2 Shrek 2〉를 봤다면 피오나 공주와 슈렉이 말싸움을 하던 장면을 떠올려보자. 피오나 공주는 슈렉에게 괴물처럼 행동하고 있다고 쏘아붙였다. 슈렉은 이렇게 대답했다.

"그래. 당신 부모님이 좋아하든 싫어하든 나는 괴물이야. 그리고 모르나 본데 그 사실은 변하지 않아."

표범은 반점을 없앨 수 없고 초록 괴물은 초록색을 벗어 버릴 수 없다. 청소년기 영재들도 마찬가지다. 남들보다 민감하고, 질문하기를 좋아하고, 호기심이 많고, 열정적이며, 조금 내향적이고, 판단력과 이해력이 있는 자신을 바꿀 수 없다. 스스로를 받아들여야 한다.

영재의 뇌를 들여다보다

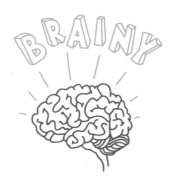

The Gifted Teen
survival guide

이제 '커튼 뒤의 마법사'인 뇌가 어떻게 작동하는지 알아볼 때다. 머릿속에 있으니 볼 수가 없다고? 아마 깜짝 놀랄 것이다. 연구자들은 'fMRI functional Magnetic Resonance Imaging(기능적 자기 공명 영상)'라는 새로운 기술을 통해 뇌가 성장하는 것을 자세히 연구하고 있다. 여기에는 어린 영재들의 뇌도 포함된다. 영재는 그저 똑똑한 사람을 일컫는 명칭일 뿐만 아니라 신경학에서 말하는 특징이기도 하다.

 불타는 뇌

fMRI로 뇌를 들여다보면, 처음 보이는 것은 영상 전체에 퍼져 있는 빨간색이다. 이 붉은 부분은 수백만 개의 작은 연소 작용 또는 '불꽃'으로, 포도당이 뇌의 연료로 바뀌는 신진대사 활동이다. 보통 영재의 뇌에서는 신진대사가 굉장히 활발하여 뇌가 불타는 것처럼 보인다.

그 다음으로, 영재의 fMRI와 일반 지능을 가진 청소년의 뇌 fMRI를 비교했을 때, 이마 부분 쪽에 위치한 뇌의 '전두엽 피질'이 영재의 경우 조금 더 두껍다는 것을 알 수 있다. 이는 영재 청소년과 일반 10대의 두뇌 발달 과정이 다르다는 것을 의미한다.

예전에는 태어나서 18개월까지 뇌가 단 한 번 크게 성장한 후, 오랫동안 가지치기를 하면서 어떤 회로는 쳐내고 어떤 부분은 남겨 둔다고 생각했다. 하지만 fMRI 스캔을 사용하면서 뇌가 두 번째 발달하는 시기가 있다는 사실을 밝혀냈다. 또 이때 주로 전두엽 피질이 두꺼

워진다는 것도 알 수 있게 되었
다. 일반적으로 뇌의 두 번째 발
달은 대부분 만 7세 무렵에 시작
되며 가지치기가 시작되기 전인
만 8~9세에 발달이 정점에 달한
다. 반면에 영재 아이의 전두엽

피질은 다른 아이의 것보다 얇은 상태에서 계속 발달하여 만 12세쯤
에 정점에 달한다. 이렇게 뇌가 성장하는 시기가 길기 때문에 복잡한
회로가 발달하고 그로 인해 수준 높은 사고가 가능해진 것으로 드러났
다. 성장이 정점에 달하면 뇌는 비로소 가지치기를 시작하는데 그 과
정은 매우 빠르고 효율적이다.

영재와 일반인 할 것 없이 모든 사람의 피질은 만 30세에 성장이 마
무리되며, 대부분은 같은 두께를 갖게 된다. 영재와 일반인을 구분할 때
뇌 크기는 크게 상관없으나, 피질이 성숙하는 과정에는 차이가 있다.

앞으로는 인간의 지능을 IQ 검사나 표준 시험으로 측정하지 않을
가능성이 있다. 대신 특정한 나이에 뇌를 스캔하여 측정하게 될지 모
른다. 이 얼마나 멋진 일인가?

⋯▸ 숫자로 보는 뇌

1000억: 성인의 뇌 뉴런(신경 세포)의 평균 추정치

180만: 유아가 1초당 생성하는 신경 연결고리 추정치

10^{81}: 60개의 뉴런이 만들 수 있는 연결고리 추정치

10^{80}: 우주에 존재하는 관찰 가능한 입자의 추정치

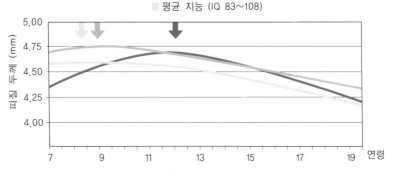

피질 두께, 연령, IQ 사이의 관계

(화살표는 가장 두꺼운 대뇌 피질의 두께를 나타냅니다)

■ 뛰어난 지능 (IQ 121~145)　■ 높은 지능 (IQ 109~120)
■ 평균 지능 (IQ 83~108)

출처: P. Shaw 외, "Intellectual Ability and Cortical Development in Children and Adolescent", Nature, 44(March 30, 2006), pp. 676- 679. longitudinal MRI brain study of 307 kids, ages 5-19에 근거함.

 뇌를 들여다보는 이유

　12세 미만의 영재의 경우, 뇌에서 엄청난 일이 일어나고 있다. 만약 지금 이 책을 읽는 시점에 나이가 12세를 넘었다면, 앞으로 10~15년 동안 계속될 가지치기 과정은 이미 시작되었을 것이다. 우리 뇌의 몇 몇 중요 영역은 12세까지 아직 만들어지지 않았을 수 있다. 일정 시점에 우리가 생각했던 것보다 이 부분을 빨리 형성할 수도 있다.

　'그래서 뭐?'라고 생각한다면, 이것을 생각해보자.

　청소년 때에 내가 하는 모든 일은 뇌에 직접적으로 영향을 미친다. 내일, 다음 주, 내년이 아니라, 앞으로 내가 살아가는 동안, 평생 영향을 미친다는 것이다. 당신이 청소년이라면 이 글을 읽는 동안에도 뇌가 형성되고 있다. 이 시기에 뇌를 어떻게 사용하느냐에 따라 뇌가 영구적으로 어떻게 개발될지가 결정된다. 활발하게 사용한 뇌세포는 남고 그렇지 않은 세포는 죽는다. 사용하지 않으면 없어지는 것이다.

작곡을 하거나 글을 읽는 것, 혹은 스포츠 경기에 참가하거나 문제를 해결하는 등 여러 활동에 활발히 참여하면 이를 통해 사용되는 뇌세포와 뇌신경 연결고리가 강화된다. 하지만 소파에 누워 〈레지던트 이블Resident Evil〉을 하면서 시간을 보낸다면 게임을 하는 데 쓰인 뇌세포와 회로만 살아남을 것이다.

시간을 알차게 활용하기를 권한다!

자신을 '두뇌'라는 회사의 대표이사 혹은 CEO로 생각하자. (실제로 전두엽 피질은 조직화, 전략화, 우선순위 정하기, 성과 관리 등 '경영'에 쓰이는 기능을 관장한다.) 두뇌의 운영을 능률적으로 하고, 수익을 극대화하며, 목표에 집중하여 시야를 넓혀야 한다. 어느 부서(신경 회로라고도 함)를 키우고 싶은가? 인사부(사회성 기능), 데이터 분석(수학과 과학 실력), 아니면 연구 개발(창의적 능력) 부서? 선택과 집중을 확실히 하자. 빠르고 민첩하게 경영해 여러 도전에 당당히 맞서자.

만약 비즈니스를 좋아하지 않는다면, 뇌의 가지치기 과정을 조소로 생각해보자. 뇌에서 일어나는 회로의 성장을 찰흙 반죽이라고 보는 것이다. 찰흙 반죽으로 원하는 모양을 만들어보자. 일부는 진흙(자신의 에너지 또는 집중하는 것들)을 다른 데에서 가져와 특별한 조각상을 만들거나 이전과 다른 것들도 만들어보자.

생각 나무 가지치기

★ 자신이 하고 싶은 우선순위와 함께 자신의 장점을 목록으로 작성해 비교해보자. 두 목록이 서로 잘 맞는가? 어떻게 잘 맞게 할 수 있을까? (참고로 지금 잘하는 것에 대해 계속 노력할 필요는 없다. 어렸을 때는 여러 가지 것을 잘할 수 있지만, 관심이 크게 없는 것도 있기 마련이다. 그런 것들을 빼면 된다.)

★ 최대한 많은 아이디어와 활동을 시도해보자. 어떤 분야를 정할지 대비해 여러 신경 연결 통로를 만들어 놓는 것이다. 아직 발견하지 못한 잠재력과 열정은 너무도 다양하다.

★ 모든 분야에 전문가가 되려고 노력하지 말자. 이것은 가능하지도 않을뿐더러 뇌에도 좋지 않다. 다재다능한 사람이 되면 좋겠지만, 여러 가지를 보통으로 할 줄 아는 것보다 몇 가지를 잘하는 편이 훨씬 낫다. 누군가는 머리가 과부하 되거나 몸이 피곤할 때까지 자신을 밀어붙이는 면이 있을지 모른다. 그러니 자신의 한계를 알고 있어야 한다.

★ 배움을 중요하게 생각하고, 실력을 키우려는 분야에 도움을 줄 사람들을 많이 만나자.

> "저는 영재성과 연관되는 인지적인 약점에 관심이 많아요.
> 예를 들자면 감정 제어에 문제가 있다거나 조직에 적응 못하는
> 문제 따위 말이에요." - 셰인, 16세

영재들은 원래 정신없나요?

신경에서 혁명이 일어나는 동안에도 삶은 계속된다. 영재 청소년의 뇌는 아직도 형성되는 중이다. 아무리 높은 성적을 유지하고 훌륭한 공부 습관을 자랑하더라도 허점은 있다. 높은 창의력을 갖고 있거나, 유명 대학의 장학금이 입학과 동시에 예정되었더라도 마찬가지다. 그렇더라도 아직도…

1. 집 열쇠를 잃어버리거나 백화점에서 길을 잃거나, 친구들에게 문자 메시지를 잘못 보낸다.
2. 버스를 놓칠지도 모르는데, 길에서 만난 귀여운 강아지를 쓰다듬는다.
3. 외웠던 피아노 악보가 머릿속에서 뒤죽박죽된다.
4. 세상 사람들이 모두 나에게 화가 난 것 같다.
5. 너무 화가 나면 벽을 부수고 싶고, 자존심이 너무 상하면 10년 동안 방에서 나가기가 싫다.
6. 아침 수업 시간에는 항상 존다.

영재들은 여기에 최소한 한두 개는 '예'라고 답했을 확률이 높다. 주위에서 들은 대로 이런 현상이 사춘기의 호르몬 작용 때문이라고 생각하고 있을지도 모르겠다. 하지만 그렇지 않다. 이것은 두뇌 발달 과정과 연관성이 아주 많다. 위에 적힌 문제의 진짜 이유와 그런 일을 겪었을 때 어떻게 해야 하는지 순서대로 알아보자.

문제1 이미 말했듯이 조직화, 전략화, 충동 제어 등을 돕는 전두엽 피질은 아직 형성되는 중이다. 영재는 강렬한 감정, 질서 파괴, 사고 지연(또는 생각에 몰두하기)을 경험하기도 한다. 그래서 가끔 주의가 산만하거나 마음이 충동적인 때가 있을 수 있다.

해결책 잊어버리면 안 될 것들을 목록으로 만들자. 그리고 다른 사람에게 도와달라고 부탁하자. 특히, 이런 상황에서 믿을 만한 어른이나 선배, 형제, 자매에게 부탁한다. 심부름을 할 때 함께 가자고 부탁하고, 예비 열쇠를 만들어서 나눠 갖거나, 휴대폰의 '보내기' 버튼을 누르기 전에 문자가 이상하진 않은지 물어보자.

문제2 10대는 아직까지 뇌의 도파민 레벨이 최적 상태가 아니다. 도파민은 어디에 집중해야 하는지 우선순위를 정하도록 도와주는 화학물질이다. 10대 영재라면 어느 정도 주의가 산만하다.

해결책 언제 가장 충동적이고 산만한지 생각해보고(긍정적이든 부정적이든 강한 감정을 느끼면 그렇게 될 수 있다) 자신을 위험한 위치에 놓이지 않게 한다. 충동적이고 산만할 때는 사람들이 많은 곳에서 운전이나 산책을 하거나 자전거를 타지 않는 것이 좋겠다.

문제3 지금 여러분의 뇌에서는 대대적인 가지치기 작업이 일어나고 있다. 그렇기 때문에 여러분에게 평균 이상의 기억력이 있음에도 불구하고 평소 쓰이지 않는 기능은 점점 퇴보할 것이다.

해결책 계속 유지하고 싶은 기능이 있다면, 그것을 꼭 규칙적으로 연습해야 한다.

문제4 청소년의 뇌는 어른의 뇌보다 사람들의 표정을 정확하게 이해하지 못한다. 영재의 뇌는 주변 사람들의 감정을 실제보다 더 예민하게 받아들이고 분석하려 들 수 있다. 상대방의 감정을 잘못 파악했더라도 말이다.

해결책 사람들의 감정을 짐작하지 말고, 그냥 가서 물어보자. 그리고 자신이 완전히 잘못 파악했던 때가 얼마나 많은지 잊지 말자!

문제5 청소년 시기에는 감정을 처리하는 뇌의 영역이 어른과 다르다. 성인은 전두엽 피질에 대부분 의존하지만, 청소년은 과거 감정의 기억과 연결된 편도체에 더 의존한다. 이러한 이유로 청소년은 감정의 기복이 크고, 충동적이며, 자신의 행동이 가져올 결과를 잘 생각하지 못하는 면이 있다. 예를 들면, 만약 친오빠가 기분 나쁜 말을 했다면 뇌에서 오빠에게 화가 났던 기억을 끌어내고 이로 인해 오빠에게 불같이 화를 낸다.

해결책 하고 있던 모든 것을 잠깐 멈추고 숨을 크게 들이쉬며 생각하라. 누군가 한 대 치고 싶거나 침대 속에 숨어 버리고 싶은 그 기분은 다른 방법으로 해결하면 더 효과적일 수 있다.

문제6 10대의 뇌는 성인의 뇌보다 수면 시간이 약 1시간 정도 더 필요하다. 즉, 청소년이 9시간 자는 것은 성인이 8시간 자는 것과 같은 것이다. 청소년의 하루 주기 리듬 circadian rhythms 은 조금씩 변화하는데, 이 때문에 멜라토닌(수면 주기를 조절하는 호르몬) 수치가 어릴 때보다 느리게 올라간다. 청소년의 뇌는 늦게까지 깨어 있고 늦게 잠들도록 프로그램화되어 있다.

어떻게 해서든 수면 시간을 늘리자. 목표를 9시간 30분으로 정하고 평균 9시간을 자도록 한다. 가끔 8시간 30분도 괜찮다. 이것보다 40분 덜 자면 수업 시간에 조는 등 학교에서 어려움을 겪을 수 있고, 이것이 누적될수록 더 큰 영향을 끼칠 것이다. 등교 시간이 늦어질 때 얻는 이득은 이미 연구로 구글에서 조금만 찾아보면 그 효과를 증명하는 것은 어렵지 않을 것이다.

⋯▶ 중요 포인트

청소년의 뇌는 여전히 발달 중인 미완성 상태다. 그렇다고 이것이 나쁜 선택이나 무책임한 행동을 한 것에 대한 핑계가 될 수는 없다. 영재에도 같은 이야기가 적용된다. 영재라고 해서 다른 아이들은 하면 안 되는 것을 허락받거나, 남을 배려하지 않아도 용납 받을 수 있는 것은 아니다. 영재의 특별한 뇌에 대해 배우는 이유는 영재의 잠재력은 물론 그 한계를 잘 알게끔 하기 위한 것이다. 영재의 한계와 잠재력을 모두 똑같이 받아들이고 알리자는 취지다.

나의 수면 실험

나는 영재다. 그래서 오랫동안 사람들과 어울리는 것을 힘들어했다. 사회성이 좋지 못했고, 더군다나 매일 4시간밖에 못 자서 뇌 일부가 작동하지 않는 상태나 마찬가지였다. 뇌 기능이 떨어졌어도 나는 꽤 똑똑한 편이었다. 그래서 1년 반 동안 수면 부족인 상태로 지냈다.

나는 사람들이 여러 가지에 어떻게 다르게 반응하는지 유심히 관찰했다. 나에게 적대적이던 사람을 가장 친한 친구로 만드는 방법을 배우기도 했다. 그 결과 나는 친구를 사귀는 것에도 천재가 되었다.

넉 달 전쯤, 나랑 지능이 비슷한 그룹의 아이들과 함께 하게 됐다. 그 누구와도 친구가 될 수 있다는 자신감으로 어울렸지만 불행히도 기회를 활용할 수 없었다. 잠이 부족해서 영재 아이들의 복잡한 대화를 따라가기가 힘들었다. 한 일주일쯤 지나고, 나는 뭔가 놓치고 있다는 것을 깨달았다. 그날 밤 충분히 잤고, 그 후로 거의 매일 그렇게 하고 있다. 그리고 나니 기분이 더 쾌활해지고 집중도도 높아졌다. (참고로, 하루에 4시간씩만 자면 몸은 물론 얼굴도 상한다. 좋든 싫든 간에 매력도 사라진다. 잠을 충분히 자기 시작한 나는 더 이상 너구리처럼 보이지 않는다.)

영재 남자, 17세(익명)

스스로에 책임감을 갖는 법

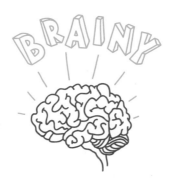

전두엽 두께, 집, 부모님, 운전 가능 연령, 날씨, 수학 선생님의 옷 스타일 등 세상에는 자신이 통제하지 못하는 것들이 많다. 그래도 어떤 것들은 조절하거나 영향을 최소화할 수 있다. 기대감, 성공, 실패, 실수, 스케줄, 습관, 스트레스 등에 어떻게 대처하는지가 그 예다. 이번 장에서는 당신의 삶에서 이런 요소를 어떻게 처리하는지에 대해 얘기하고자 한다.

> "사람들은 내가 '전형적인' 영재처럼 깔끔하고, 예의 바르고, 옷을 잘 입고, 열심히 참여하는 사람이기 바라요. 제 개성이 조금이라도 나오는 것을 허락하지 않지요. 하지만 그건 너무 불합리해요."
>
> - 헤일리, 16세

설문 조사에 따르면...

응답자 중 51%가 "영재인데, 왜 전 과목 A를 못 받아?"라고 생각하는 사람들을 어떻게 대해야 하는지 알고 싶어 했다.

응답자 중 45%가 완벽주의와 '더 잘하기 위해 노력하는 것'의 차이가 무엇인지 알고 싶어 했다.

응답자 중 46%가 가끔은 실패할 수도 있다는 것을 받아들이고 너무 자책하지 않는 법을 알고 싶어 했다.

응답자 중 54%가 시간을 어떻게 하면 더 잘 활용할 수 있는지 알고 싶어 했다.

위대한 기대, 초라한 결과

아무리 노력해도 여러분은 자신과 다른 유형의 사람들에게서 벗어날 수 없다. 여러분이 가진 잠재력을 가지고 무엇을 할 수 있는지에 대해 부모님, 선생님, 친구, 이웃, 형제자매 그리고 생면부지의 남까지 참견해서 알려주려고 할 것이다.

잠재력. 좋기도 하고 싫기도 한 단어다. 이 단어는 남에게 줄 수 있는 무언가가 있다는 뜻이므로 여러분에게 좋은 의미일 것이다. 하지만 그것이 짐이나 걸림돌이 될 수도 있다. 아니면 더 열심히 공부하고, 똑똑해지고, 노력하고, 해내라고 재촉하는 목소리가 될 수도 있다. 아래와 같이 말이다.

나	목소리
배우가 되고 싶다.	넌 우주비행사가 될 수 있는 머리가 있어.
성적 평균이 3.6이다.	더 열심히 하면 4.0을 받을 수 있어.
학생회에 들어갔다.	학생회장으로 출마했어야 해.
선행 수업에서 좋은 점수를 받았다.	대학에 1년 먼저 들어갈 수 있었어.

자신의 목표와 성과를 과소평가하는 목소리는 경험에서 나오는 것이 아니라 과도한 기대에서 나오는 소리다. 이는 가끔 다른 사람의 입을 통해 듣기도 한다. 선생님, 부모님, 할아버지, 할머니, 고모, 삼촌, 형제자

매, 친구로부터 말이다. 하지만 대부분은 자신의 마음에서 나온다. 그 말에 너무 주의를 기울이면, 자신에게 맞지 않는 진로를 결정할 수도 있다.

기대라는 게 다 나쁘다는 것은 아니다. 기대가 있으니 목표를 세우고 성과를 내기 위해 노력하는 것일 수 있다. 하지만 10대인 영재들은 스스로에게 해내기 어렵거나 거의 불가능한 요구를 할 수도 있다. 엎친 데 덮친 격으로 어른들의 요구를 만족시키기 위해 노력할수록 친구들과 멀어지게 된다. 또래 아이들이 영재를 '브레이니악 Brainiac [머리는 아주 좋지만 괴짜인 사람을 말한다. 디씨 코믹스(DC Comics)의 슈퍼맨에 나오는 악당 이름이기도 하다 – 옮긴이], '아첨쟁이'나 '엄친아(또는 엄친딸)'라고 놀리는 모습을 보았을 것이다. 이럴 때는 어떻게 해야 할까? 미래를 설계하고 진로를 결정해야 한다고 하는 어른들의 의견에 따라야 할까? 아니면 저항해야 할까? 자신이 할 수 있는 것보다 공부를 덜 하는 방법으로 어른들의 기대를 낮추고 친구들과 친하게 지내야 할까?

부모님, 친척, 선생님 같은 어른들만 부담을 주는 것이 아니다. 우리가 사는 세상은 최고가 되라는 메시지를 끊임없이 보낸다. 티셔츠 로고나 광고에서도 흔히 볼 수 있다.

'이길 수 없다면, 시합하지 마라.'

'2등은 첫 번째 패자를 위한 자리다.'

올림픽에서 금메달을 딴 선수는 은메달이나 동메달을 딴 선수보다 훨씬 높은 곳에 올라간다. 고등학교 졸업식 때, 차석 졸업자와 수석 졸업자의 성적 차이가 0.003점 정도밖에 나지 않지만, 수석 졸업자가 졸업생 대표로 축사를 하는 경우가 대부분이다. 수상, 우등반, 월급, 승진, 성공 등 사람들이 원하는 것 모두 가장 똑똑하고, 빠르고, 강하고,

아름답고, 인기가 많아야만 가능한 것처럼 보일 것이다. 승자가 해낸 것을 크게 칭찬하는 것은 아무런 문제가 없으나, 1등만이 가치 있는 자리라고 보는 것은 건강하지 못한 생각이다.

다른 사람들이 이런 태도를 보인다면 여러분은 어떻게 대처하겠는가? 세 가지 방법을 제시해보았다.

> "어떻게 해야 성공할 수 있는지는 모르지만, 실패하는 방법은
> 모든 사람을 만족시키려고 노력하는 것이라는 걸 안다."
>
> - 빌 코스비(Bill Cosby), 배우이자 코미디언

한 귀로 듣고 한 귀로 흘리자

아마도 지금 여러분 주변에 자신'만'이 여러분에게 필요한 것이 무엇인지 안다고 주장하는 사람이 있을 것이다. 그 사람들은 '대학의 선발 절차가 더욱 까다로워진다'면서 모든 과목에서 A를 받아야 한다고 충고할 것이다. 그들은 영재의 선택에 대해 "너의 '재능'으로는 너무 쉬운 일이기 때문에 심장학이나 기업법을 전공하는 게 낫다"는 식으로 말한다. A를 받은 과목에는 용돈으로 20달러를 주지만, B를 받은 과목에는 고작 1달러만 줄 것이다. 직간접적으로 교묘하게 자신의 성공 기준을 여러분에게 강요할 것이다.

다행히 여러분에게는 귀가 두 개 있다. 한 귀로 듣고 한 귀로 흘릴 수 있다는 말이다.

이런 사람들의 말을 무시하라는 걸까? 맞기도 하고 아니기도 하다.

그들의 생각을 정말로 존중한다면, 그 말을 반드시 귀담아들어야 한다. 그렇지 않다면, (그들의 말을 머릿속에서 없애고 그 자리를 뜰 수 있도록) 고개를 열심히 끄덕이고 눈치를 봐서 자리를 피하자.

나의 의견을 말해보자

말하는 사람의 의견이 아무리 중요하다고 해도 도가 지나칠 때가 있다. 이때 당신은 상대의 나이나 위치 때문에 복화술사의 인형처럼 아무 말도 하지 못할 수 있다. 또는 목소리를 드높이기도 한다. 다음처럼 말이다.

> **아빠** 지금 성적도 나쁘진 않지만, 너 스페인어 성적이 좀 떨어졌더라.

> **나** 기말고사가 너무 어려웠어요.

> **아빠** 공부를 더 열심히 했어야지.

> **나** 공부했어요. 최선을 다했다고요.

> **아빠** 그래, 아빠도 믿지만 이렇게 성적이 떨어지는 게 습관이 될까 봐 그러지.

> **나** 아빠, 솔직하게 이야기해도 돼요? 걱정된다고 말씀하실 때마다 마치 제가 놀면서 무책임하게 행동한다는 것처럼 들려요.

> **아빠** 내 말은 그런 게 아니야.

> **나** 그렇게 들려요. 저도 학교에서 정말 잘하고 싶어요. 하지만 잘할 때도 있고, 못할 때도 있는 거잖아요. 지난 학기에 책임감 있다고 생각하셨던 것처럼 계속 믿어주세요.

아빠 도움이 필요하면 어떻게 할래?

나 도와달라고 이야기할게요. 스페인어만 빼고요. 아빠는 스페인어 하나도 모르잖아요. ¿Comprende?(스페인어로 "알아들었니?"의 의미 – 옮긴이)

아빠 **나** : (웃음)

이렇게 되길 바란다! 이 시나리오에서 보면 아빠는 자신이 전달하고자 했던 메시지(나는 네가 걱정된다)가 '왜 최선을 다하지 않니?' 또는 '그 정도로는 안 돼'로 받아들여질 수 있음을 알게 되었다. 아빠에게 차분하게 설명하면 자신이 성숙하다는 것을 보여주고, 아빠와 내가 적이 아님을 서로 확인할 수 있다.

도와줄 사람을 찾자

다른 사람들의 기대가 너무 클수록 내 편이 되어줄 사람이 필요하다. 공감해주는 친구, 지지해주는 선생님, 이해해주는 이웃 또는 명령하지 않고 여러분을 격려하고 이야기를 들어줄 사람을 가족 중에서 찾아보자. 도와줄 사람을 찾지 못했다면? 상상으로 하나 만들어보자. 진심으로 하는 말이다. 역사 속 또는 현재의 인물 중에 자신에게 큰 감명을 줬거나 소설 속에서 동경한 인물을 떠올려보고 마음속으로 그 인물이 내 편이라고 생각하자. 그 인물이 나를 칭찬하고 격려하는 모습을 상상해보자. 이런 상상의 동지에게 의지하면서 실제로 존재하는 사람에게 어떤 도움을 받아야 할지 배울 수도 있다.

중심이 맞지 않고 얼룩진 상태

by 아만다 로즈 마틴

나는 하는 것마다 못하는 것이 없었다. 어렵다고 느낀 몇 안 되는 것들은 조금 더 공부하고 노력하면 잘할 수 있었고, 그 밖의 시도들도 모두 쉽게 해낼 수 있었다. 읽기, 글쓰기, 역사, 과학, 외국어 등 대부분의 과목은 꿈속에서도 할 수 있을 것처럼 단순하게 느껴졌다. 놀랍게도 내가 잘 못한 첫 번째 과목은 사진이었다. 거기서 나는 처음으로 내가 완벽한 사람이 아니라는 것을 알게 됐다. 그리고 당황했다.

고등학교 마지막 해에 선택 과목으로 고른 것이 제일 어려운 수업이 될 줄은 몰랐다. 나에게는 그랬다. 암실에 처음으로 발을 들여 놓았을 때 너무 부담스러웠다. 그곳의 기계가 낯설었고, 좁은 공간은 약품 냄새로 가득했다. 확대기를 사용해보려고 이것저것 만져보고 있을 때, 옆에 있던 여자애가 내가 불쌍했는지 불을 켜는 버튼이 어딘지 알려주었다. 그날 나는 헛되이 쓰기에 그리 싸지 않은 인화지를 열 장이나 버렸다. 계속 인화지에 빛이 들어갔고 현상 과정에서 까맣게 변했다. 실패할 때마다 쓰레기통에 인화지를 버리면서 결과물과 무능한 나 자신에게 넌더리가 났다.

어떻게 했는지 모르겠지만, 이후 사진 한 장이 제대로 나왔다. 나는 인화지를 현상액에 넣고 플라스틱 통에서 살살 움직였다. 20초 정도 후에 점점 사진이 나타나기 시작했다. 숨을 멈추고 사진이 현상되는 것을 지켜봤다. 현상액에 1분 정도 담갔다가 사진을 꺼냈는데, 그것은 지난주에 찍은 폭포 사진이었다. 사진은 선명했고 초점도 맞았다. 신이 나서 결과물을 선생님께 보여드렸다.

"와, 정말 잘했는걸!"

선생님이 웃으면서 사진을 돌려주었을 때 나는 한 가지 사실을 깨달았다. 지금까지 나에게 다른 것들은 지금 이 사진만큼의 의미가 없었다는 것이다. 다른 것들은 이것만큼 열심히 하지 않아도 되었으니까. 태어나서 처음으로 멍청하고 혼란스러웠다. 태어나서 처음으로 좋은 성적을 받기 위해 열심히 노력해야 했다. 그리고 태어나서 처음으로 느낀 또 다른 것도 있었다.

사진을 보다가 가장자리가 반듯하지 않은 것이 눈에 띄었다. 현상된 필름에 하얀 먼지 같은 점들이 있었고, 인화지에 떨어트린 물한 방울이 작은 얼룩으로 모서리에 남아 있는 것도 보였다. 하지만 이런 결함에도 불구하고 내 사진이 너무 소중했다. 완벽하지는 않았지만 내가 해냈다는 것이 자랑스러웠다.

사진 수업이 시작되고 몇 주간은 너무 힘들었다. 하지만 결국 성적보다 더 중요한 것이 무엇인지 깨달았다. 이런 경험을 하기 전에 나는 모든 것에 완벽해야 한다고 생각했다. 실제로 나에게 완벽함이란 숨 쉬는 것만큼이나 당연한 것이었다. 그러나 이런 생각은 잘못되었다는 것을 알게 되었다. '단점'으로 개성이 생겨나고, 자신만의 이야기를 만들 수 있음을 알았다. 내 사진의 작은 결함은 내가 이뤄낸 결과에 흠집을 낸 것이 아니라, 보탬이 되어주었다.

이전에 나는 부모님이 나의 단점들, 그러니까 둔감하고, 책만 좋아하고, 너무 잘 믿는 성격에도 불구하고 어떻게 이렇게 나를 사랑하시는지 자주 궁금했다. 이제 부모님이 나를 자랑스러워하시는 것은 내가 완벽해서가 아니라는 것을 알았다. 부모님은 오늘날 내가 이 자리에 올 수 있도록 열심히 노력하고 도전을 두려워하지 않은 점 때문에 나를 자랑스러워하시는 것이었다.

내 사진(침대 위에 걸어 두었다)의 초점은 정확하고 그 속의 피사체도 선명하다. 아니, 중심이 좀 맞지 않기는 하다. 그리고 물론 모서리에 난 얼룩도 항상 거기 남아 있을 것이다. 하지만 그런데도 이 사진은 여전히 남에게 보여줄 만하다.

내가 바로 그 사진이다. 중심이 맞지 않고 얼룩진 상태.

아만다 로즈 마틴(Amanda Rose Martin)
케이스웨스턴리저브대학교(Case Western Reserve University)에서 영어와 심리학을 전공했으며 현재 법학을 공부하고 있다. 아만다는 지난 수년 동안 자신의 단점을 받아들이는 방법과 디지털 카메라의 오토포커스 사용법을 배웠다.

완벽해야 한다는 생각은 위험하다

이 세상에 두 가지 진실이 있다면, 바로 '완벽한 사람은 없다'와 '누구나 가끔은 실패한다'이다. 많은 영재 청소년 역시 실패를 받아들이는 연습이 필요하다. 너무 자책하지 않고, 자신의 목표를 너무 높이 정하지 않는 방법을 배워야 한다. 다른 사람들이 주는 부담 이상으로 자신을 몰아쳐서도 안 된다. 영재일수록 자신이 완벽주의자는 아닌지 생각해봐야 한다.

⋯▶ 나는 완벽주의자인가?

다음의 질문에 '예' 또는 '아니오'로 답해보자. 문제에 대해 너무 오래 생각하지 말고 머릿속에 처음 떠오르는 생각을 가지고 답하자. 그게 바로 답일 가능성이 가장 크기 때문이다.

1. 자신에 대해 불합리하고 불가능한 목표를 설정하는가?
2. 큰일을 해내고도 잘 만족하지 못하는가?
3. 해결해야 할 문제를 걱정하느라 지금 이 순간을 잘 즐기지 못하는가?
4. '실패에 대한 두려움', '최고가 아니라는 두려움', '충분히 잘하지 못한다는 두려움' 때문에 (공부든 사회에서든) 위험을 감수하지는 않는가?
5. '완벽하게 할 수 없다면 그것을 하는 것에 의미가 없다'는 흑백 논리를 가지고 있는가?
6. 자신에게 매우 비판적이며 (자신과 타인이 세운) 목표에 집착하는가?
7. 남을 자주 비판하는가?

8. 경쟁심이 심하고 항상 스스로를 다른 사람과 비교하는가?

9. 스트레스를 많이 받고 불안함을 자주 느끼는가?

10. 실수를 할까 봐 두려울 때가 자주 있는가?

11. 자신의 약점이나 단점을 보여주는 것이 두려운가?

12. 완벽하게 해야 한다는 생각 때문에 일을 자주 미루게 되는가?

13. 우울한 경향이 있는가?

14. 자신이나 남들에게 너무 많은 것을 바라서 사람들과 잘 지내지 못하는가?

15. 자신의 가치가 성과에 달려 있다고 생각하는가?

16. 남의 비판에 굉장히 민감한가?

17. 사랑에는 조건이 없다는 사실을 받아들이기 힘든가?

18. 강박적으로 계획을 세우는가?

19. 상황, 성과, 그리고 프로젝트를 '좋다', '나쁘다' 이외의 관점으로 보는 것이 어려운가?

20. '이상적'이지 않은 상황이나 관계에 만족하지 못하는가?

위의 문제 중 상당수에 '예'라고 답했다면, 어느 정도 완벽주의를 가지고 있다고 보면 된다.

"노력을 보통만 하고도 완벽했으면 하고 기대해요.
이렇게 생각하지 않으려고 하는데, 잘 안 돼요."

- 미카, 14세

완벽주의는 영재뿐만 아니라 많은 사람들이 가지고 있다. 심리학자와 교육자들은 이것이 무엇에서 비롯되었는지 오랫동안 여러 가지 의견을 내놓았다. 완벽주의는 자신이 불러온 것일까, 남이 가져온 것일까? (완벽주의는 자신이 '선택한' 것일까, 아니면 부모님, 선생님 등이 '만든' 것일까?) 원인이 무엇이든, 완벽주의는 성공에 방해가 되며 마음의 평화를 위협한다.

1등이 아니면 안 된다고 생각한다면, 앞으로 훨씬 더 많은 실망이 기다리고 있을 것이다. 완벽한 사람이란 가능하지 않다. 그리고 최고가 된다고 해도 그 자리를 붙잡고 있는 것은 그다지 의미가 없다. 다행히도 완벽주의에 도움이 되는 것이 있다. 상황을 냉정하게 바라보는 의지와 능력만 있으면 된다. 몇 가지 예를 들어보았다.

예1 자신을 100점짜리 학생이라고 생각했는데, 어느 날 처음으로 B+를 받았다. 너무 놀라고, 충격적이고 자신에게 화가 난다.

여기서 잠깐, B+를 받은 과목이 무엇인가? 생물학? AP 수업에 있는 중세 문학? 수업 내용이 새로웠거나 유독 어려웠는가? 그렇다면 영향을 받을 수 있다. 반대로 어떤 영재들은 쉬운 수업에서 좋은 성적을 받기가 더 힘들다고 말하기도 한다. 왜냐면 동기부여가 되지 않아 노력하지 않기 때문이란다.

예2 오랫동안 사람들로부터 대단한 운동선수라는 소리를 들으며 자랐다. 미식축구부터 주짓수까지 참여하는 스포츠마다 이름을 날릴 거라고 기대하며 고등학교 생활을 시작했다.

여기서 잠깐, 모든 스포츠를 다 잘하는 운동선수를 알고 있는가? 올림픽 선수들도 주 종목에 집중한다. 스케이트 선수이기도 하고, 스모 선수이기도 한 사람을 본 적이 있는가? 수영 챔피언십에서 승리한 사람이 축구장에서도 똑같이 뛰어난 능력을 보일 수 있을까?

예3 학생회장 후보로 지명되었다가 낙선했다. 많이 실망했고, 거절당한 것 같아 창피하다.

여기서 잠깐, 수백 명에 달하는 같은 학년 학생 중에서 여러분은 선거 용지에 이름이 오른 두세 명 중 하나였다. 그건 자랑스러워할 만한 일이다. '졌다'와 '2등(3등) 했어' 사이에는 큰 차이가 있다.

완벽주의의 대안으로는 '최선을 다해서 노력하는 것'이 있다. '완벽주의'와 '최선을 다해서 노력하는 것'이 다른 점은 다음과 같다.

1. '완벽주의'는 A가 아니라 B+를 받았다고 자신을 하찮게 생각하는 것이다. '최선을 다해서 노력하는 것'은 새로운 것에 도전한 자신을 자랑스럽게 생각하는 것이다.
2. '완벽주의'는 모든 스포츠를 다 잘하지 못한다고 자신을 심하게 나무라는 것이다. '최선을 다해서 노력하는 것'은 잘할 수 있는 것과 자신에게 좋은 것 또는 즐길 수 있는 것을 선택하는 것이다.
3. '완벽주의'는 학생회장에 뽑히지 못했다고 자신을 자책하는 것이다. '최선을 다해서 노력하는 것'은 후보가 된 자신을 축하해주고, 학생회장을 꼭 해보고 싶다면 내년에 다시 출마하는 것이다.

완벽주의자가 아니라 최선을 다하는 사람이 되려면 어떻게 해야 할까?

★ 완벽주의의 원인이 무엇인지 파악한다.
★ 성공과 실패에 대한 자신의 감정을 재검토한다.
★ 완벽을 강요하는 사람들로부터 자기 뜻을 지켜낸다.
★ 위험을 감수하고 새로운 것에 도전할 수 있도록 자기 스스로에게 잘해주는 법을 배운다.

> "최선을 다하면 학습 동기가 생긴다.
> 완벽해지려고 노력하면 의기소침해진다."
> - 해리엇 브레이커(Harriet Braiker), 임상심리학자이자 작가

완벽주의의 그림자

완벽주의에 매달리는 이유는 두려움 때문이다. 그 두려움은 실패에 대한 두려움이자, 성공에 대한 두려움이다. 이 두 가지는 밀접한 관련이 있다. 하기 싫어서 또는 모두 끝낼 시간이 없어서 회피할 때, 마음속 깊은 곳을 들여다보면 시도했다가 실패하는 것을 두려워하고 있음을 발견할 수 있다. 완벽하지 못할까 봐 또는 실패할까 봐 무섭다는 것은, 실제로는 진짜로 성공할까 봐 두려운 것일 수 있다.

> "실패의 중요성을 강조하고 싶다. 나는 완벽해야 한다고
> 스스로를 몰아붙였지만 그건 건강한 게 아니었다."
>
> - 멜리사, 17세

실패를 어떻게 생각하나요?

영재는 성과를 얻을 것과 뛰어날 것을 강요받는다. 실패 fail 는 네 글자의 알파벳으로 된 단어이다. 이것을 지나치게 심각히 받아들이면, 실패에 대한 두려움 때문에 앞으로 나갈 수 없고 결국 배울 것이 없는 과목과 과제에 갇히게 된다. 선생님이 과제를 선택할 수 있게 해줬는데, 군이 가장 어려운 것을 골라서 (기본적인 것을 했을 때 받을 수 있는) A를 못 받을 위험을 무릅쓸 이유는 없으니까 말이다. 확실한 것만 하는 것이 더 안전하지 않은가? 물론 그렇다. 하지만 그런 안전한 방식은 두뇌 활동을 중단시키고 자신을 바보로 만드는 가장 확실한 방법이다. 그리고 자신의 능력이 어디까지인지 파악할 수 없다.

가장 성공한 사람은 실패를 받아들이는 방법을 알아낸 사람이다. 실패를 감수하고, 예상했던 일로 받아들이고, 실패로부터 배우는 사람 말이다. 이들은 뭔가를 해내려면 실패를 겪어야 함을 잘 알고 있다. 실패로 인해 넘어지지만, 다시 일어나고 다시 나아간다.

자신에게 물어보자. 결과가 완벽하지 않으면 어떤 느낌이 드는가? 원했던 것만큼 해내지 못했을 때 자신에게 뭐라고 해줄 수 있을까? 어떻게 하면 결점 있는 현실을 인정하고 가능성을 존중하는 건강하고 긍정적인 태도를 형성할 수 있을까?

실수의 가치

질문 다음 여섯 가지 물건의 공통점은 무엇인가?

-치즈

-초콜릿칩 쿠키

-코카콜라

-페니실린

-접착식 메모지(포스트잇)

-실리퍼티 Silly Putty(동그란 공 모양으로 만들어 던지면 튀어 오르며 찰흙처럼 여러 가지 형태로 변형할 수 있는 장난감 – 옮긴이)

정답 여섯 가지 모두 실수에 의해 발견 또는 발명되었다. 마크 트웨인Mark Twain에 따르면, 우연은 지금까지 살았던 발명가 중 제일 위대한 발명가다. 샬럿 F. 존스Charlotte F. Jones는 자신의 책《성공한 실패들Mistakes That Worked》에서 우연(반드시 우연일 필요는 없다)은 발명의 어머니라고 했다.

⋯▶ **단순한 실패 그 이상**

토머스 에디슨은 전구에 맞는 필라멘트를 찾기 위해 서로 다른 필라멘트를 1500번 실험해 보았다. 마지막 실험 후, 조수가 "에디슨 씨, 1500번이나 실패했는데 어떻게 생각하나요?"라고 묻자, 에디슨은 이렇게 대답했다. "그건 실패가 아니오. 우리는 이제 맞지 않는 필라멘트를 1500개나 알아낸 것이오."

> "우리는 실수를 하지 않는다. 그저 배울 뿐이다."
> - 앤 윌슨 스캐프(Anne Wilson Schaef), 심리치료사이자 작가

실수가 위대한 이유는 다음에서 더 알아볼 수 있다.

★ 실수는 누구나 겪을 수 있다. 모든 사람은 실수를 한다. 유치원 선생님부터 대통령까지. 지구에 사는 모든 사람들이 모두 겪는 일이다.

★ 실수는 배우고 있다는 증거이다. 수학에서 정리를 잘못 적용했든 잘 보이고 싶은 사람 앞에서 말실수를 했든, 실수는 비슷한 상황이 왔을 때 더 잘할 수 있도록 자신을 채찍질하는 중요한 정보이다.

★ 실수는 새로운 것 또는 다른 것을 시도하고 있다는 뜻이다. 누구든지 처음부터 완벽하게 소화해 낼 수 있는 사람은 없다. 완벽하게 할 수 있는 것만 했다면 걸음마를 뗄 수도 없었을 것이며 글을 읽을 수도, 자전거를 탈 수도 없었을 것이다.

★ 실수를 통해 점점 나아지는 자신의 모습을 볼 수 있다. 처음 배영으로 헤엄치는 모습을 비디오로 찍고, 3개월 동안 수영 레슨을 받은 후 비디오를 찍는다면 훨씬 나아졌다는 것을 금방 알 수 있다.

★ 실수하면서 다른 사람으로부터 배울 수 있다. 보통 영재들은 도움을 청하는 것은 실패를 인정하는 것에 버금간다고 생각한다. 그래서 다른 사람에게 도움을 청하는 것을 꺼리는데, 이는 잘못된 생각이다.

···▶ '실수'를 지나가는 다섯 개의 단계

✦ 1단계: 행동

바보같이 군다. 얼이 빠진다. 엉망이 된다. 망친다. 한마디로 실수를
한다.

✦ 2단계: 창피함

얼굴이 화끈거린다. 운다. 손으로 얼굴을 가린다. 숨는다. 도망간다.
앞으로 평생 사람들이 그 실수를 기억할 거라고 굳게 믿는다.

✦ 3단계: 부정하기 또는 업신여김

실수를 인정하는 것을 거부한다. (예를 들면, 수학 시험을 100점 맞을 수 있
었는데 반 평균이 너무 높아질까 봐 그랬다.) 또는 자신의 실수를 가까운 사
람(언니, 여동생, 누나, 선생님, 강아지)의 탓으로 돌리거나 오히려 실수한
것을 대수롭지 않게 여긴다. (예를 들면, 그래서 뭐? 나도 인간일 뿐이라고!)
하지만 마음속 깊은 곳, 아무도 볼 수 없는 곳에서는 스스로를 '멍청
이'라고 하며 자책한다.

✦ 4단계: 웃음

실수한 후 1분에서 1년까지 걸릴 수 있다. 어떤 실수였는지에 달려
있다. 작은 것들(평소보다 낮은 시험 점수, 파티에서 했던 멍청한 이야기)은 일
주일 정도면 극복할 수 있다. 더 큰 실수(남의 자신감을 짓밟은 일, 부모님
또는 선생님이 절대 해서는 안 된다고 분명히 이야기한 것을 하다가 걸린 일)는
몇 달이 지나야 비로소 미소 지을 수 있다. 그 때가 되어 웃는다 해도
그 실수의 심각성은 전혀 줄어들지 않는다.

✦ 5단계: 받아들이기

이 때에는 진심으로 다시 한 번 "난 그냥 인간일 뿐이야"라고 말한다.
크든 작든 실수했다는 것을 깨닫고 필요에 따라 미안하다고 사과도
한 상태이다. 이와 더불어 실수가 삶의 일부란 것도 알고 있다. 다행
스러운 상태다.

성공을 어떻게 생각하나요?

우리가 가장 두려워하는 것은 자신이 무능하다는 것이 아니다. 오히려 스스로가 대단한 힘을 갖고 있을까 봐 두려워한다. 어둠이 아니라 빛을 가장 두려워한다. 우리는 자신에게 '내가 뭔데 이렇게 멋지고, 아름답고, 재능 있고, 끝내주는가?'라고 생각한다. 그러면 안 되는 이유가 있을까? 자신을 과소평가하는 것은 세상을 위하는 일이 아니다. 남들이 나와 있을 때 불안하지 않게 나 자신을 작게 만드는 것은 전혀 합리적이지 않다. 우리는 빛나기 위한 사람들이다. 내 안에 빛을 비추면, 무의식적으로 다른 사람들에게도 그렇게 하도록 허용하게 된다. 우리가 우리 자신의 두려움에서 벗어나면 우리 존재가 반사적으로 다른 이들을 자유롭게 한다.

- 마리안느 윌리엄슨(Marianne Williamson)의

《사랑의 기적(A Return to Love)》 중에서

작가인 마리안느 윌리엄슨이 쓴 이 글은 남아프리카공화국의 인종차별 정책을 끝내기 위해 용감하게 싸운 넬슨 만델라Nelson Mandela가 1994년 남아공 대통령에 취임할 때 취임식에서 인용한 유명한 문장이다. 만델라는 자유와 평등을 믿고, 인종차별주의를 비롯한 극심한 편견과 싸운 대가로 성인이 된 이후 대부분의 시간을 감옥에서 보냈다. 만델라는 자신이 성공할까 봐 두려웠을까? 그가 정의를 위해 싸우는 동안 목표를 정말로 이루면 어떡하나 두려워했을까? 당연히 그런 생각을 했을 것이다. 왜냐면 승리하게 되면 약속을 지켜야 한다는 사람들의 기대와 압박이 있고, 또 그에 대한 책임을 져야 했기 때문이다.

어떤 일을 잘 해내면 사람들은 계속 잘 해낼 거라고 기대한다. 그리고 만약 성공하지 못한다면? 아마도 높이 올라갈수록 멀리 떨어진다고 생각할지도 모르겠다.

그럼 현실에 좀 더 가까이 와서 이런 경우를 생각해보자. 역사 선생님이 두 달 후에 있을 흑인 역사의 달을 기념해서 아파르트헤이트 Apartheid(남아프리카공화국의 극단적인 인종차별 정책과 제도-옮긴이) 반대 운동에 관한 연극을 연출해보면 어떻겠냐고 제안했다. 선생님의 말씀을 듣고 나는 너무 신이 났다. 감독들이 하는 것처럼 마침 나도 사람들에게 지시하는 것을 좋아하기 때문이다. 그래서 선생님께 하겠다고 말씀드렸다. 의욕이 넘쳐서 열심히 준비했고 연극은 히트를 쳤다.

그때부터 문제가 발생한다. 연극반 선생님이 나보고 연극반에 들어오라는 것이다. 연극반 선생님은 "연극반에 연출을 맡을 사람이 필요하고 이번 연극으로 네 연출 실력은 인정받았다"라고 말하지만, 나는 잘 모르겠다. 이번 연극은 우연히 그렇게 잘된 것 같다. 어쩌면 뜻밖의 행운이었을지 모른다. 아니면 내가 원래부터 아파르트헤이트에 대해 잘 알고 있어서 잘 된 걸지도 모르겠다. 어쩌면 관객들의 인심이 후했던 것 같기도 하다. 하지만 연극반은 미지의 세계다. 결국 일이 잘 되어 가고 있을 때 손을 떼는 게 낫겠다 싶어 연극반 제안을 거절하였다.

> "나를 '거만하다'고 생각하는 사람들이 많았다.
> 하지만 나는 그렇지 않다. 단지 나에 대한 확신이 있을 뿐이다.
> 자신감이 없는 사람들에게 이런 내 성격은 언제나 받아들여지기 힘들다."
> - 베티 데이비스(Bette Davis), 배우

퀴즈를 풀고 내가 성공을 두려워하는지 알아보자. 매우 동의하는 문항에
는 3점, 어느 정도 동의하는 문항에는 2점, 동의하지 않는 문항에는 1점
으로 점수를 기록하자. 문제에 대해 너무 오래 생각하지 말고 머릿속에
처음 떠오르는 생각을 가지고 답하자. 그게 바로 답일 가능성이 가장 크
기 때문이다.

1. 사람들은 나의 성공을 유난히 기뻐한다.
2. 사람들이 나에게 너무 많은 것을 바란다.
3. 사람들은 대체로 내가 하는 것에 나보다 더 만족하고 있다.
4. 내가 이룬 것들은 운이 좋아서 얻은 것이며, 언젠가 운이 떨어질까 봐
   두렵다.
5. 나는 사람들이 생각하는 것만큼 똑똑하지 않다.
6. 성공은 부담이 될 수 있다.
7. 나는 스스로를 기쁘게 할 정도의 성과를 자주 내지 못한다.
8. 새로운 것을 시도해 보느니 차라리 내가 할 수 있는 것을 하겠다.

점수에 따른 결과

🎋 19~24점: 당신은 누구의 인생을 사는가? 자신보다 남을 기쁘게 하
   는 데 급급한가? 훗날 다른 사람이 인생에 개입하지 않게 되면 당신
   은 자신이 선택한 것으로 살아가야 한다. 이제 스스로 자신에게 맞는
   선택을 할 때이다.

🎋 14~18점: 어떤 목표를 우선으로 정할지 아직 고민하는 것처럼 보인
   다. 다른 사람을 기쁘게 할 것인지, 나 자신이 만족하는 것을 택할지,
   이 둘 사이에서 균형을 잡는다면 문제는 없다.

🎋 8~13점: 당신을 '자신감 있다'라고 말하는 사람도 있고, '오만하다'
   고 말하는 사람도 있을 것이다. 당신은 자신의 모습 그대로 살고 있
   으며, 스스로의 성공을 만끽하는 것 같다. 축하한다!

완벽을 따지는 사람들에게 이렇게 말해보자

가끔씩 머리가 좋은 것이 부담스러울 수 있다. 특히 사람들이 내가 얼마나 똑똑한 사람이고 나중에 어떤 사람이 될 수 있고 되어야 하는지 말할 때는 더욱 그렇다. 좋은 뜻으로 하는 말이지만, 그렇다고 부담스럽지 않은 것은 아니다. 아마 그런 사람들에게 뭔가 이야기해주고 싶을 것이다. 지금 느끼는 감정을 말해도 좋지만, 무안하지 않게 예의를 갖춰서 간단명료하게 말하는 것이 좋다. 예를 들어보겠다.

부모님께

★ "제가 A를 받는 걸 좋아하신다는 건 알아요. 하지만 중국어에서 C를 받은 게 다른 과목의 A만큼이나, 어쩌면 그보다 더 열심히 공부해서 받은 성적이라는 걸 이해해주셨으면 좋겠어요."

★ "일반 생물학 수업이었다면 A를 받았겠지만, 엄마 아빠도 제가 수준 높은 수업을 들어야 한다고 하셨잖아요. 지금 많이 배우고 있고, 성적이 그리 좋지 않아도 이 수업을 계속 듣고 싶어요. 저를 믿어주세요."

선생님께

★ "선생님, 제가 매번 답을 알 거라고 생각하지 않으셨으면 좋겠어요. 정답을 항상 알아야 하는 것 같아서 부담스러워요."

★ "선생님, 미적분 수업이 생각했던 것보다 어렵네요. 더 열심히 노력해야겠지만, 항상 제가 최고의 모습을 보여주기만을 기대하시는 것 같아요."

친구들에게

★ "공부를 잘한다고 해서, 주말에도 항상 책에 코를 박고 있거나 컴퓨터에 빠져 있다는 건 아니야."

★ "맞아, 이번에는 성적이 꽤 잘 나왔어. 우리 농구나 한판 하러 갈까?"

확신이 있어야 하지만, 공격하듯 이야기해서는 안 된다. 솔직해야 하지만, 거만한 태도를 보여서는 안 된다. 여러분에게 부담을 주는 대부분의 사람들은 지금 여러분이 어떤 감정을 느끼는지 잘 모를 것이다.

> "천재의 본질적인 특징은 완벽함이 아니라 독창성,
> 즉 새로운 것을 개척하는 것이다."
> - 아서 케스틀러(Arthur Koestler), 배우이자 활동가

⋯▸ 완벽주의를 극복하는 열 가지 방법

1. 하루만이라도 평범해지자. 어지르고, 약속에 늦고, 무엇인가 끝내지 않은 불완전한 상태를 자신에게 허락하자. 그리고 그것을 잘 해내면, 스스로를 축하해주자.
2. 성적이 따로 없거나 평가를 받지 않는 행동에 참여하자. 결과가 아니라 과정을 중요시하는 그런 활동 말이다.
3. 위험을 감수해보자. 어렵기로 유명한 수업을 선택해서 듣거나 모르는 사람에게 말을 걸어도 좋다. 지나치지 않을 정도로만 시험공부와 숙제를 하거나 아침에 늘 하던 일을 바꿔보고, 계획을 짜지 않

고 하루를 시작해볼 수도 있다.

4. 자신에게 하루에 세 가지의 실수는 허용하자.

5. 자신과 대화할 때, '~해야 했어'라는 말을 하지 말고 '~하기로 했다'라는 말로 고치자.

6. 친구와 자신의 약점이나 한계에 관해 이야기해보자. 그런 이야기를 해도 친구가 나를 나쁘게 생각하지 않는다는 것을 알 수 있을 것이다.

7. 자신에 대한 기대치가 너무 높거나 비현실적이라는 것을 인정하자.

8. 예전에 무언가를 해냈던 순간을 즐기자. 그때 얼마나 기분이 좋았는지 글로 써보는 것도 좋은 방법이다.

9. 친구들에게 완벽주의가 '치료'될 수 있도록 도와달라고 부탁하자. 내가 완벽주의 같은 모습을 보이면 친구들이 신호를 보내거나 말해줄 것이다.

10. 사람들과 함께하자. 나 자신과 다른 사람의 결점을 있는 그대로 인정하면 덜 외로워질 수 있다.

완벽주의를 극복하는 데 도움이 더 필요하다면, 선생님, 학교 상담 선생님, 심리학자 또는 사회복지사에게 고민을 이야기해보자. 자신의 상황을 설명하고 조언을 구해보자.

 # 천재는 과연 타고났을까?

영재들이 어렸을 적 자주 겪는 일 중 하나는 어른들이 자신에게 얼마나 똑똑한지 끊임없이 이야기하는 것이다. 초등학교 때 '참 잘했어요' 별표를 많이 받거나 최고 점수를 받은 시험지를 들고 집에 가면 아빠 엄마와 할아버지 할머니가 머리가 좋다며 (좋은 뜻으로) 매우 칭찬한다. 그리고 '어쩜 이렇게 똑똑하니?'라고 말하거나 볼을 꼬집으면서 '머리가 좋아서 나중에 성공하겠다!'라고 기대한다. 그들은 이렇게 똑똑하다고 칭찬하는 것이 완벽주의로 이어지며, 훗날 자신감과 성공을 방해할 수 있다는 것은 몰랐을 것이다.

스탠퍼드대학교 Stanford University의 캐럴 드웩 Carol Dweck 교수는 '사고방식'이라고 자신이 이름 붙인 현상을 연구하여, 반복적으로 다음과 같은 결과를 얻었다. 똑똑하다는 말을 듣고 자란 아이는 어려운 과목 또는 잘 끝낼 자신이 없는 일은 피하는 경향이 있었다. 반면, 열심히 노력한 대가로 보상을 받은 아이들은 실수는 자연스러운 일이며 배움의 일부라는 것을 알기 때문에 복잡한 과제와 활동을 받아들이는 면을 보였다.

다시 지능을 보는 관점을 이야기해보자. 만약 높은 지능이 타고난 것이라면[드웩 교수는 이를 고정된 사고방식(fixed mindset)이라고 불렀다] 그 똑똑함의 아우라를 유지하기 위해 노력하게 된다. 그 방법에는 어렵고 못할 것 같은 스포츠나 공부 또는 인간관계를 피하는 것이 포함된다. 그러나 지능이 노력과 역경을 이겨 낼수록 더 높아질 수 있다는 것을 알게 되면 [드웩 교수는 이를 성장형 사고방식(growth mindset)이라고 불렀다] 처음부터 성공할 수 없을지라도 (앞서 피한다는) 그 일을 맡을 가능성이 더 컸다.

"저는 평생 지금과 같은 수준의 지능을 유지할 것 같아요."
- 이사벨, 11세

"영재로 산다는 건 평생 배우는 일을 그만두지 않을 수 있다는 의미가 조금 포함되어 있는 것 같아요."
- 카를, 17세

···➤ **퀴즈: 당신은 '타고난 천재'인가, '노력파'인가?**

각 문장을 읽고 그에 동의하는지 동의하지 않는지 답해보자.

1. 지능은 태어나면서 주어진 것이며, 평생 동안 그 기본은 변하지 않는다.
2. 새로운 것을 배울 수 있지만, 그것으로 지능이 변하는 것은 아니다.
3. 지금 지능이 얼마이든 간에 그것을 바꾸기 위해서 노력할 수 있다.
4. 지능을 실제로 바꿀 수 있다.

1번과 2번 문장에 더 동의하는가? 그렇다면, '고정된 천재' 또는 '타고난 천재'라는 사고방식을 가지고 있을 가능성이 크다. 3번과 4번 문장에 더 동의하는가? 그렇다면, '성장형' 또는 '노력파'라는 사고방식을 가지고 있을 수 있다. 두 가지 생각을 모두 가지고 있을 수 있지만, 대부분 한쪽으로 기우는 편이다.

사고방식의 영향을 실험해보기 위해, 드웩 박사는 학생들에게 간단하고 글로 표현하지 않아도 되는 과제를 주었다. 이 과제는 성공이 보장된 것이었다. 첫 번째 그룹의 학생들은 과제를 잘 마친 것에 대해

'똑똑하다'는 칭찬을 받았다(다시 말해, 고정된 사고방식). 반면, 두 번째 그룹의 학생들은 과제를 마치기 위해 '열심히 노력'한 것에 대해 보상을 받았다(성장형 사고방식). 그리고 두 그룹의 학생들에게 쉬운 문제와 어려운 문제 중 어느 것을 또 풀어보겠냐고 묻자 재미있는 일이 벌어졌다. 일명 타고난 천재들은 둘 중에 쉬운 것을 택한 반면, 노력파들은 더 어려운 것에 용기를 내었다.

도대체 무슨 일이 일어난 것일까? 이 두 그룹의 차이점은 바로 이것이다. 타고난 천재들은 실패를 (실패한) 그 사람과 동일시하지만, 노력파는 실패를 현상으로 생각한다. 타고난 천재들은 안 될 것 같은 느낌이 들면 그만둔다. 왜냐면 어려운 과제를 끝내지 않으면 아무도 성공 여부를 판단할 수 없기 때문이다. 그러므로 '똑똑하다'는 이미지에는 손상이 가지 않는다. 노력파는 두 그룹 중에서 회복력이 강하며 '처음에 성공하지 못해도 계속 노력한다'는 소신이 있다. 노력파에게는 새롭고 복잡한 것을 배우다가 실수하는 것은 자연스럽고 받아들일 수 있는 일이다.

다시 말해 천재들은 실패로 인해 자존심을 다치지만, 노력파의 자아에는 실패가 아무런 지장을 주지 않는다.

사고방식에 따라 결정도 달라진다

케롤 드웩 박사의 사고방식 이론은 영재 청소년에게 많은 것을 암시한다. 다음의 상황에 대해 잘 생각해보자.

상황1 두 가지 중에서 하나를 선택할 수 있다. 우등 과학 수업에서는 반드시 A를 받는다는 보장은 없다. 반대로 상대적으로 쉬운 과학 수업을 들으면, 내용이 덜 어려워서 조금만 노력하면 A를 받을 수 있다. 어느 과목을 선택할 것인가?

상황 2 그동안 지능과 성적에 대해 칭찬을 받아 왔다. 하지만 진학할 대학을 생각할 때마다 경쟁이 치열한 곳에 원서를 내고 싶은지는 잘 모르겠다. 만약에 떨어지면 어떻게 한단 말인가?

어느 대학에 지원할 것인가? 경쟁이 치열하고 입학이 불확실한 대학? 아니면 덜 힘들고 입학이 보장된 대학?

A를 쉽게 받을 수 있는 수업이나 경쟁이 덜한 대학을 선택하려 했다면, 지금 자신의 지능으로 도전하지 않았을 때 무엇을 놓치게 되는지 생각해보자. 물론 좋은 성적을 받고 괜찮은 학교에 입학할 수 있겠지만, 다른 선택을 통해 더 많은 것을 배우고 경험하고, 기대했던 것보다 더 큰 성공을 거두게 된다면 어떨까? 시도해보지도 않는다면 자신의 진짜 한계를 어떻게 알 수 있을까?

드웩 박사의 연구는 사고방식이 인생의 다른 부분에 어떻게 적용되는지에 초점을 맞추지 않았지만, 위험을 감수해야 하는 상황이 오면 같은 결과가 나타날 것을 논리적으로 예측할 수 있다. 예를 들어, 그다지 만족스럽지 않은 친구나 사람과의 관계가 있다. 이 관계를 유지할 이유는 별로 없지만, 그나마 그 사람들이 금요일에 같이 놀 수 있는 유일한 친구다. 이 관계를 계속 유지해야 할까? 새로운 사람을 사귀는 것은 그들이 나를 받아주지 않을 수도 있으므로 위험을 감수하는 일이다. 하지만 새로운 친구나 협력자를 발견하는 것은 달갑게 받아들일 만한 위험이지 않을까?

"게으름을 피워서 나의 능력을 낭비하거나 노력을 그만두지 않을 거예요. 영재라는 사실은 대학, 직장, 그리고 일상에서 더 노력하게끔 나를 밀어붙여요." - 브리아나, 17세

위험을 받아들이거나 위험을 만들거나

사람들은 위험을 감수한다고 자주 이야기하지만, 실제로 해야 할 이야기는 위험을 만들어 내는 것에 관한 이야기다. 위험을 감수할 때, '감수'라는 단어는 누군가에 의해서 위험이 주어졌다는 의미를 담고 있다. 즉, 나를 믿는 선생님, 코치 또는 부모님이 그들이 중요시하는 것을 내가 했으면 하는 것이다. 위험을 만들 때를 보면, 새로운 것을 과감히 실행하는 데에 제일 관심 있는 사람은 바로 나다. 남들이 뭐라고 하든 간에 '왜 안 돼?'라는 태도로 도전할 수 있는 것이다.

위험을 받아들이기와 위험 만들기를 구별하는 것은 드웩 박사의 연구, 즉 도전에 맞닥뜨렸을 때 어떤 선택을 하느냐에 관한 연구의 핵심을 파고드는 것일 수도 있다. 그러므로 안전한 것만을 원하고 타고난 천재 사고방식에 의존할 때와 노력파의 방식을 택해 패배를 경험하는 것의 장단점을 생각해보자. 결국, 똑똑하다는 것은 지식의 축적보다는 완벽주의에서 벗어나고자 하는 의지와 더 깊은 관계가 있다는 것을 알게 될 것이다.

완벽주의의 함정에서 탈출하다
by 사라 분

이 책을 고른 독자들은 아마도 다른 영재들과 동질감을 느꼈을 것이다. 주변에서 자신에 대한 기대가 높고, 그 기대에 맞추도록 부담을 준다는 것 말이다. 그건 마치 엄마가 자기가 좋아하는 음악으로 가득 채워진 아이팟iPod을 주면서 내가 좋아할 거라고 생각하는 것과 같다. 그건 내가 원하는 게 아니다. 내 문제는 여기에서부터 시작됐다. 나에 대한 높은 기대를 만족시키기 위해 나는 모든 상황과 결과, 사람들의 기대, 그리고 나의 능력을 통제하려고 하는 완벽주의에 빠졌다. 나는 어떻게 해서든 실패하고 싶지 않았다. 주변 사람들을 실망시키고 싶지 않았고, 그들이 내가 영재가 아니라고 생각할까 두려웠기 때문이다!

이렇게 통제하려고 하는 마음 때문에 학습은 물론 일상에서도 문제가 생겼다. 나는 많은 학생들이 A+를 목표로 공부하면서 수단과 방법을 가리지 않는 경우를 자주 목격했다. 그들은 내 사무실에 찾아와 자신이 제출한 답이 명백하게 잘못됐지만, 자기가 이해한 (잘못된) 질문에 의하면 자신의 답이 정답이라는 논리로 점수를 올려 달라고 요구한다. 아니면 내 탓을 한다. 문제에 나온 단어들은 강의 시간이나 교재에서 쓴 단어와 다르다는 것이다. 하지만 다른 학생들에게는 전혀 문제가 없었고, 당연히 오류가 아니다. 이런 학생들은 상황을 통제하려고 애쓰는 것이다. 강의, 시험, 과제, 심지어 나까지. 그 모든 것이 A+를 받아서 영재라는 이름을 유지하기 위한 것이다.

이 학생들이 배우는 것은 정말 무엇일까? 창의력과 상상력을 버리고 단지 높은 점수를 받기 위해 집중하는 이 학생들은 정말 영재일까? 이렇게 한쪽으로만 치우친 완벽주의는 한 사람의 생각에 어떤 영향을 미칠까? 내 경우를 들자면, 나는 새로운 것을 시도하는 것이 무서웠다. 잘하지 못할 수도 있고 실패할 수도 있었기 때문이다. 영재라는 틀에 갇혀서 그 외에 다른 것을 표현할 줄 몰랐다. 왜냐면 그게 다른 사람들이 기대하는 것이었고, 문제를 일으키고 싶지 않았기 때문이다.

독자 여러분도 자신의 생활을 돌아보자. 지금 밴드에서 기타를 연주하고 싶지만 잘 못할 것 같다고 스스로 생각하거나 모든 사람들이 '너답지 않아'라거나 길을 잘못 들었다고 말해서 시도조차 안 하고 있을 수도 있다. 그렇게 완벽주의는 완벽을 원하는 영재성을 짓밟아 버린다.

그렇다면 이 덫을 어떻게 하면 피하거나 빠져나올 수 있을까? 개인적인 경험으로는 그리 쉬운 일이 아니다. 먼저 영재라는 부담을 좀 덜어내는 것에서부터 시작하자. 그리고 영재성을 (자신을 특별하게 만드는) 성격의 한 단면이라고 생각해보자. 성격이 코미디언 같은지 철학자 같은지, 그렇게 생각해보는 것이다. 가장 좋아하는 아이스크림이나 가장 싫어하는 책은 무엇인가? 공부가 가장 잘되는 방법은 실제로 해보는 것, 읽는 것, 상상하는 것 중 어느 것인가? 잔심부름처럼 느껴지지 않고 언제나 즐겁게 할 수 있는 일은 무엇인가? 마당 풀밭 정리, 저녁 준비 돕기, 자동차 수리?

내가 중학생 때는 영재, 일반아, 부진아라는 세 그룹으로 학생들이 나뉘었다. 아무도 중간에 걸쳐 있을 수 없었다. 하지만 누구나 그날의 컨디션, 과목, 선생님, 심지어 아침 식사에 따라 어느 그룹에나 속할 수 있다. 나는 영재라는 것이 어떤 분류 항목이 아니라는 것을 깨달았다. 영재성은 일상의 도전을 어떻게 처리하는지에 달려 있다. 영재는 의욕적이며 호기심과 독창성을 가지고 있다. 우리는 완벽에 도달할 수 없지만, 적응력, 인내, 겸손 등 잘하지 못하는 것을 배우는 인간이다. 이런 것들이 완벽주의나 전 과목 A보다 멀리까지 나아갈 수 있게 해주며, 많은 영재 아이들이 잊고 지내는 것을 가르쳐준다. 바로 이 세상에는 나와 상관없는 것들도 많이 있다는 것이다.

그렇다. 여러분은 영재다. 훌륭하다! 하지만 단지 그것이 자신의 전부가 되도록 만들지 말자. 여러분은 다양한 면을 가지고 있는 멋진 사람이다. 좋아하는 것, 싫어하는 것, 장점과 약점이 있고, '영재'라는 말까지 아우르는 그런 사람이다. 그러니 앞으로는 인생을 즐기면서 영재라는 틀에서 벗어나 자신이 누구인지, 무엇이 중요한지를 찾아보도록 하자.

사라 분(Sarah Boon)
캐나다 앨버타 주의 레스브리지대학교(University of Lethbridge)에서 지리학과 조교수를 맡고 있다.

시간 관리도 배워야 한다

> "시간을 잘 활용하는 사람은 평생 동안 지식과 경험을 쌓을 수 있다."
>
> - 몽테뉴(Michel de Montaigne), 사상가

몽테뉴는 1533년부터 1592년까지 살았던 인물이다. 그의 말을 통해 우리는 시간 관리란 시대를 초월한 주제라는 것을 알 수 있다. 하지만 학교에서는 보통 시간을 관리하는 방법을 가르치지 않기 때문에, 학생 혼자서 이것을 배우고 실천해야 한다. 다행히도 이 주제를 다루는 책과 웹 사이트가 많이 있다. 시간 관리에 관한 자료들을 살펴보며 자신에게 잘 맞는 것이 무엇인지 찾아보자. 그리고 주변에서 시간을 낭비하지 않는 것 같은 사람들에게 어떻게 하면 시간을 잘 쓸 수 있는지 물어보는 것도 좋은 방법이다. 아마도 그 사람들은 여러분에게 도움이 될 만한 조언을 해줄 수 있을 것이다.

그다지 재미있어 보이지는 않겠지만 이미 증명된 전략(목표 세우기, 서류 처리나 이메일 확인을 하루에 한 번만 하기, 할 일 목록을 만들고 우선순위 정하기, 미루지 않기 등)을 시도해보는 것도 좋은 방법이다. 시간 관리는 기계적인 방법이나 순서가 아니라 자신이 얼마나 믿고 있는지에 따라 결정된다. 이러한 믿음이나 가치를 통해 필요한 것을 할 수 있는 힘을 얻게 된다. 다른 사람에게는 잘 맞는 방법이 나에게는 맞지 않을 수 있음을 먼저 명심하고, 들어봤거나 읽어본 적이 있는 방법을 시도해보자. 자신의 학습 스타일, 성격, 에너지, 지능, 필요에 맞는 방법을 한두

가지 찾을 때까지 자신이 무엇을 원하는지에 집중하자.

★ 모두에게 똑같은 시간이 주어지는데, 누군가는 어떻게 다른 사
람보다 훨씬 더 많은 것을 이루어 낼까?

★ 성취란 무엇일까? '효율적인 시간 관리'나 '바람직한 시간 관
리'란 무엇일까?

★ 나에게서 시간을 '뺏는' 것은 무엇일까? (마음을 산만하게 하는 것
을 생각해보자.) 어떻게 하면 시간을 뺏기지 않을 수 있을까?

★ 시간을 매우 꼼꼼하게 썼던 때를 말해보자. 그날 목표를 이루
기 위해서 구체적으로 어떠한 노력을 했는가?

10대의 전자 기기 활용법

현대 사회에서는 온라인 상태일 때나 전자 기기를 사용하는 시간
을 빼고는 시간 관리를 이야기할 수 없다. 정보화 시대의 골칫거리나
고민거리, 그리고 '디지털 원주민 digital native'(컴퓨터, 휴대전화 등 디
지털 기기에 둘러싸여 성장한 세대 - 옮긴이)으로서 겪을 위험에 대해 아마
도 귀가 따갑도록 들어보았을 것이다. 여러분은 자유 시간을 스마트
폰, 노트북, 넷북 netbook, 게임 콘솔, 태블릿PC 또는 데스크톱 컴퓨
터에 묶어 놓았다. 요즘 청소년들은 문자와 인스턴트 메시지 instant
message(메신저 등을 통하여 즉석에서 주고받는 메시지-편집자) 또는 페이스
북, 유튜브 YouTube, 트위터 등에 매 순간 자기 생각을 올리고 있으며,
펜으로 글을 쓰거나 '나중에 보자 talk to you later'라고 길게 말하지 않
는다[대신, 나중에 보자(talk to you later)를 'TTYL'로 줄여서 쓴다-옮긴이].

어른들의 말에 따르면, 청소년들은 이전의 어느 세대보다 더 오랜 시간 동안 전자 기기를 사용하고 있다. 하지만 이것은 편견에 불과하다. 현실적으로 어른이 생각하는 것만큼 청소년들은 그렇게 많은 시간을 온라인에서 보내지 못한다.

진실은 이렇다. 기술이 있어야만 현대 사회에서 성공할 수 있다. 휴대전화와 인터넷에는 부인할 수 없는 장점이 있다. 커뮤니케이션이 편리하며, 세상의 방대한 정보에 쉽게 접근할 수 있다. 그리고 SNS를 통해 여러 형식의 인간관계를 경험하며, 밖으로 드러나는 자신의 모습을 어떻게 관리하는지, 취미와 능력을 어떻게 보여주어야 하는지 배우게 된다. 또 글쓰기나 구도 잡기(사진, 그래픽 디자인 등)도 배우게 된다. 더불어 SNS 사이트에서는 학교, 집 또는 그 어떤 곳에서보다 훨씬 큰 자유를 맛볼 수 있다. 대부분 청소년들은 온라인에서 서로의 권리를 존중하고, 어른보다 또래에게서 뭔가를 배우고픈 동기부여를 얻는다.

이 모든 것들을 포함해, 온라인에서의 시간과 기기 사용이 두뇌와 일상생활에 얼마나 득과 실이 될지는 아직 연구 단계에 있다.

정보의 홍수를 주의하라

한 연구에 따르면, 수신 문자, 이메일, 페이스북 댓글 등에 정신이 지속적으로 분산되면 깊이 있는 생각을 할 수 없게 된다고 한다. 대신 얕게 생각하고 반응에 더 의존하게 된다. 왜 그럴까? 매 순간 프로필을 새로 만들거나 도착한 문자를 읽고 싶은 충동에 반응하면 뇌의 보상 시스템이 활성화된다. 즉, 도파민이나 아드레날린('기분이 좋아지는' 화학물질)이 뇌 속 기쁨을 느끼는 영역에 분비된다. 남의 관심을 받거나 다른 사람에게 정보를 얻었을 때, 기쁨을 느끼는 부분에 도파민이나 아드레날린이 분비되는 것이다. 그리고 이 화학물질이 분비될 때마다 우리 몸은 그것을 점점 더 많이 원하게 된다. 이로 인하여 멀티태스킹multitasking을 하게 되는 것이다. 멀티태스킹이란 문자, 웹 서핑, 게임, 문서 작성, 비디오 보기, 팟캐스트pod cast 듣기 등 여러 가지 일을 한 번에 하는 것을 화려한 용어로 표현한 것으로, 빠른 속도로 하나의 보상에서 다른 보상으로 옮겨 다니는 것을 말한다. 그러는 동안 뇌에서는 늘어나는 정보를 계속 흡수하게 되는데, 이것을 '인지 부하cognitive load'라고 부른다.

뇌에서 기억할 수 있는 용량에 제한이 없다면, 이것은 아무런 문제가 되지 않을 것이다. 하지만 아무리 똑똑한 사람이라도 그런 경우는 없다. 우리 뇌의 컴퓨터는 한 번에 기억할 수 있는 정보의 양이 정해져 있고 인지 부하가 한계에 달하면 이러한 기능에 타격을 입는다. 멀티태스킹을 하고 화학적 보상에 반응하게 되면, 정보는 머릿속에서 실제 지식이 되기도 전에 날아가 버린다.

이런 이유로 남는 지식이 적어지며, 더욱 산만해지고 실수를 많이 하고 비판적인 사고가 발달하지 못한다. 더 나쁜 소식은 휴대전화나 컴퓨터에서 떨어지거나 멀티태스킹으로 호르몬을 얻지 못하면 금단현상처럼 지루함을 느끼게 된다는 것이다.

우리가 할 수 있는 것은?

멀티태스킹을 하다 보면 시각적으로 모든 것이 빠르게 바뀌면서 가끔 어지럼증을 느끼게 된다. 또한, 무엇을 하든 자주 산만해지는 것을 느낄 수 있을 것이다. 이로 인해 과제를 할 때 집중력이 분산되어서 다른 것을 하게 되고, 거기에 또 산만해져서 또 다른 일에 빠지게 되는 것이다.

친구들의 페이스북 페이지를 눈이 아플 때까지 몇 시간 동안 보든, 다리가 저릴 때까지 헤일로Halo(SF 게임 시리즈-옮긴이)를 했든, 어떤 한 가지 일[모노태스킹(monotasking)이라고 부르자]을 할 수 있는 상태에도 우리의 몸과 뇌는 더 이상 할 수 없다는 신호를 보낸다.

여러분의 뇌, 특히 강렬하며 아직 성숙하지 못한 전두엽 피질을 가진 10대 영재의 뇌를 진정시키고 충동적인 행동을 방지하려면, 뇌를 더 많이 의식하고 달래야 할 것이다. 대부분의 인지 부하는 상식적인 행동과 휴식을 통해 피할 수 있다. 컴퓨터를 끄고 플러그를 뽑고 휴대 전화를 장롱 속에 넣어 두고 산책을 하거나 자전거를 타자. 보드게임을 같이 하자고 집으로 친구들을 초대해도 좋다. 무엇을 하든 스크린에서 손과 뇌를 떼어 놓아야 한다.

정말로 온라인을 멀리해야 할 때

★ 숙제하거나 공부를 '꼭' 해야 할 때는 부모님, 형제자매 또는 친구에게 공부하는 동안 전자 기기를 모두 맡기자. 그리고 할 일을 모두 마치기 전까지 돌려주지 말라고 당부하자.

★ 자신이 멀리하고 싶은 웹 사이트가 있다면 친구에게 비밀번호를 바꿔달라고 부탁하는 방법도 있다. 또, '비밀번호 찾기'를 누르고 다시 새 비밀번호를 만들지 못하도록 친구에게 연락처 이메일을 변경해달라고 부탁하자. 다시 사용해도 괜찮은 시기가 오면 친구에게 비밀번호를 요청하면 된다. 우리가 아는 두 명의

학생은 시험 기간 동안 이 방법을 사용하고 있다. 그렇게 주말에만 페이스북을 보고 있다.

★ 또 다른 방법으로는 숙제하거나 공부할 때 특정 웹 사이트에 접근할 수 없도록 블록사이트 BlockSite, 스톱디스트랙션즈 StopDistractions, 셀프컨트롤 SelfControl 등 차단 소프트웨어를 컴퓨터에 설치하는 것이다. 물론 페이스북, 유튜브를 차단해도 의지가 약해지면 차단을 취소할 수 있다. 하지만 그렇게 하려면 컴퓨터를 다시 시작해야 하고 그것이 하나의 걸림돌이 될 수도 있다. 어떨 땐 작은 장애물로 충동적인 행동을 피할 수 있다. 차단 프로그램의 비밀번호를 다른 사람(부모님, 형제자매, 친구)에게 설정하도록 부탁하는 것이다. 그렇게 하면 그 사람을 통해서만 사이트를 비활성화할 수 있게 된다.

★ SNS로부터 휴가를 떠나자. 친구들과 전화나 문자로만 연락할 수 있도록 페이스북이나 트위터에 부재중 메시지를 올린다. 또 다른 방법으로는 모든 SNS를 동시에 탈퇴하는 것이다. 이렇게 하기로 결정했다면 실행하기 전에 중요한 사람들과 연락할 방법을 미리 마련해두자.

★ 마지막으로 자제력이 뛰어나고, 여러분의 온라인 습관을 통제할 수 있는 어른에게 도움을 요청하자. 그 사람과 함께 왜 자신이 그렇게 오랫동안 온라인에서 시간을 보내는지에 대해 이야기해보자. 예를 들어, 가상공간에 숨어서 현실의 문제를 피하고 있는 것은 아닌가? 지금 동기부여가 되지 않고, 외롭거나 우울한가? 인터넷이나 게임 중독에 빠진 것 같은 생각이 들지는 않

는가? 이런 고민을 어른과 나누는 것이다.

이러한 방법이 극단적이고 하기 힘들어 보이겠지만, 나중에 그렇게 한 자신을 칭찬하게 될 것이다. 힘든 과제를 마치거나 시험에서 좋은 성적을 받았을 때, 단편소설을 끝냈을 때, 첼로 모음곡을 완벽하게 마스터했을 때에 말이다!

영재들의 게임 습관

기술과 관련된 모든 것들 중에서 게임은 가장 나쁜 평가를 받는다. 여러분도 게임과 관련된 편견을 알고 있을 것이다. 게이머는 게으르고, 중독되어 있으며, 반사회적이고 확실히 영재가 아니라는 것이다. 하지만 그렇지 않다! 대부분의 비디오게임에서 사용자는 계속해서 판단을 내려야 하고 패턴을 읽어야 하며 목표를 세우고, 자신이 가지고 있는 전략을 바탕으로 게임의 상황에 따라 판단을 수정해나가야 한다. 이런 전략 기술은 현대의 경쟁 사회에서 꼭 필요한 것이다.

사용자들은 심지어 폭력적이며 공격적인 게임에서도 주어진 상황에 맞는 전략을 사용하고 자신이 내린 결단으로부터 하나씩 배워가야 한다. 우리가 실시한 설문 조사에 응답한 학생들이 언급했던 게임에서는 역사를 가르치기도 한다. 예를 들면 〈어쌔신 크리드 Assassin's Creed〉의 배경은 르네상스 시대의 이탈리아이며, 〈포털 Portal〉과 같은 게임을 하려면 물리에 관한 지식이 필요하고, 〈폴아웃 3 Fallout 3〉의 경우 자신이 등장인물과 스토리를 만들어 갈 수 있다.

게임의 윤리에 관한 타당한 우려를 제외한다면, 대부분의 대중적인 비디오게임에는 실제로 교육적인 가치가 존재한다. 어쩌면 국가에서 정한 교육 기준에 들어맞는 것도 있을 것이다. 더욱이 영재들은 많은 게임을 통해 졸업 후의 삶을 준비하고, 또 학교에는 없는 방식의 도전을 경험할 수 있다.

⋯→ '게임하니?'라는 질문에 대한 괜찮은 답변

그들: 너 또 〈모던 워페어 Modern Warfare 〉하고 있니?

나: 음⋯. 사회 숙제하기 전에 몸풀기 게임 한 판만 하는 거예요.

그들: 너 같은 좋은 머리로 할 수 있는 일들이 얼마나 많은지 아니? 그런데 왜 비디오게임을 하는 거야?

나: 게임을 잘하게 되면, 교육, 진로, 인간관계에 확실히 도움이 될 거예요.

(참고로 게임에 방해가 되지 않는다면, 이 시점에서 아래와 같은 짧은 시를 하나 읊을 수도 있다.)

비디오게임

혹독한 현실로부터 나를 데려가 주는 게임

내가 원하는 그런 사람이 될 수 있도록 해주는 게임

내 능력을 시험하고, 주의력을 높이고, 전략을 가르쳐주는 게임

눈과 손의 조정력을 향상시키고, 수학을 가르쳐주고

역사를 알려주고, 외국어를 가르쳐주는 게임

대부분 *RPG, FPS, RTS이고, 지금의 나를 만들어준 것은 게임이다

– 영재 게이머, 14세 –

* RPG = Role-playing game(롤 플레잉 게임),
 FPS = First-person shooter(1인칭 슈팅 게임),
 RTS = Real-time strategy(실시간 전략 게임)

게임의 다른 면을 보여줘라

2장에서 말한 대로 게임은 교육적이고 전략적인 것과 별개로, 창의적인 활동은 아니다. 대신, 다른 사람의 창의적인 활동에 참여하는 것이다. 다시 말해, 프로그래머와 게임 디자이너의 창의적인 활동에 참여하는 것이다. 하나의 게임 속에서 다양한 반응이나 행동을 보일 수 있겠지만, 게임을 하는 사용자로서 여러분은 게임 상황에 갇혀 있다. 그러므로 창의적인 문제 해결이나 적극적인 반응을 보일 수 있는 방법은 제한되어 있다.

따라서 앞서 나온 대화 내용에서 아래와 같이 다르게 대답할 수도 있다.

"알겠어요. 게임하는 시간을 제한하고, 대신 제가 이 게임의 프로그램을 다시 짜보면 어떨까요?" 아니면 더 좋은 대답으로 "제가 게임을 만들어볼게요"가 있다.

다른 (아마도 유능한) 사람이 만든 비디오게임을 마스터하는 데 시간을 보내며 자신의 창의력을 낮추기보다 직접 게임을 만들어보는 것은 어떨까? 단순히 '작동법을 배우기'보다 '획기적인 변화'를 해내는 것이다. 그러면 게임 때문에 부모님과 다투는 것은 남의 일이 될 것이다!

공부 습관을 혁신하라

그 수업이 얼마나 어렵든 쉽든 간에 영재에게 공부 시간은 시간 관리의 일부이다. 그리고 성적에 별로 관심이 없더라도 수업 시간에 배운 정보를 요점만이라도 기억하고 싶을 것이다. 그렇지 않다면 배우는 게 무슨 의미일까?

문제는 공부에 쓰는 시간의 대부분이 시간 낭비일 수 있다는 것이다. 인지과학자들에 의하면, 이제 공부 방법을 바꿔야 할 때가 왔다고 한다. 그동안 대부분의 사람들이 괜찮은 공부 방식이라고 믿고 있던 것이 완전히 잘못되었을 수 있다는 것이다. 어떻게 하면 공부 습관을 바꿀 수 있을지 아래의 방법에 귀 기울여보자.

학습 방법을 바꿔 줄 여섯 가지 공부 습관

1. 환경에 변화를 주자.

일반적으로 학생들은 공부할 수 있는 조용한 공간이 있어야 한다고 생각한다. 하지만 UCLA의 로버트 A. 비요크Robert A. Bjork 박사의 실험에 따르면, 학생들이 장소를 바꾸면서 복습을 했을 때 더 많은 내용을 습득했다고 한다. 예를 들어, 먼로주의(1823년, 미국 먼로 대통령이 처음 제창한 미국 외교 방침으로, 외교상의 불간섭주의를 일컫는다-편집자)에 대해 공부할 때, 어느 날 밤에는 빨간색 벽지를 바른 침실에서 할로겐 불을 켜고 읽고, 이후 토요일 오후에 공원에서 돗자리를 깔고 밝은 햇살과 녹음이 가득한 곳에서 같은 내용을 공부하는 것이다. 이렇게 주변 환경을 바꾸면 공부하는 내용이 더욱 강화되며 더 많은 것을 기억할 수 있게 된다.

- ✦ 가능하면 집(이나 친구 집, 도서관, 공원, 카페 등 집 밖)에 공부할 수 있는 곳을 세 군데 마련하자.
- ✦ 꼭 기억해야 할 것이 있거나 이해하기 힘든 것이 있다면, 다른 장소에서 여러 번 반복해서 복습해보자.
- ✦ 여건상 다양한 공부 장소를 만들기 어렵다면, 현재의 공간을 자주 재배치하자. 조명을 바꾸거나, 늘 앉던 데가 아닌 다른 곳에 앉거나, 가구를 재배치하거나 벽걸이의 색깔을 바꿔보자. 그렇게 해서 그곳에서 공부할 때마다 뇌가 같은 감각을 연관 짓지 못하게 하자. (주의: 너무 과하게 하지는 말자! 매일 밤 가구를 재배치하고 벽의 장식을 바꾸면 가족들이 여러분의 정신 상태를 의심할 수도 있다.)

2. 매번 공부할 것들을 섞자.

사우스플로리다대학교 University of South Florida 와 윌리엄스 칼리지 Williams College 연구진에 의하면, 공부 장소를 바꾸는 것과 더불어 매번 다양한 내용을 섞어서 공부해야 한다. 공부하는 과목은 같더라도 분명하게 다른 것을 같이 공부하자. 예를 들어, 스페인어를 공부한다면, 한 시간 내내 동사 활용에 관해서 공부할 것이 아니라, 20분 동안 단어장을 외우고 20분 동안 회화 연습을 하고 중간에 잠깐씩 휴식을 취하자. 수학의 경우, 같은 유형의 문제를 계속 풀 것이 아니라 문제 유형을 혼합하여 풀 수 있다. 문학의 경우, 한 번에 한 작가의 작품에 몰두하기보다 다양한 작가의 작품을 모아 놓고 시와 소설을 읽는 것도 좋다.

이런 방법으로 공부하다 보면 뇌에게 내용에 접근하는 새로운 방법을 계속 가르치게 된다. 또한, 공부 순서에 따라 더 깊이 있게 공부하는 방법을 찾을 수 있다.

3. 공부 시간에 간격을 두자.

이 내용은 아마도 여러분에게 새로운 것은 아닐 것이다. 바로 '벼락치기를 하지 말자'이다. 새로운 연구를 통해 이 말은 이미 증명되었다. 시험 전날 새로운 정보를 머릿속에 집어넣으면 좋은 성적을 받을 수 있을지는 모르나, 6코스 식사를 5분 동안 입에 쑤셔 넣는 것과 똑같다. 물론 잘 씹어 넘기고 몇몇 영양소가 흡수되었을 수도 있지만 곧 모든 것들이 거의 소화되지 않은 채 '올라올' 것이다. 학습 내용을 천천히 곱씹으면서 받아들이면 그 내용이 더 오랫동안 남고, 또 오래 사용할 수 있다. 어떤 주제를 오늘 저녁에 1시간, 이번 주말에 1시간, 다음 주에 1시간씩 공부하면 장기 기억력을 키울 수 있다. 매번 같은 내용을 복습할 때, 특히 며칠이 지났다면, 뇌는 그것을 다시 배워야 하고 매번 그럴 때마다 좀 더 잘 배울 수 있기 때문이다.

4. 자주 어려운 모의시험을 치르자.

세인트루이스 워싱턴대학교Washington University in St. Louis의 연구에 의하면, 새로운 내용을 배우는 동안 정기적으로 모의시험을 치르면 그 내용을 습득하는 능력이 향상된다고 한다. 시험을 치르는 동안 뇌는 그 자리에서 생각을 꺼내야 하고, 다시 그것을 머릿속 도서관에 '분류한다.' 보통 앞으로 꺼내기 쉬운 형태로 분류해 놓는다. 처음 모의시험을 치를 때 생각해내기가 어려웠던 정보일수록 (즉, 연습 시험이 어려웠을수록) 다음번에 그 내용을 더 쉽게 머릿속에서 떠올릴 수 있다.

5. 학습 방식에 제한을 두지 말자.

지난 몇 년 동안 인기를 끈 '학습방식이론 learning styles theory'에 대해 들어본 적이 있을 것이다. 이 이론에 따르면 모든 학생에게는 자신이 선호하는 학습 방법이 있다. 또한, 시각, 운동, 청각, 언어 중에 하나의 방법을 선호한다고 한다. 물론 학생마다 정보를 받아들일 때 선호하는 특정한 방법에서 더 잘할 수도 있다. 하지만 항상 자신이 좋아하는 방법으로 공부해야 학습 능력이 높아지는지는 불확실하다. 현재 연구에 의하면, 이 이론은 아직 더 검증을 해봐야 한다. 그러므로 만약 정보를 시각적인 방법으로 잘 받아들이더라도 그래프와 그림을 너무 지나치게 사용하지 않는 것이 좋다. 그것보다는 다양한 학습 방법에 자신을 노출시켜야 한다. 강의 내용을 오디오로 듣고(청각), 개념을 몸으로 표현하고(운동), 일기를 써보자(언어). 모든 학습 방식에 대비하는 것이 자신이 선호하는 방법에서만 뛰어난 것보다 낫다.

6. 왜 '그 주제'에는 관심이 없는지 이유를 찾아보자.

관심 있는 것을 잘 기억한다는 것은 놀랍지 않다. 예를 들어, 셰익스피어 팬이라면 《맥베스》의 줄거리를 기억하는 것은 별로 어려운 일이 아닐 것이다. 하지만 관심이 별로 없는 주제에 대해서 기억하기란 쉽지 않다. 이때, 자신과 주제에 어떤 연관성이 있는지 찾아보는 것도 한 가지 방법이 될 수 있다. 고대 문명만 보면 졸음이 밀려오고 온종일 생물 공부만 했으면 하는 마음인가? 그렇다면 둘 사이의 연관성을 찾아보자. 예를 들어, 메소포타미아 문명에서 사용하던 손 도구와 문자에 대해 배우면 인간의 진화에 대한 흥미로운 점들을 발견할 수도 있다.

이렇게 주제를 연결하는 '고리'를 찾게 되면, 호기심이 급상승하게 되고, 지식 습득이 더 쉬워진다.

또 다른 방법은 왜 그 주제에 관심이 없는지 알아보는 것이다. 무엇이 그렇게 진절머리 나게 싫은가? 그 주제가 지루한 이유는 무엇인가? 주제를 보여주는 방식이 싫은 것인가? 흥미로워지려면 어떻게 바꾸면 좋을까? 사실 공부하는 내용만큼이나, 그 내용에 대해 자신이 보이는 반응도 중요하다.

> "학습은 그저 정보나 공식, 날짜, 작가의 이름을 배우는 게 아니에요.
> 학습이란 어떤 지식에 관해 반응하는 거예요.
> 그냥 받아들일 게 아니라, 그것에 대해 '왜', '어떻게'를 생각해야
> 더 잘 배우고 더 많은 것을 얻을 수 있어요."
> - 베넷 레이놀즈(Benet Reynolds), 가우처대학(Goucher College) 3학년

스트레스는 마음먹기에 달렸다

높은 기대, 공부에 대한 부담감, 불안감, 완벽주의, 지루함, 놀림, 다양한 선택, 과잉 간섭, 경쟁, 강렬함을 직면해야 하는 10대 영재로서 아마도 스트레스를 자주 받았을 것이다. 그럼 스트레스의 원인은 무엇이며 어떻게 다루는 것이 가장 좋은 방법일까?

스트레스는 너무 많거나 적을 때 겪게 된다. '너무 많다'에 분류되는 것은 다음의 것들이 있다. 너무 많은 숙제, 다 잘해야 한다는 너무 많은 부담감, 너무 많은 시험, 너무 많은 집안일, '너무 적다'에 분류되는 것들은 이런 것들이 있다. 다 해내기에 너무 적은 시간, 친구를 사귀고 휴식을 취하기에 너무 적은 여유, 해내야 하는 많은 것들 때문에 꿈을 좇기에 너무 적은 기회.

스트레스와 불안의 원인은 다양하며, 10대 영재에게 한정되지 않는다. 머리가 얼마나 똑똑한지와 상관없이 모든 연령의 사람들이 스트레스를 겪는다. 대부분의 스트레스 해소법은 믿을 만하다고 증명된 방법들이다.

하지만 스트레스를 직접 다루기 전에 그 근원을 알아야 한다. 그 근원은 대부분 내면에서 비롯된다. 예를 들어, 어느 금요일에 여러 개의 시험을 치러야 한다고 하자. 이와 같은 상황에 두 사람이 있다. 한 사람은 불안해하고 초조해하며 금방이라도 잘못될 것 같은 기분을 느낀다. 다른 한 사람은 대수롭지 않게 생각하고 "난 최선을 다해서 준비했어. 시험을 열심히 치고 주말을 즐기자"라고 이야기한다. 이렇게 스트레스를 대하는 태도에 차이가 나는 이유는 성격과도 관련이 있다. 어떤 사람은 타고나기를 느긋하지만, 어떤 사람은 그렇지 않다. 또 다른 이유로는 다루기 쉬운 것을 통제하기 때문이다. 즉, 스트레스의 근원을 정면으로 맞설 수 있느냐 하는 것이다.

어떤 일 때문에 불안할 때, 잠시 떨어져서 H·A·L·T 전략을 사용하자. H·A·L·T 전략이란 배고픈지 Hungry, 화나는지 Angry, 외로운지 Lonely, 피곤한지 Tired 스스로 진단해보는 것이다. 만약 스트레스의 이유가 지난 일주일 동안 카페인 음료와 빵에 의존했거나 일주일간 영화 〈아바타Avatar〉 러닝타임보다 적게 잤기 때문이라면 해결 방법은 명백하다. 건강에 좋은 음식을 먹거나 소파에 누워서 낮잠을 좀 자는 것이다.

화가 났다면 무엇 때문인지 정확하게 알아내자. 다른 과목의 숙제는 상관없이 숙제를 산더미같이 내주는 선생님들 때문에 화가 났는가? 친구들과 놀고 싶은데 부모님이 공부하라고 다그쳐서 짜증이 났는가? 3주 전에 내준 리포트를 결국 막판에 쓰고 있는 나 자신에게 화가 난 것인가? 왜 화가 났는지 근본 원인을 찾게 되면, 어떤 것을 통제할 수 있는지 스스로에게 한번 물어보자. 선생님일까? 그렇다면 선생님들은 필요하다고 생각되면 '언제나' 시험 계획을 세운다는 점을 알아두자. 부모님일까? 그렇다면 잠깐 놀다 오더라도 새로운 마음으로 공부를 열심히 하겠다는 것을 부모님에게 설득한다면 통제할 수도 있을 것이다. 나 자신일까? 정답이다! 계속 미루기만 한 자신을 한 대 쥐어박고 할 일을 하자. 분노는 해결 방법을 알게 되면 가장 잘 처리할 수 있다. 분노가 안에서 곪으면, 언제 터질지 모르는 물집 같아지고, 물집만큼이나 결과가 지저분해질 수도 있다.

만약에 지금 느끼고 있는 화가 그냥 지나가는 게 아닌 것 같다면 어떨까? 나 자신이나 다른 사람 또는 어떤 것에 화가 난 게 아니라면? 그 상황이 심각하다면 믿을 만한 사람과 이야기를 나눠봐야 한다. 계속되는 깊은 분노는 가볍게 넘길 것이 아니다. 만약 처리하지 않고 내버려 둔다면 우울증이나 폭력적인 행동과 같은 심각한 문제로 이어질 수 있다.

외로움 때문이라면 쉽게 처리할 수도, 반대로 그렇지 못할 수도 있다. 최근에 시간을 같이 보내지 못한 친구가 있다면 조만간 그 친구들과 연락해보는 것도 좋을 것이다. 시간을 정하고 그 약속을 지키자. 그리고 돌아와서 상쾌해진 마음으로 다시 공부에 임하자. 만약 친구들이 놀 때 같이 끼고 싶었지만 거절당했거나 나를 이해하는 사람이 없는 것 같아서 외로웠던 것이라면, 그 스트레스는 오래갈 수 있다. 그런 상황이라면 배려심이 많은 어른에게 도움을 청해야 한다. 도움을 요청하는 것 자체만으로 스트레스가 일어날 수 있겠지만, 결과적으로 현재보다 상황이 훨씬 나아질 것이다.

이 장에서 우리는 살면서 겪는 다양한 것들을 통제하는 여러 방법에 대해 배웠다. 여러분에게는 기대를 잘 견뎌내고, 자신에게 필요한 것을 사람들과 이야기하고, 위험을 받아들이고(또는 만들어 내고), 성공 또는 실패를 겪으며 자신과 자신의 성공에 필요한 능력에 대해 배울 수많은 기회가 있다. 삶을 받아들이고 이끌어 가는 것은 나에게 달려 있다!

"살아간다는 것은 스트레스에 반응하는 과정이다."
- 스탠리 J. 사르노프(Stanley J. Sarnoff), 의학 연구원이자 작가

즐거운 학교 만들기

대부분의 학생은 학교에서 좋은 경험을 하고 싶어 한다. 배울 점이 많고, 의미 있고, 흥미롭고, 즐길 수 있는 그런 경험 말이다. 일반 학생들에게는 이런 경험을 제공하는 괜찮은 학교들이 많이 있다. '일반 학생'을 강조하는 이유는 가격 효율성 때문이다. 대규모 기부금이나 부유한 후원자가 있는 일부 사립학교를 제외하면, 공립학교는 자금이 많지 않고 또 많아지기도 힘들다. 학교에서는 모든 것을 할 수 있는 자금이 없으므로 가진 것으로 최대의 효과를 내려고 한다. 그래서 창의력이 낄 수 있는 자리가 별로 없다. 게다가 영재 학생들은 장애 또는 학습 장애가 있는 (특별한 돌봄이 필요한) 학생들 사이에서 등한시된다. 낙오 학생 방지법이나 장애인교육법 IDEA(Individuals with Disabilities Education Act)과 같은 법은 일반 학생들의 상황은 나아지게 했을지 몰라도, 영재들에게는 그렇지 못했다. '영재는 모든 것을 가졌다'라고 생각하고 따로 관심이 필요하지 않다고 넘겨짚는 것도 한몫했다. 과도한 업무에 시달리는 선생님은 1학년 수준의 책도 읽지 못하는 4학년 학생과 8학년 수준의 책을 읽는 4학년 학생을 만났을 때, 아무래도 전자의 학생에게 집중하게 된다(충분히 이해한다).

"어떻게 하면 학교에서 지루함을 이겨 낼 수 있나요?" - 로스, 17세

이 시나리오를 수학, 과학, 역사 등에 적용하면 영재 학생들이 왜 학교가 지루하고, 쓸모없고, 배울 것이 없다고 말하는지 알 수 있다.

12학년이 되면 그동안 1만2천 시간 이상을 학교에서 보낸 것이다. 수학 천재가 아니더라도 이 시간을 공상, 손가락 싸움, 손가락 물어뜯기,

머리카락으로 장난하기, 다리 흔들기, 낮잠, 문자 등으로 보냈으리라는 것을 짐작할 수 있다.

영재들에게 필요한 것은 영재들의 사고력에 맞는 교육이다. 스파르타식이나 대단한 것이 아니라, 그저 다음의 것들을 원하는 것이다.

설문 조사에 따르면…

응답자 중 50%가 선생님이 어떻게 해야 유연하게 행동하는지 알고 싶어 했다. (예를 들어, 알고 있는 내용에 대한 시험을 빼주거나, 반복된 숙제가 아닌 새로운 숙제를 내주는 것)
응답자 중 49%가 고등학교에서 대학교 학점을 미리 이수할 수 있는지 알고 싶어 했다.
응답자 중 46%가 영재 학생의 법적 권리에 대해 더 알고 싶어 했다.

* 개인별 속도에 맞춘 학습
* 알고 있는 내용은 뛰어넘을 수 있는 자유
* 흥미 있거나 심화된 내용
* 간단한 사고력 이상을 요구하는 추상적 개념에 대한 학습
* 관심사와 학습 능력이 같은 학생과 함께 수업 듣기
* 실생활에 적용할 수 있는 선택 과목

학생들은 정신을 집중하는 방법을 찾지 못하면 지루함을 느끼게 된다. 지루해지면 하지 않던 행동을 하게 되고, 성적이 떨어지거나 자퇴를 한다. 자퇴란 졸업 전에 학교를 그만두거나 (예를 들어, 더 의미 있다고 생각되는 곳에서 일하거나) 학교에 대한 모든 것을 마음속에서 내려 놓는

것이다.

이러한 포기는 뇌의 호르몬 작용에 의해 실제로 일어난다. 연구에 의하면, 학생 스스로 준비된 학습 수준보다 낮은 것들을 반복적으로 배우게 되면, 뇌는 학습에 참여하거나 반응하지 않는다고 한다. 뇌에서 최적의 학습을 위해 필요한 도파민, 노르아드레날린, 세로토닌 등의 신경 화학물질을 분비하지 않는 것이다. 따라서 결과적으로 무관심해진다.

 # 똑같은 교육과정은 좋지 않다?

교육 과정 표준화와 이를 측정하는 시험은 영재들이 느끼는 지루함과 연관이 크다. 그 역사를 간략하게 살펴보자.

미국 헌법에서는 교육을 의무화하지 않고 있다. 건국 이후, 미국의 의무 교육은 각 주에 달려 있었다. 이로 인해 수세대에 걸쳐 법이 뒤죽박죽되었고 교육 성취도가 전국적으로 균등하지 못했다. 하지만 낙오학생 방지법이 통과되면서 각 주에서는 모든 학생을 대상으로 매년 어학과 수학에 대한 시험을 실시하도록 의무화되었다. 이 법은 모든 주의 모든 학생의 성취도를 높이고자 하는 정책 중 하나였다. 이러한 노력은 일부 성공을 거두기도 했지만, 각 주의 기준이나 평가는 아직까지 하나로 정해지지 못했다. 이에 최근 연방 정부에서는 새로운 기준을 설정했다. '공통 교육 과정 CCSS(Common Core State Standards)'이라 부르는 이

기준은 대부분의 주에서 실행되고 있다. 간단히 말하자면, 지난 10년 동안은 (가능할지 모르겠으나) 교육과정이 하나로 정해질 가능성이 가장 높은 상황이었다. 하지만 이 때문에 어떤 대가를 치르게 되었을까?

공통 교육을 우려하는 사람들은 이로 인해 학교에서 다룰 수 있는 유일한 주제는 시험에 나오는 내용뿐이며, 교사들이 '시험을 위한 교육'을 할 수밖에 없다고 비판한다. 이들의 우려는 다음과 같다. "교육 과정을 하나로 합치면 수업이 더 쉬워지고, 덜 창의적이게 되지 않을까? 학생이 개인적으로 흥미를 느끼는 것이 있다 해도 학년말 시험에 나오지 않아서 못하게 되는 것은 아닐까? 예를 들어, 시각 예술과 같은 표준화되지 않은 과목은 등한시되지 않을까?"

공통 교육을 지지하는 사람들은 이것이 교사가 혁신적인 교육 방법을 포기하도록 할 만큼 구체적인 기준은 아니라고 주장한다. 어학과 수학이 각 주와 전국의 기준이기는 하나, 다른 과목의 중요성을 간과하지 않는다는 것이다. 또한, 이 두 개의 핵심 과목을 통해서 배우는 것들은 역사, 고고학, 물리, 법의학 등 수많은 영역을 이해하는 데에 꼭 필요한 것이라고 주장한다.

공통 교육이 교육 시스템을 뒤흔들지 판단하기는 아직 이르다. 하지만 이것만큼은 분명하다. 빨리 그리고 쉽게 배우는 영재라면, 다른 학생보다 학습 기준에 더 먼저 도달할 수 있다. 따라서 다른 학생의 진도를 따라가다가 무관심, 학습 부진 또는 공부에 완전히 흥미를 잃을 수 있다. 그렇게 된다면, 이 문제를 스스로 해결해야 하며 (자신에게 맞는) 높은 수준의 수업을 받을 권리를 행사해야 한다. 즉, 영재에게 맞는 기준을 스스로 만들어야 한다.

학습 부진아였던 나

by 엘리자베스 채프먼

내 이름은 엘리자베스이고, 현재 학습 부진아에서 벗어나는 중이다.

어릴 적 사람들이 "커서 뭐가 되고 싶니?"라고 물어보면, 나는 평범하게 대답하지 않았다. 대신, 화학자나 선생님이 되고 싶다거나, 우주 비행사나 의사 또는 스파이가 되고 싶다고 했다. 만약에 부모님을 좀 놀라게 하고 싶으면, 프리랜서 아티스트가 되고 싶다고 했다. 하지만 진짜 되고 싶었던 것, 아무에게도 말하지 않았던 대답은 바로 대단한 사람이 되고 싶다는 것이었다!

나는 아주 어릴 적부터 헤라클레스, 율리우스 카이사르, 레오나르도 다빈치, 엘리자베스 1세, 퀴리 부인, 닐 암스트롱 Neil Armstrong(1969년 인류 역사상 처음으로 달에 발을 디딘 미국의 우주 비행사-편집자), 조지아 오키프 Georgia O'Keeffe(20세기 미국의 대표적인 화가-편집자)에 빠져 있었다. 책 속의 유령들은 나에게 "인간은 대단한 일을 할 수 있다!"라고 소리쳤다. 10대가 지나가기를 꾹 참고 기다린다면, 나도 세상을 비범한 방법으로 바꿀 수 있을 거라고 생각했다.

그렇게 10년이 지난 후, 나는 흉측하게 생긴 싸구려 플라스틱 졸업 가운을 어깨에 걸치고 주차장 가운데에 서 있었다. 겨드랑이 밑에 학생회장과 학교의 거의 모든 특별활동에 참여했음을 인정하는 증서가 한 아름 들어 있었고, 입술 사이에는 우수 성적 표창 리본이 끼어 있었다. 나는 명치끝에서부터 깊숙이 내가 성취하지 못한 것 같은 불만감을 느꼈다. '모범생'이라고 외치는 듯한 상장이 한 아름 있었지만, 진실은 그게 아니었다. 나는 제출 전날에서야 리포트를 썼고, '공부'란 한 학기에 교과서를 두세 번 정도 펴보는 것을 의미했다. 고등학교 졸업식에서 스스로 해냈다고 뿌듯해할 거라는 예상은 보기 좋게 빗나갔다.

나는 졸업 가운, 상장, 메달, 졸업장을 내 차 트렁크에 사정없이 던져 넣으면서 스스로에게 이렇게 말했다. "내가 할 수 있는 게 뭐가 있는데? 모든 것이 너무 쉬웠던 게 내 잘못은 아니잖아." 그리고 고속도로를 씽씽 달리자 내 생각은 처음 고등학교에 입학해서 모든 게 낯설었던 때로 돌아갔다.

사회 선생님은 반에 들어와서는 투박하게 손뼉을 쳤다.

"자, 이제 3주 후면 한 학년이 끝난다. 그동안 열 개의 장을 모두 다루어야 돼. 한국전쟁부터 보겠다."

우리는 책을 폈다.

"그럼, 오른손을 들어서 첫 페이지를 가려봐."

우리는 혼란스러워하며 서로 얼굴을 바라봤지만, 곧 선생님의 말씀을 따랐다.

"이제 이 주제에 대해 모두 가려냈구나."

선생님은 그렇게 말하고는 자신의 말장난에 껄껄 웃었다.

"한국전쟁에 대해서는 안 배우나요?" 한 학생이 항의했다.

"한국 사람이 아니니까 한국전쟁에 대해서 몰라도 돼."

교실 뒤에서 누가 손을 번쩍 들었다.

"저 한국 사람인데요."

"아…. 그럼 넌 이 장을 혼자서 읽어봐라."

불행히도 이것은 예외가 아니라 학교생활 대부분에 해당했다.

우울하고 실망스러운 고등학교 졸업식 후 1년이 지나고, 나는 대학 우등반 역사 세미나에 참석했다. 이곳에서는 한국전쟁이 베트남전쟁에 초래한 영향에 대해 발표하고 있었다. 나는 발표 준비에 30분씩이나 공들였고, 발표 노트에서 눈을 떼고 긴장한 채 올려다보며 말했다. "한국은 중국과 매우 가까워서 중국 지도부가 자국과 가까운 한국 일부 지방에 미국이 주둔하는 것을 막으려고 하는 것은 당연했습니다."

"중국과 국경을 마주한 한국의 지역을 의미하는 건가요?" 한 학생이 물었다. (한국과 중국이 국경을 마주했나? 그건 나도 몰랐는데!)

"하하. 맞아요. 제가 말하려던 게 그거였어요. 중국과 국경을 마주한 한국 지역이요." 반 전체가 아시아 지도를 한 번도 본 적 없다고 의심하는 듯한 눈초리로 나를 쳐다봤다. 피가 뺨으로 솟구치면서 핀으로 얼굴을 찌르는 것 같았다. 30분 후에 나는 가방에 책, 공책, 펜과 함께 수치심을 싸 넣었다. 고등학교 역사 선생님이 설명을 잘 안 해주었을 거라는 생각과 함께, 역사 선생님은 창피해서 홍당무가 되지 않았을 거라는 생각이 들었다.

그래서 집에 가서 인터넷으로 지도의 동쪽 반구를 찾아보고, '대단한' 사람이 되는 것은 완벽한 평점을 받거나 원하던 대학에 입학하거나 엄청난 경력을 쌓는 게 아니라는 것을 배웠다. 사람들이 나에게 정말 대단하다고 평가서를 써주거나, 내 이름이 새겨진 작은 유리 조각상을 주거나, 대학에 들어갈 수 있는 자금을 줄 수도 있다. 이런 것들은 참 좋지만, 노력해야 되는 이유는 아니다. 셰익스피어는 "연극 한 편 히트했으니 됐어. 대중이 이미 나를 사랑하고 있잖아. 지금 일을 그만두는 게 나을 것 같아"라고 절대 말하지 않았을 것이다.

어릴 적 나의 영웅들은 사회가 세운 기준과 기대에 대항하면서 영원한 생명을 얻은 것이 아니다. 스스로 세운 기준을 넘어서면서 얻은 것이다.

15년 후, 엘리자베스의 후기

운 좋게도 나는 선생님이 되었다. 영재를 위한 선생님, 즉 이제 영재 프로그램 관리자가 되었다. 현재 친구들은 법학대학원이나 의과대학을 졸업한 뒤 취직하였다. 그리고 내 월급에 두세 배를 더 벌고, 법인카드로 호화로운 식당에서 식사하고, 회의에 참석하기 위해서 국내외로 출장을 다닌다. 하지만 나는 친구들이 조금도 부럽지 않다. 왜냐면 똑똑하고 감수성이 풍부하며 창조적인 젊은이들과 함께 일할 수 있기 때문이다. 제대로 된 교사라면 모두 그렇게 이야기할 것이다. 실감하지 못할 수도 있으나, 누군가는 아침에 일어나서 굉장한 기대를 갖고 직장에 출근하는 이유가 바로 영재 때문이다.

지난번 에세이를 썼을 때, 나는 학생일 때 경험했던 영재성과 공부에 관해 다루었다. 이번에는 교사로서 내가 알게 된 것을 이야기하고 싶다.

여러분의 목표가 자신이 마주할 가장 의미 있는 도전이다. 우리는 표준 시험의 시대에 살고 있고, 이것이 없어진다고 장담할 수 없다. 여러분은 12년을 대부분 시험 준비를 위해서 보내야 한다고 해도 과언이 아니다. 그 시험은 여러분의 성적을 측정하기에는 일정한 기준이 없고, 또 수준이 낮다. 선생님, 교장 선생님, 심지어는 또래 학생들이 이 시험을 굉장히 대단한 것으로 생각하지만, 실제로 세상에는 사지선다형 문제는 없으며 가장 높은 점수도 제한되지 않는다.

부모님이나 선생님이 상황을 바꿀 때까지 기다리지 말자. 스스로 책임져야 한다. 이 책을 읽는다는 건 여러분이 이미 올바른 길을 가고 있다는 것이다. 자신을 지지해 줄 수 있는 영재 커뮤니티를 온라인에서 찾아보자. 또한, 전국 어디에서나 참여할 수 있는 학습의 기회를 찾아보자. 그리고 나중에 무엇을 하고 싶은지 알아보고 주변의 어른들에게 도움을 청하자.

엘리자베스 채프먼(Elizabeth Chapman)

텍사스 주의 영재 우등생 프로그램인 텍사스 인문학 리더십 아카데미(Texas Academy of Leadership in the Humanities)에서 관리자로 일하고 있다. 그녀는 지난 4년간 웹스터 교육 비전 아카데미(Webster Academy for Visions in Education)에서 자신이 학생 때 이 책의 이전 판으로 배웠던 수업을 가르쳤다.

⋯ 영재가 뭔가 배우기 위해, 학교에서 무엇을 바꿔야 한다고 생각
하나요?

"교육과정을 좀 더 유연하게 바꿔줘야 해요. 제가 경험한 바로는 학교에서는 영재가 교과 내용을 다 알고 있어도 진급하는 것을 매우 꺼려요. 따라서 영재들이 자신의 지식을 증명하고 더 나아갈 수 있는 어떤 제도가 마련돼야 합니다." - 카밀, 18세

"모든 선생님은 일반 교실에서 어떻게 영재를 가려내고, 가르쳐야 하는지 교육을 받아야 해요. 주와 연방 차원에서 말이죠." - 에릭, 13세

"수업 시간에 온라인 강의를 들을 수 있게 해줘야 해요."
  - 애나, 13세

"제 생각에는 고등학교에 들어가면, 영재 프로그램은 거의 유명무실해지는 것 같아요. 정기 모임이나 프로젝트 같은 것이 없어져요. 영재 프로그램을 계속 운영한다면 영재에게 도움이 될 거예요."
  - 캐서린, 17세

"수업 시간에는 전문가의 생각이 아니라 학생의 아이디어에 초점을 맞춰야 합니다. 문학 수업에서 학생들에게 시를 분석하라고 할 것이 아니라, 자신의 시를 짓고 그것을 분석하도록 해야 합니다."
  - 그램, 16세

"여행이나 다른 학습 방법의 기회가 많았으면 좋겠어요. 생각의 틀에서 벗어나는 것들을 해보면 좋겠습니다."

- 로건, 15세

"특이한 재능을 계발하는 것을 격려해줬으면 좋겠어요. 제 생각에 수학과 과학은 아주 많이 다뤄지지만, 그 외의 재능도 키워야 한다고 생각해요." - 사샤, 15세

"학교에 야외 교육 기회가 많아져야 합니다. 저는 대자연과 가까운 마을에 살고 있고, 자연이 얼마나 중요한지 잘 알고 있거든요."

- 리암, 14세

"개인별 학습에 중점을 두어야 합니다. 영재성은 매우 방대한 영역인데, 학교에서는 모든 영재를 한곳에 묶어 놓고 있어요. 각각의 사고력을 키우는 데에 초점을 맞춰야 한다고 생각합니다." - 마리오, 17세

"시험해봐야 해요. 불가능한 것을 우리가 얼마나 잘해내는지 알아봐야 해요. 제가 다니는 영재 프로그램의 가장 큰 문제점은 그 프로그램보다 제가 더 많은 걸 할 수 있다는 거예요! 그래서 두 개의 프로그램에 등록할 수 있도록 해줘야 해요. 성적은 필요하다면 평가하지 않아야 하고요."

- 그레이스, 13세

"보통 수업 시간에 비디오를 본 후, 집에서 연구해보고 보고서를 쓰는데, 그 반대로 해야 된다고 생각해요. 저는 힘든 일은 머리가 상쾌한 낮에 해야 한다고 생각해요."

- 제나, 17세

영재의 권리를 주장하는 4단계 방법

자신만의 기준을 만들고, 거기에 맞춰 바꾸려고 노력하기 전에 영재 학생으로서 도전할 수 있고 수준에 맞는 교육을 받을 수 있는 (주법에 따라 인정받은) 법적 권리를 알아두는 것이 좋다. 그렇다면 권리는 언제나 인정받고 존중받을 수 있을까? 불행히도 그렇지 않다. 그럼에도 불구하고, 영재의 권리는 그것을 충족시켜 주는 첫 번째 단계이다.

영재 자신이 속한 교육 프로그램을 바꾸고 싶을 때 다음의 네 가지 단계를 활용해 볼 수 있다.

1. 나의 권리가 무엇인지 알아보자.
2. 내가 무엇을 원하는지 파악하자.
3. 원하는 것에 우선순위를 매기자.
4. 나의 전략을 긍정적으로 전달하자.

1단계: 나의 권리가 무엇인지 알아보자

도움을 주는 선생님이나 생활지도 선생님이 있다면, 학교에서 누릴 수 있는 학생의 권리에 대해 물어보자. 이러한 것 중에 공식 문서로 정해진 것이 있는지 찾아보고, 있다면 복사본을 요청하자.

주, 학군, 일부 개별 학교에는 교육 목표와 목적을 설명하는 공식적인 이념, 사명, 정책이 있다. 일부에는 영재나 유능한 학생들의 요구 사항이 구체적으로 들어 있다. 자신이 해당하는 주의 정책을 데이비드슨

기프티드.davidsongifted.org 에서 찾아볼 수 있다.

다음은 영재 학생에게 초점을 둔 정책의 두 가지 예다.

···▸ **정책 1**

미네소타 주 법령

미네소타 주 법령, 부문 120B.15 영재 및 유능한 학생 프로그램 Gifted and Talented students program 섹션 (a)와 (b)에 의해 학군과 차터스쿨 charter schools(공공 예산으로 운영되는 자율형 공립학교-편집자) 은 영재 및 유능한 학생들을 선발하고, 이 학생들에게 교육을 제공하는 프로그램을 지역적으로 개발 및 평가할 수 있다. 또, 학생들이 흥미를 끄는 교육 프로그램에 접근할 수 있도록 교사 교육을 실시할 수 있다. 법령에서는 학생들을 평가 및 선발하는 절차를 채택하도록 지역에 가이드라인을 제공한다.

섹션 (c)에서는 학군과 차터스쿨에서 영재 및 유능한 학생들이 학습 촉진 수업을 위한 절차를 밟도록 지도한다. 여기에는 촉진 수업에 대한 학생의 준비 수준과 동기 평가, 교육 과정과 학습에 대한 필요성 등이 포함된다. (지역에서 미네소타 주 법령 부문 120B.15와 일치하는 모범 사례를 반영하여 정책을 실행할 수도 있다.)

학군과 차터스쿨은 영재 및 유능한 학생을 위한 재정 지원[미네소타 주 법령, 부문 126C.10 부분 2 (b)]을 통해 학생 1인당 조정된 한계 비용 AMCPU의 12배를 받을 수 있으며 다음과 같은 사항을 실행하여야 한다.

1. 영재 및 유능한 학생을 선발한다.
2. 영재 및 유능한 학생들에게 교육 프로그램을 제공한다.
3. 영재 및 유능한 학생들의 특별한 요구 사항을 가장 잘 충족할 수 있도록 교사 교육을 제공한다.

캘리포니아 주 교육법

교육법 EC(Education Code) 섹션 52200 – 52212에 의해 승인된 영재 교육 GATE(Gifted and Talented Education) 프로그램을 통해 캘리포니아 공립 초·중학교의 영재 및 유능하다고 확인되는 학업 성취도가 높거나 부진한 학생들에게 특별한 교육 기회를 전개할 수 있도록 지역 교육 당국 LEA(Local Education Authority)에서 재정 지원을 해야 한다. 경제적으로 불이익을 받고 있거나 다양한 문화적 배경을 가진 학생들이 이러한 기회에 전적으로 참여할 수 있도록 특별한 노력을 반드시 기울여야 하는 것이다.

LEA는 영재 및 유능한 학생들을 위한 프로그램을 운영할 수 있다. 이 프로그램에는 특별 수업, 파트타임 그룹 수업, 클러스터 cluster 그룹 수업이 포함된다. GATE 교육과정에서는 정규 수업에 통합·차별화된 학습을 계획하고 준비하며, 핵심 교육과정과 관련된 차별화된 활동으로 확장 또는 보완할 수 있도록 하고 있다. 이 활동에는 개인 맞춤 수업, 학습 촉진 수업, 고등 교육, 심화 수업 등이 포함된다. 영재 및 유능한 학생들을 위한 모든 프로그램에는 공연 예술과 시각 예술 분야에 창의력과 재능을 가진 학생을 위한 프로그램도 포함된다. 이 프로그램에 참여하는 모든 LEA는 GATE 학생들에게 적절한 기본 교육과 함께 가이드라인인 학습 사항을 전달하는 데에 교육 과정의 일부를 집중해야 한다.

영재들이 다니는 학교를 잘 알아보면, 이미 권리의 일부 또는 모두가 대변되고 있음을 알 수 있다. 즉, 학군에서는 이미 학생들의 필요에 맞는 교육을 제공할 의무를 알고 있는 것이다. 물론 문서상에서만 그러하더라도 말이다. 중요한 문제는 이것이다. 무언가가 진행되고 있다면, 현실적으로 '어떤 것'이 진행되고 있냐는 것이다.

학교의 목표를 읽으면서 표어들에 집중해보자. 몇몇 학군의 목표에서 발췌한 샘플 표어는 다음과 같다.

학계의 인정 · 가장 높은 지적 잠재력에 도전 · 사회 변화 · 잠재력에 상응 · 창의적 개발 · 차별화된 학습 경험 · 심화 · 평등한 기회 · 기회 확장 · 독자적인 독립성 · 학생의 필요와 관심을 충족 · 예방 전략 · 적절한 교육과정 · 학문적 추구 · 사회적 추구 · 우수성에 대한 기준 · 학생 탐구 · 우수한 능력 · 취약지역 인구

이렇듯 학교의 상황을 알아보고 난 후, 즉 실행되고 있는 것이 무엇인지 파악하고 난 후에는 다음 단계로 넘어갈 수 있다.

2단계: 내가 무엇을 원하는지 파악하자

다음의 질문은 여러분이 선생님과 행정 담당자에게 무엇을 물어야 할지 계획하고 정확하게 표현하는 데 도움이 될 것이다. 먼저 누구를 접촉해야 하는지 생각해보자.

힌트: 무언가를 바꿀 만한 힘이 있는 사람을 만나야 한다. 예를 들어, 영향력 있는 선생님, 교장 선생님, 교육과정 코디네이터 또는 장학사 등이 있다.

1. 현재 잘 시행되고 있는 (교육적인) 것들은 무엇인가요?

　(다른 사람의 도움으로 뭔가를 바꾸려면, 좋은 점부터 말하는 것이 좋다.

일반적으로 학교는 그리 나쁜 곳이 아니다.)

2. 현재 잘 시행되지 않는 (교육적인) 것들은 무엇인가요?

(구체적으로 말하자.)

어떻게 바뀌어야 학교생활이 더 의미 있고, 알맞으며, 흥미롭고, 동기부여가 될까요? (다시 한 번 말하지만 구체적으로 말하자. 예를 들어, 이미 알고 있는 걸 배우는 것이 지루하다면, 지식을 시험으로 증명하고, 수업 대신 원하는 프로젝트나 활동을 할 수 있도록 허락을 구해보자.)

3단계: 원하는 것에 우선순위를 매기자

학교에서 바뀌었으면 하는 (구체적인) 문제를 한두 가지 선택하고 글로 남기자. 제안서 형태로 쓰는 게 도움이 되었다는 학생들도 있다. 제안서를 통해 선생님께 진지하게, 계획을 짜는 데 시간과 노력을 기울였고, 학교에서 모든 걸 해줬으면 하는 게 아니라는 것을 보여줄 수 있다.

제안서를 쓸 때는 명확하고 간결하며 쉽게 이해할 수 있도록 쓰자. 이렇게 하면 선생님에게 큰 인상을 남길 뿐 아니라, 협상의 여지도 줄 수 있다. 다음의 개요를 사용해서 생각을 정리해보자.

제안서

1. 목표: 학교에서 바뀌었으면 하는 것

2. 단계: 목표를 이루기 위해 계획한 것

3. 수단: 목표를 이루기 위해 필요한 사람과 물건

4. 걸림돌: 목표를 이루는 데 방해가 되는 사람과 물건

5. 보상: 목표를 이뤄서 얻고자 하는 것

4단계: 나의 전략을 긍정적으로 전달하자

교육의 효과적인 변화를 이끌고 싶다면 사용해야 할 중요한 도구가 또 있다. 선생님과 관리자들은 칭기즈칸처럼 행동하죠 사람의 요구는 진지하게 들어주지 않을 것이다.

다른 무엇보다 중요한 것은 잘난 척하지 말고, 협력하려는 태도를 보여주는 것이다. 공격자가 아니라, 협력자의 모습을 보여주어야 한다. 대부분의 교사들은 학생들을 돕고 싶어 한다. 교사라는 직업을 택한 이유 중 하나가 바로 학생들을 돕고 싶어서이다. 그 점을 인정하고 존중한다면 교사와의 문제를 쉽게 해결하고, 상당한 보상을 얻을 수 있다. 교사를 내 편으로 만드는 것만큼 좋은 것도 없으며, 도움을 얻는 것은 그리 어렵지도 않다. 약간의 외교적인 태도와 교사도 인간이라고 의식하는 의지만 있으면 된다.

잘난 척하는 공격자는 승자와 패자가 생기는 상황을 만든다. 전선에서는 후퇴란 있을 수 없다. 반면, 협력자는 함께 문제를 인식하고 이해하며, 그리고 그것을 해결하기 위해서 다른 사람들을 받아들인다. 또, 공격하거나 탓하기보다는 명확하고 직접적으로 이야기한다. "이런 일이 일어나고 있는데, 제 생각은 이래요. 그래서 대안으로 이렇게 했으면 좋겠습니다. 선생님은 어떻게 생각하시는지 알고 싶어요."

우리가 아는 교사 한 분은 이렇게 말했다.

"학교에서 뭔가를 가르친다는 건 지루해질 수도 있고, 가끔은 아이들의 동기부여를 위해 스스로 팔방미인이 되어야 한다는 마음이 들어요. 학생이 위협적이지 않고 도와달라는 식으로 접근하면 저는 아이들의 아이디어를 환영합니다. 그럼 제 부담이 덜어지죠, 저도 인간인데요. 하지만 학교가 지루하다고 하는 말에는 어떻게 대처해야 할지 잘 모르겠어요. 특히 아무런 대안 없이 불만만 늘어 놓으면요."

접근 방법을 고려하지 않고는 원하는 것을 모두 이룰 수는 없다. 불행히도 일부 교사들은 자신이 학생들의 보스라고 생각한다. 학생들이 공격적인 말을 버리고 웃으며 다가가면 교사들 역시 잘 받아들여 줄 것이다.

> "저는 일반 수업이나 영재를 잘 모르는 선생님의 수업을 듣게 되었을 때 어떻게 해야 할지 궁금해요." - 매리, 16세

선생님에 대해 공부하기

변화에 관한 아이디어를 제시할 때, 상대방을 아는 것이 도움이 된다. 선생님을 화나게 하는 행동은 무엇인가? 선생님은 영재 학생을 어떻게 생각하는가?

교사가 영재를 가르치다 보면 밝히고 싶지 않은 것을 밝혀야 할 때가 있다. 바로 약점을 보이는 것이다. 영재 아이들을 잘 가르치는 교사는 (가끔) 학생들에게 실수를 지적받아도 받아들인다. 이러한 교사들은 자신이 모르는 걸 알고 있는 아이가 있다는 걸 깨닫고 열린 마음으로 남의 의견을 경청한다. 하지만 이것이 쉬운 일은 아니다. 교사들은 '내가 가르치려는 것을 이미 알고 있는 학생들에게 어떻게 해줘야 할까?'

라는 의문을 가지고 있다.

어떤 교사는 영재처럼 똑똑한 학생에게 겁을 먹거나 위협을 느낀다. 이것은 영재가 문제라기보다 교사의 자신감과 자존심의 문제이다. 또, 일부의 교사는 자신보다 '어떤 것'을 더 많이 아는 학생이 있을 수 있다는 것을 절대 받아들이지 못한다. (여기서 '모든 것'이 아니라 '어떤 것'이라고 한 것을 명심하자. 영재 학생의 재능이 뛰어날지는 모르나, 교사에게는 학생에게 없는 것이 있다. 바로 연륜이다. 어쩌면 지혜도 가지고 있다.) 이런 교사가 담임이 되면 어떻게 해야 할까? 정중하게 존경하는 모습을 보여야 한다. 그리고 배울 자세를 갖춰야 한다. (교사와 구체적으로 이야기하고 싶다면, 뒤에 나올 '선생님과 대화할 때를 위한 열 가지 조언'을 참고하자).

앞서 엘리자베스가 에세이에서 이야기한 것처럼 영재를 포함한 모든 학생을 생각하면서 아침에 일어나 출근하는 사람도 있다. 이러한 사람들은 학생을 가르치는 것을 명예롭게 생각하고, 그들에게서 무언가를 배운다. 여러분은 영재를 환영하고, 격려하고, 더 나은 방향으로 이끌고, 존중하고, 친절하게 대하고, 이해하고, 심지어 감사해하는 훌륭한 선생님을 알고 있을 것이다. 이런 분들에게 직접 또는 편지로 감사의 인사를 전하는 것도 좋을 것이다. 저자들은 솔직히 (그리고 겸손하게) 그런 편지를 몇 번 받아 봤다. 정말 큰 감동이었다. 여러분도 누군가의 하루를 기쁘게 만들어보자!

···› 좋은 선생님과 훌륭한 선생님의 차이는 무엇인가요?

"좋은 선생님은 재미있고 흥미롭게 수업을 해요. 훌륭한 선생님은 이렇게 하면서 다른 학생보다 뛰어난 학생에게 배울 기회를 줍니다. 모든 학생이 같이 성공할 수 있도록 도와주는 거죠." - 에단, 13세

"훌륭한 선생님은 학교생활이 창의적이고 재미있도록 아이디어를 많이 내요. 그리고 교과서를 읽으라고 하기보다는 모든 학생이 그것을 이해하는지 확인하지요."
- 에단, 12세

"관계의 문제인 것 같아요. 훌륭한 선생님은 학생들과 친해지려고 더 많이 노력해요."
- 시몬, 17세

"훌륭한 선생님은 자신이 가르치는 과목을 학생들이 사랑하도록 만들 뿐 아니라, 그 과목에 대해 깊이 공부하는 사람입니다. 훌륭한 선생님은 우리의 열정에 '불'을 지펴 줍니다." - 케네디, 12세

"훌륭한 선생님은 반 전체를 좀 더 소규모로 만들어 개인적인 관계를 만들어요. 학생들과 얘기를 나누고, 필요할 때 도움을 주고, 학생 스스로 공부할 수 있도록 해줍니다." - 하이디, 16세

"훌륭한 선생님은 학생이 어떤 분야에 뛰어나지 않더라도 영재일 수 있다는 걸 이해하는 사람입니다." - 아사드, 11세

"영재나 장애인 학생에게는 조금 다르게 수업하는, 친절하고 엄한 선생님이 완벽한 선생님입니다." - 조슈아, 11세

"훌륭한 선생님은 학생을 있는 그대로 봐주고, 모든 학생과 선생님이 잘 배울 수 있도록 노력합니다!" - 보, 18세

···▸ 선생님과 대화할 때를 위한 열 가지 조언

많은 학생들은 선생님이나 행정 담당자에게 어떻게 이야기하면 좋을지 잘 모르겠다고 말한다. 다음은 학생들이 좀 더 쉽게 대화를 나눌 수 있도록 몇 가지 조언을 적은 것이다.

1. 약속 시간을 잡자.

약속을 잡는다는 것은 선생님께 내가 진지하고, 또 선생님이 바쁘다는 점을 이해한다는 걸 보여준다. 선생님께 얼마나 시간이 필요할지 말씀드리고 유연하게 행동하자. 그리고 절대로 약속 시간에 늦어서는 안 된다.

2. 같은 생각을 하는 학생들과 함께 선생님을 찾아가자.

숫자에는 힘이 있다. 같은 이야기를 여러 명에게 듣게 되면 선생님은 그 일을 해결하려고 할 것이다.

3. 선생님과 만나기 전에 어떻게 말할지 차분히 생각하자.

종이에 질문과 걱정되는 부분을 써보고, 이야기하고 싶은 것을 목록으로 작성해보자. 목록을 한 장 복사해 가서 선생님과 같이 보며 조언을 얻을 수도 있다. (아니면 선생님이 먼저 보도록 미리 전달할 수도 있다.)

4. 잘 생각하고 말하자.

예를 들어, "리포트 쓰는 게 너무 싫어요. 너무 지루하고 시간 낭비예요"라고 하기보다는 "다른 방법으로 성적을 평가할 수는 없을까요? 비디오를 만드는 것은 어떨까요?"라고 이야기하자. '지루함'이라는 단어 자체를 사용하지 말자. 그 단어는 부정적이며 선생님의 신경을 건드리기 때문이다.

5. 선생님이 모든 것을 해줄 거라고 기대하지 말자.

오히려 먼저 제안해보자. 추천할 만한 자료도 준비하자. 선생님은 학생 스스로 주도하는 행동을 인정해줄 것이다.

6. 재치 있게 행동하면서도, 선생님을 존중하자.

선생님도 감정이 있다. 그리고 면담의 목적은 대화이지, 대립이 아니다. 이것을 기억한다면, 선생님도 더 긍정적인 반응을 보일 것이다.

7. 선생님의 잘못이 아니라 내가 필요한 것에 집중하자.

나에 대해 많이 알려줄수록 선생님에게 더 많은 도움을 받을 수 있다. 선생님이 방어적인 태도를 갖게 되면, 학생에게 별로 도움을 주고 싶어 하지 않는다.

8. 들어야 한다는 것을 기억하자.

이상할 수 있으나 사실이다. 많은 학생들은 듣는 연습이 필요하다. 면담의 목적은 나 혼자 말하기 위한 것이 아니다.

9. 유머를 잃지 말자.

농담을 말하는 게 아니라, 스스로에 대해 웃을 수 있을 것을 말한다. 즉, 자신이 오해하고 실수했던 부분에 대해서 웃어넘길 수 있는 그런 유머 말이다.

10. 면담이 별로였다면, 다른 어른에게 다시 이야기해보자.

여기에서 말하는 '성공'은 승리했다는 의미가 아니다. 선생님이 내 요청을 거절했다고 해도 면담은 잘 끝날 수 있다. 진실한 대화를 나누었다면, 다시 말해 열린 마음으로 열심히 듣고 서로의 생각을 존중했다면, 면담을 훌륭하게 마쳤다고 자신을 칭찬해주자. 만약 면담의 분위기가 매우 딱딱하거나 면담하는 내내 마음이 계속 심란했다면(혹은 무례하게 행동했다면), 그때는 다른 어른에게 이야기해보자. 조언을 하나 더하자면, 생활지도 교사, 영재 프로그램 코디네이터, 나를 지지하는 믿음직한 선생님에게 도움을 요청하자. 도와줄 사람을 찾으면 다시 그 선생님에게 면담을 요청하자.

선생님이 거절하면 어떻게 해야 할까?

이제 내 권리가 무엇인지 알았고, 합리적인 제안서도 마련했고, 선생님께 명확하고 정중하게 말씀도 드렸다. 그런데 아무런 효과가 없을 수 있다. 가장 꼼꼼하게 준비한 계획도 '무자비한 선생님' 앞에서는 잘 통하지 않을 때가 있다. 하지만 아직 포기하지 말자! 선생님이 어떻게 말씀하셨는지에 따라 (그리고 자신의 에너지 수준에 따라) 다음의 '일반적인 거절'에 몇 가지 반박을 해볼 수 있다.

선생님 말씀	내 대답
너무 많은 걸 예외로 해줄 수는 없어.	ㅇㅇㅇ를 할 수 있다면 많은 아이들에게 도움이 될 거예요.
항상 이렇게 해왔어.	알아요. 좋은 이유가 있었겠죠. 하지만 이걸 한 번만 해보고 잘 안 되면 다시 예전처럼 돌아가면 안 될까요?
그렇게 하면 수업이 난리가 날 거야.	그런 일은 일어나지 않을 것 같아요. 제가 정말 관심 있는 아이들로 위원회를 만들 수 있어요. 위원회에서 수업이 난장판이 되지 않도록 규칙을 정할게요. 난장판이 된다면 기회를 뺏기는 거라고 합의를 볼게요.
넌 전 과목 A를 받는데 그걸로 만족할 수는 없니? 뭘 더 원하는 거야?	전 과목 A를 받고 있긴 하지만, 더 많은 것을 배우고 싶어요. A보다 더 높은 성적을 받을 수 있다면요. 가능성을 생각해주세요. '하지 못할 건 없어'라고 말씀하셨잖아요. 저는 목표를 더 높이 잡고 싶은데, 그러려면 선생님 도움이 필요해요.

만약 아무것도 통하지 않는다면 어떻게 해야 할까? 모든 이야기를 다 거절당한다면? 그렇다면 이제 노력을 그만하고, 바꿀 수 없는 것도 있다는 사실을 받아들여야 한다. 살면서 자리를 통해 힘을 얻는 사람들을 보게 될 것이다. 즉, 책임자라는 이유만으로 나에게 이것저것 시킬 수 있다는 뜻이다. 합리적이지도 공정하지도 않지만, 그냥 그런 것이다. 숨을 깊이 들이쉬고, 선생님께 시간을 내주셔서 감사하다고 인사드리자. 이런 상황이 잠시뿐이라는 데에 안도하자. 한 학기가 평생을 갈 것 같지만 그렇지 않다.

폴 앤더슨 선생님이 쓴 다음의 에세이를 보고, 수업을 (긍정적으로) '방해'하고 바꾸는 것을 생각해보자.

"교육은 강압적이고, 또 참여할 수 없을 때가 너무 많아요.
저는 배우고 싶은 걸 많이 찾아냈고, 거기에 많이 참여하기로
스스로 다짐했어요." - 에린, 15세

파괴적인 사람이 되자

by 폴 앤더슨

어린 시절, 나는 듀얼 카세트 녹음기로 '믹스 테이프'를 만드는 데 많은 시간을 썼다. 굉장히 시간이 오래 걸렸지만, 결과물에 매우 만족했다. 이후 휴대용 CD 플레이어가 탄생하고, 그 후 아이팟이 나오면서 믹스 테이프는 더 이상 필요하지 않았다. 음악 재생 목록을 만드는 데 드는 시간은 몇 분에 불과하다. 아이팟은 카세트 플레이어를 대체했을 뿐 아니라, 음악을 듣는 방법을 완전히 바꿔버렸다.

작가인 클레이턴 크리스텐슨Clayton M. Christensen은 이런 형태의 기술을 '파괴적disruptive'이라고 했다. 방향을 전환하면서 기술을 발전시키고, 그것을 사용하지 못하는 사람에게는 부정적인 영향을 미친다는 것이다. 교육계는 한동안 같은 곳에 묶여 있었다. 진정한 변화란 부모님, 선생님, 그리고 학습과 직접 연관된 학생들에게서 나올 수 있지만 학생들은 교육 개혁에서 큰 혜택을 보지 못했다. '파괴적인' 학생들이 논쟁의 방향을 바꿔 우리를 이끌어 나갈 수 있다.

많은 선생님은 수업에 방해가 될 수 있다며 파괴적인 학생들을 두려워한다. 물론 이런 학생의 태도에 문제가 있을 수 있지만, 내가 아래에서 말할 학생들은 그렇지 않았다. 나는 지난 17년간 교직에 있으면서 꽤 많은 영재 학생을 가르쳐 보았다. 하지만 그들 중 소수만이 세상을 크게 바꿀 수 있었다. 이 몇 안 되는 학생들이 모든 학생과 다른 이유는 그들이 파괴적일 수 있기 때문이다.

파괴적인(DISRUPTive) 학생의 일곱 가지 특징

D는 바람(Desirous)

영재라고 해서 반드시 공부로 성공을 거두는 것은 아니다. 만약에 영재반과 열정반 중 하나를 선택하라고 한다면, 나는 후자를 선택할 것이다. 공부에서 성공하려면 충분한 시간 동안 공부할 의지가 있어야 한다. 심리학자인 앤더스 에릭슨Anders Ericsson에 의하면 한 분야의 전문가가 되려면 수천 시간 연습을 해야 한다고 한다. 음악, 스포츠 그리고 학문에 이 법칙이 적용된다.

'1만 시간의 법칙'은 말콤 그래드웰Malcolm Gladwell의 《아웃라이어Outliers》라는 책에서도 강조되었다. 재능만으로 할 수 있는 것은 제한되어 있으며, 간절함이 없다면 필요한 시간만큼 연습할 수 없다. (이를 위해) 우선해야 할 방법은 열정적인 학습자가 되는 것이다. 이런 경우, 어떤 과목에 대한 흥미 여부와 상관없이 앞으로 받을 모든 수업을 잘 헤쳐 나갈 수 있을 것이다.

I는 독립(Independent)

좋은 성적을 받으려면 교사보다 앞서 나가야 한다. 절대 그날 배울 것에 대해서 잘 모르는 상태로 수업에 들어와서는 안 된다. 처음 보는 것에 대해서는 똑똑한 질문을 할 수가 없다. 나는 이 중요한 사실을 대학에 들어갈 때까지 몰랐다. 그래서 내 학생들에게는 모두 알리려고 노력하고 있다.

기술 발달에 의해 우리가 배우는 방식도 바뀌고 있다. 나는 지난 4년간 유튜브에 강의를 올리고 있다. 아직도 세계의 많은 학생들이 보내는 반응에 놀라곤 한다. 유튜브를 통해 5년간 정규 수업에서 강의했던 것을 하루 만에 강의하고 있다. 이처럼 인터넷을 사용할 수 있다면 우리는 모두 인류의 지식에 접근할 수 있다. 이 기회를 놓치지 말자. 예습해 놓으면, 평생 공부에서 성공으로 보상받게 될 것이다.

S는 진심(Sincere)

학교를 더 나은 곳으로 만드는 데에 진심 어린 관심이 없다면, 이 에세이를 그만 읽어도 된다. 학교는 학습자인 여러분을 위해 만들어졌다. 학교가 지루하다면 전적으로 선생님의 탓일 수도 있다. 하지만 여러분이 적극적으로 변화를 이끌어 수업이 나아지게 할 수 있다. 수업 시간에 재미있는 질문을 해서 대화를 끌어가볼 수도 있고, 토론을 보완해줄 추가 정보를 가져갈 수도 있다. 수업을 따라가기 힘들어하는 학생이 있다면 스스로 도와줄 수도 있다.

나는 학생들을 잘 파악하는 편인데, 아무래도 내 수업에 진짜 관심을 갖는 학생에게 더 많은 애정이 간다. 만약 수업이 재미있다면 선생님에게 재미있다고 이야기하자. 재미가 없다면 더 재미있어지도록 노력해보자.

R은 관계(Relational)

대부분의 선생님이 진심으로 아이들을 좋아해서 그 직업을 선택한다. 또, 많은 선생님들은 학생들을 만나면 젊게 살 수 있다고 말한다. 나는 학생들의 눈을 통해 수업 내용을 새롭게 바라보게 된다. 선생님과 좋은 관계를 맺는 것은 그렇게 어렵지 않다. 하지만 페이스북에 친구 신청은 하지 말자. 적절한 행동이 아니다. 수업 시간 전이나 후에 선생님에게 말을 걸면 된다. 선생님에게 수업에 관심이 있고, 도움을 드리고 싶다고 이야기하자. 내게 수업이 끝나고 학생이 와서 "감사합니다. 정말 많은 도움이 되었어요"라고 말하는 것만큼 보람된 것은 없는 것 같다.

U는 쓸모(Useful)

진정으로 잘 가르치고자 하는 교사에게 하루는 너무 짧다. 나는 수업 시간만큼 수업 준비를 한다. 학생들이 도와준다면 이 부담은 훨씬 줄어든다. 학생들의 도움은 매우 다양하다. 비커를 닦아 주거나, 유인물을 정리하는 등 다양하다. 또한, 수업 보조를 해주는 학생도 있다.

나는 '무들Moodle'이라는 수업 관리 시스템을 사용한다. 몇몇 학생에게 선생님 권한을 주었고, 이 아이들은 대단한 일을 해냈다. 노트를 정리해서 올리고, 팟캐스트, 위키wiki(인터넷 사용자가 공동으로 내용을 편집할 수 있는 웹 사이트-편집자), 연습 퀴즈도 올려 놓은 것이다. 다른 학생들이 수업을 재미있게 느끼고 또 쉽게 배울 수 있도록 자발적으로 한 일이다. 나는 아이들이 할 수 있는 일에 늘 놀라움을 느낀다.

P는 프로(Professional)

프로는 특정한 분야에서 특별한 교육을 받은 사람이다. 이 정의에 따르면, 학생 역시 프로가 될 수 있다. 학생들은 내 수업에 들어올 때쯤이면, 프로가 되어 있어야 한다. 프로 학생은 자신이 맡은 일에 매우 진지하다. 이 학생들은 언제나 수업 준비가 되어 있고, 보통 동기부여가 되어 있다. 이 아이들에게는 일반 학생들보다 더 높은 수준의 행동과 윤리 기준이 있다. 나는 프로 학생들에게는 더 많은 시간과 에너지를 투자할 수 있다. 왜냐면 날 실망시키지 않을 것을 알기 때문이다.

T는 교사(Teacherly)

학위를 가지고 있긴 하지만, AP 생물학 수업을 하기 전까지 나는 분

자생물학의 개념에 대해 진짜로 이해하지 못했다. 어려운 개념을 학생들에게 설명하기 위해서는 교사가 그 개념을 확실하게 이해하고 있어야 한다. 또, 그 개념을 다양한 방법으로 설명할 수 있어야 한다. 그리고 참을성, 호응, 이해심을 보여야 한다. 교직은 학습이라는 주기에서 가장 높은 단계이다. 수업을 잘 따라오지 못하는 학생을 개별적으로 가르치다 보면, 그 개념에 대해서 확실하게 알게 된다. 그러면 수업이 더 수월해진다. 만약 수업 시간에 좋은 성적을 받는다면, 선생님에게 개별 지도에서 가르치는 역할로 참여할 수 있는지 물어보자.

나는 초등학교에 다닐 때 영재 판정을 받았고, 심화 활동을 위해서 네 명의 친구들과 매주 만나 시간을 보냈다. 이 활동을 무척 즐겼던 것으로 기억한다. 하지만 친구들로부터 '영재성' 때문에 놀림받았던 것도 생각난다. 솔직히 말하자면, 지금 내가 말하는 것들을 그때 실천했다면, 일반 수업에서도 영재 프로그램만큼 좋게 느꼈을 것이다.

오늘날의 영재 학생들은 교육 개혁에서 긍정적인 역할을 맡아야 한다. 다른 역할을 맡는 것은 디지털 세상에서 아날로그 메시지를 전달하는 것과 같다.

폴 앤더슨(Paul Andersen)
몬태나 주 보즈먼의 보즈먼 고등학교에서 과학과 AP 생물학을 가르친다. 그는 2010년 몬태나 주 올해의 교사상을 받았고, 2011년에는 후보에 올랐다. 교육위원협의회(National School Boards Association)의 '지켜봐야 할 20명'에서 기술 리더로도 지명되었다. www.bozemanscience.com에서 그에 대해 더 많이 알아볼 수 있다.

다른 선택을 할 수 있다면

> "나는 절대로 내 공부에 학교 교육이 방해가 되지 않도록 했다."
> - 마크 트웨인, 작가

> "나의 환경에서 내가 얻을 수 있는 것을 취해야 한다."
> - 토니 모리슨(Toni Morrison), 작가

학교가 영재 학생을 위해 특별히 만들어진 곳은 아니지만, 학교 안에서 똑똑한 학생들이 혜택을 받을 수 있는 조항들이 많이 있다.

초등학교에서 풀 아웃 pull-out [또는 센드 아웃(send-out)이라고 함] 프로그램에 참여한 적이 있을 것이다(풀 아웃 프로그램은 영재 학생을 위한 특수 학습을 말한다-편집자). 그렇다면 매주 영재들과 모여서 더 높은 수준의 프로젝트나 수업을 같이 했을 것이다. 물론 일주일에 한 번만 영재인 것은 아니지만, 이 프로그램을 즐기고 재미있었다고 기억하는 학생들이 많다. '화요일의 영재'가 되는 것이 한 번도 영재가 되지 않는 것보다는 낫지 않을까?

중학교에는 풀 아웃 프로그램이 많지 않다. 그리고 고등학교에 가면 영재 프로그램과 비슷한 것을 보는 게 키웨스트 Key West (미국 플로리다 주 남서단의 섬-옮긴이)에서 눈이 내리는 것을 보는 것보다 힘들다. 하지만 아주 묘하게도, 적절한 교육을 받을 수 있는 최고의 기회는 바로 중등교육을 통해서이다. 학교 안팎에는 다양한 선택이 있다. 그중 몇 가지를 알아보도록 하자.

앞지르기

자동차의 가속 페달이 속력을 올려주듯, 가속과 관련된 용어가 있는 여러 가지 규정은 그와 똑같은 역할을 한다. 가장 강력한 가속 방법은 '월반'이다. 월반이라는 제도는 매우 긍정적인 영향을 미친다고 증명되었지만, 많은 교육자와 부모들은 이것을 못마땅하게 여긴다. 생각해보면, 유치원을 네 살에 입학했다면 사실상 월반을 한 것이다. 또는 초등학교 5학년 때 중학교 1학년 배치고사를 봤다면 월반을 한 것이다.

다른 형태의 가속은 좀 더 미묘하며 다음과 같은 것들이 포함된다.

- ★ 과목별 가속: 예를 들어, 고등학교 1학년 때 3학년 수업을 듣는 것

- ★ 교육과정 단축(telescoping): 또는 교육과정 압축 compacting 이라고도 부른다. 학년 초에 시험을 봐서 대수학Ⅱ를 건너뛰고, 바로 기하학 수업을 듣는 것

- ★ 시험을 통한 학점 인정: 아는 것에 대해 계속 수업을 듣지 않고, 시험을 치러서 고등학교 졸업 학점을 인정받는 것

심화 프로그램

학교의 심화 프로그램(우등 프로그램 또는 영재 프로그램이라고도 부름)은 정규 교육과정을 대체하거나 확장하기 위해 만들어졌다. 심화 프로그램의 목표는 높은 수준의 사고, 즉 발산적 사고 및 평가적 사고, 문제 해결 능력, 창의성을 가르치는 것이다. 이것들을 가르칠 방법으로는 토의 및 토론, 연구 또는 모의실험 등이 있다.

백투백 수업(맞대기 수업)

새로운 프로젝트의 재미에 푹 빠져들 때쯤, 종소리에 그만 정리해야 했던 적이 있는가? 수업을 연달아 잇는다는 것은 집중적으로 긴 시간의 수업을 만드는 것이다. 이렇게 하면 교사와 학생은 50분 수업보다 시간과 노력이 많이 소요되는 것들을 할 수 있다. 백투백 수업 back to back class[더블 블록 스케줄(double-block scheduling)이라고도 함]을 통해 선생님은 다양한 교육 방법, 즉 개별 학습, 토의, 드라마, 현장 학습 또는 장시간에 걸친 토론 등을 사용할 수 있다. 또한, 다른 주제와 합쳐서 (예를 들면, 언어와 사회 영역을 합쳐서) 더 깊이 있는 학습을 할 수 있다.

우등생 과정

많은 중·고등학교에서 영재 학생에게 기본 수업의 우등생 과정 Honors Courses을 제공하고 있다. 이 수업으로 특별히 새로운 것을 얻을 수도 혹은 그렇지 못할 수도 있다. 이 수업은 영재 학생들이 좀 더 어려운 것에 도전하고 수업 진도를 앞서 나가는 데 목적이 있다. 모든 수업이 그렇듯 우등생 과정은 참여하는 교사와 학생이 모두 의욕적일 때만 효과를 볼 수 있다. 일부 학교에서는 이 과정이 더 높은 교육 과정을 들을 수 있는 유일한 방법이기도 하다.

AP 과정

영재 학생들이 고등학교에서 가장 흔히 활용하는 프로그램은 AP(대학과목 선이수제) 과정이다. AP 수업에서는 영재라는 평가나 영재 선발을 반드시 받을 필요가 없어서, 일부 영재들은 AP 수업을 좋아하지 않는다. 이 수업을 통해 어려운 내용을 배우고 학기 말에 시험을 쳐서 대학교 학점을 받을 수 있지만, 그와 동시에 몹시 힘들고 부담스럽기 때문이다.

몹시 힘들다는 것은 쉽게 이해할 수 있다. AP 수업에서 학생들은 기본적으로 대학 수준의 강의를 듣는다. 그러므로 교육과정이 몹시 어렵고, 우수한 성적을 받으려면 다른 고등학교 수업보다 더 힘든 요건을 만족시켜야 한다. 일부 학생들은 AP 과정의 평가 형식을 부담스러워한다. 5월에 학생들은 자신이 배운 AP 과목에 대해 시험을 본다. 예를 들어, AP 세계사 같은 것이다. 그리고 이 시험은 학교에서 그 과목을 가르치는 여러 선생님이 5점 만점으로 채점한다. 대부분 대학에서 학점으로 인정해주는 4점 또는 5점을 주기 위해서 선생님들은 교육과정에 따라 아주 엄격하게 수업을 한다. 그러니까 대부분 많은 주제를 다루지만, 깊이 있게 다루지는 못하는 것이다. 사실상 폭을 위해 깊이를 희생하는 것이다.

자신에게 AP 수업이 잘 맞을지 알아보는 방법은 고등학교 1학년 때 한두 가지 AP 수업을 들어보는 것이다. AP 과정이 자신에게 잘 맞는다면, 2~3학년 때 더 많은 AP 수업을 들을 수 있다. 만약 AP 수업이 잘 맞지 않는다면, 학교의 수강 편람을 끝까지 뒤져서 자신에게 맞는 다른 것들을 찾아봐야 한다.

AP 수업에 대해 두 가지 경고를 하자면 첫째, 일부 대학교에서는 AP 학점을 졸업 학점으로 인정해주지 않는다. 이러한 대학들에서는 AP 수업 과정의 심화 수업을 들을 수 있도록 해주지만, 정작 대학의 학점으로 인정해주지는 않는다. 둘째, AP 제도는 영재 학생을 크게 존중해주지 않고, 또 (AP 수업의 가장 큰 혜택인) 대학 등록금을 아끼는 데에 도움이 되지 않는다. 그러므로 원하는 대학에 지원하기 전에 반드시 대학의 AP 정책에 대해 알아보자. 또한, 소도시에서 고등학교에 다니는 경우, 선택할 수 있는 AP 과정이 많지 않을 것이다. 만약 그렇다면, 너무 실망하지 말자. 그래도 자신이 엄청 잘하는 과목의 AP 시험을 칠 수 있을지도 모르니까 말이다.

우등반 수업 듣기

고등학교에서 우등반 수업은 많은 학생이 선택할 수 있다. 우등반 수업은 AP 수업은 아니지만 내용과 요건은 그 못지않게 힘들다. 그래도 수업 시간에 더 많이 노력해야 하므로 더 많이 배울 수 있다.

더 힘든 수업을 선택하면 일반 수업을 들을 때보다 낮은 성적을 받을 위험이 커지므로 이 수업을 선택한 대가를 바라는 것은 당연하다. 생활지도 교사 또는 교장 선생님께 우등반 수업을 들으면 어떤 보상이 있는지 물어보자. 우등반 수업은 성적에 가중치를 주는 경우가 많다. 즉, 우등반에서 B 또는 B+를 받으면 성적 증명서에 일반 수업의 A와 같다는 주석이 달린다. 최소한 우등반 수업을 들었다는 메모라도 성적 증명서에 있다.

IB 프로그램

1968년 유럽에서 시작된 IB인터내셔널 바칼로레아(International Baccalaureate)는 빠른 속도로 입지를 다졌고, 여전히 그 입지를 유지하고 있다. 이 제도는 16세부터 19세의 학생들을 위한 프로그램으로 시작되었으나, 이제는 3살 아이들까지 포함하여 프로그램이 확장되었다. 고등학교 부분[디플로마 프로그램(Diploma Programme)으로 불림]은 현재 130개 이상 국가의 2100개 학교에서 이용할 수 있다. 88만 명이 넘는 학생들이 IB 프로그램에 등록돼 있다.

AP와는 다르게, IB는 대학 학점을 이수하기 위해 하나의 수업을 듣는 것이 아니다. 이 프로그램은 포괄적이며, 수년에 걸쳐 복합 학습 체계를 제공한다. IB의 사업 강령을 잠깐 살펴보자.

> 인터내셔널 바칼로레아는 이종 문화 간의 상호 이해와 존중을 통해 더 평화롭고 나은 세계를 만드는 데 도움이 되도록 호기심이 많고, 지식이 풍부하며 남을 배려하는 젊은이들을 육성하기 위해 노력한다.

교육을 통해 더 나은 세계를 만들고자 하는 것이 이 교육 글로벌 네트워크의 주요 취지다. IB 학교는 원하는 모든 학교가 될 수 있는 것이 아니다. 학생들의 교육을 담당하는 교사를 교육할 시간, 자금, 자원을 투입하려는 노력이 필요하다. 그러나 IB 프로그램에 참여해서 얻는 보상은 다양하고 아주 많다.

디플로마 프로그램은 2년 과정이다. 다섯 개의 필수 영역, 즉 언어(모국어와 외국어), 사회, 과학 실험, 수학 수업을 이수해야 한다. 여섯 번째 영역은 예술이다.

IB를 통해서 다음과 같은 경험을 해볼 수 있다.

★ 소논문(EE, extended essay): 자신이 원하는 분야에서 스스로 연구한 논문이다.

★ 지식론(TOK, theory of knowledge): 1년 동안 지식을 얻는 방법들(지각, 감정, 언어, 추리)과 서로 다른 지식들(과학, 예술, 수학, 역사)을 깊이 사고할 수 있다.

★ 교과 외 활동(CAS, creativity, action, and service): 학교 프로젝트와 별개로 학생들이 수업 시간에 배운 것을 현실에 적용하는 과정이다.

물론 시험을 치며, 충분한 학점을 얻으면 IB 학위를 수여받는다. 이것을 아주 대단한 것으로 볼 수 있다. 일반적으로 '대학으로 가는 열쇠'라고 알려져 있을 만큼, IB 학위가 있으면 세계의 최고 대학에 문을 두드릴 수 있다.

여러분도 예상했겠지만, IB는 영재들이 가장 많이 선택하는 것 중 하나다. 몹시 힘든 과정과 깊이 있는 지식 탐색으로, 자신이 배우는 것을 세계적인 관점에서 생각해보도록 해주기 때문이다.

개인별 맞춤 수업

개인별 맞춤 수업은 학생마다 관심 있는 분야에 대해 자신의 속도로 진도를 나갈 수 있는 수업이다. 멘토 또는 선생님이 학생의 안내자 역할을 하며, 대부분 학생 혼자서 공부한다. 개인별 맞춤 수업에서는 대부분 다음의 사항을 필수적으로 요구하고 있다.

- ★ 공부 계획
- ★ 공부 목표와 목적
- ★ 활동 계획
- ★ 최종 프로젝트

한 고등학교에서는 개인별 맞춤 수업을 자율 학습 프로젝트 ALP(Autonomous Learning Project)라고 부른다. 학생들은 학기 중에 언제라도 프로젝트를 신청하고, 소그룹을 만들어 정기적으로 만난다. 다음은 ALP를 수강하는 두 학생의 소감이다.

> "이 프로그램을 통해서 나 자신을 좀 더 채찍질할 수 있었어요. 일반 수업에서는 숙제를 안 해오면 선생님이 혼내려고 눈을 부릅뜨고 있죠. ALP에서는 프로젝트를 하겠다고 하면 스스로 완성해야 해요. 책임감을 배우는 것은 정말 중요한 것 같아요." - 찰스, 17세
>
> "이 프로그램에서 제일 좋았던 건 하고 싶은 것을 할 수 있었던 것 같아요. 저는 1년에 세 과목을 공부하는데, 모두 일반 수업에서는 할 수 없는 것들이에요. ALP는 무언가를 해내도록 저에게 도전 정신을 심어 주는 것 같아요." - 그레그, 15세

대학 조기 입학

대학 조기 입학은 오랫동안 쓸 만하다고 증명된 전략으로, 많은 영재 고등학생들이 이용할 수 있다. 이 제도는 다음 두 가지 중 하나의 방법으로 시행된다.

1. 조기 진학(early admission): 9학년부터 11학년까지 우수한 성적을 받으면, 원하는 대학에 조기 입학시험을 치를 수 있다. 만약 두각을 보이는 경우(성적이나 ACT/SAT 점수가 높은 경우), 대학에서는 11학년 말에 그 학생의 입학 가능성을 심사한다. [ACT는 미국 대입 시험(American College Testing), SAT는 미국 대입 자격시험(Scholastic Aptitude Test)으로, 둘 다 미국 대학 입학시험의 한 종류이다-편집자] 원하는 대학에서 조기 입학 제도를 시행하고 있는지 알아보자.

2. 이중 등록(dual enrollment): 고등학교에 다니면서 지역 대학의 강의를 들을 수 있는 제도이다. 자신이 사는 곳에 대학이 있고, 고등학교와 대학교를 오갈 때 교통수단으로 고민할 필요가 없다면, 가장 이용하기 좋은 제도다. 가장 가까운 대학이 약 160킬로미터 떨어져 있다면, 여름 계절학기 수업을 수강해서 학점을 얻을 수 있다.

아크라시라는 학생은 고등학교 재학 중에 대학에 다녔는데, 다음과 같이 소감을 이야기했다.

"고등학교 12학년에 주변 사람들에게 대학 수업을 들을 생각이라고 이야기했을 때, 가장 많이 들었던 질문은 '친구들이 그립지 않겠어?'와 '잘할 수 있을 것 같아?'였습니다. 고등학생이 대학에서 수업을 듣는다고 하면 이런 오해를 많이 하는 것 같아요. 실제로 제가 지금까지 한 경험 중에 가장 괜찮고 도움이 많이 된 경험이었어요. 친구들과도 여전히 잘 지내고 있어요. 그리고 새로운 친구도 몇 명 사귀었어요. 대학 강의는 힘들기도 했지만, 재미있었습니다. 저는 고등학교에서 배울 수 있는 것보다 더 많은 것을 배우고 또 대학 학점까지 얻게 되었으니까요. 관심 있는 친구들이 있다면, 고등학교에 다니는 동안 꼭 대학을 다녀보라고 추천하고 싶습니다."

나에게는 어떤 선택이 맞을까? 부모님, 선생님, 생활지도 선생님에게 물어보면, 조기 입학보다 이중 등록을 선호할 것이다. 많은 어른들은 고등학교에 다니는 동안 학교에서 하는 행사, 즉 프롬prom(미국 중고등학교에서 학년 말이나 졸업 전에 하는 무도회 또는 댄스파티-옮긴이), 단합대회, 졸업앨범 위원회, 클럽 등에 참여해야 한다고 생각하는데, 그 생각에도 일리가 있다. 하기 힘든 공부를 열심히 하는 것보다 친구와 사귈 수 있는 시간을 되돌리는 것이 훨씬 어렵기 때문이다. 반면, 고등학생 중에 미식축구, 댄스파티, 동창회 등에 큰 관심이 없는 학생들도 있다. 조기 입학을 선택할지는 각자가 판단할 몫이다. 미래를 계획하는 데 있어서 모두에게 다 맞는 해결책은 없다.

⋯⟩ 남보다 빠른 출발!

'러닝 스타트 Running Start' 라고 불리는 이중 등록 프로그램은 성적을 만족시킨 11학년과 12학년에게 고등학교 과정의 일환으로 대학에 등록할 수 있는 기회를 주는 것이다. 러닝 스타트는 이 프로그램에 참여하는 주립 전문대학이나 4년제 대학의 등록금을 최대 2년간 제공한다. 자신이 살고 있는 주에서 이 특별한 프로그램을 제공하는지 알아보자.

여러 가지 멘토 제도

멘토 제도는 학생이 매진하고 싶은 특정 분야의 전문가인 어른(가끔은 다른 학생)과 짝을 이루는 것이다. 멘토는 학문, 예술 또는 비즈니스를 하는 사람일 수 있다. 대부분 학생과 멘토는 일정 기간 동안 함께 공부할 것을 약속한다. 참여하는 사람에 따라 방과 중 또는 후에 만날 시간을 정한다. 멘토 제도를 통해 자연스럽게 배움이 빨라지고 깊어진다. 또한, 진로를 탐색하는 좋은 기회가 될 수 있다.

여름학교

여름학교 프로그램은 학교와 학군마다 매우 다르다. 예산이 부족하면, 일부 학교에서는 여름학교를 아예 열지 않을 수도 있다. 하지만 가능하다면, 학교에서는 영재와 유능한 학생들이 도전할 만한 그리고 동기부여를 받을 만한 다양한 수업을 제공한다. 특히, 여름방학 아침에 수업을 한다!

인터넷 강의

학교에서 배우는 수업이 만족스럽지 못하고, 살고 있는 지역에 대학이 한 곳도 없다면 어떻게 해야 할까? 학교 수업을 가상 중등학교, 가상 영재 프로그램, 무료 사이버 대학 (무학점) 강의, 무료 비디오 및 오디오 강의 등으로 보완하거나 완전히 대체할 수도 있다. 야심 있는 학생이라면 인터넷을 이용해보자!

가상 학교와 프로그램

이스트 고등학교[영화 〈하이스쿨 뮤지컬(high school musical)〉]와 윌리엄 매킨리 고등학교[미국 드라마 〈글리(glee)〉]만이 스크린에 나오는 고등학교가 아니다. 수백 개의 학교가 있으며, 전혀 허구가 아니다. 인증을 완벽히 받았으며, 심지어 국가 교과 표준을 충족하고 있다. 이들 가상 학교에서는 인터넷을 통해 모든 강의를 제공하며, 웹-컨퍼런싱 web-conferencing 프로그램, 대화형 화이트보드, 문자 채팅, 비디오 및 오디오 팟캐스트와 같은 도구를 사용하고 있다. 또한, 일반 학교에서는 찾을 수 없는 엄청난 수강 과목을 제공하고 있다. 가상 학교에서 제공하는 과목의 예를 아래에 소개한다(AP 과목도 매우 다양하다).

게임 디자인, 청소년 도서, 아랍어, 고대 신화, 대본 작업, 천문학, 형사 행정학, 동물학, 음모 코드, 해양 생태계, 외교 정책, 기업가 정신, 평화 연구, 홀로코스트, 제임스 조이스, 차원 분열 도형, 스포츠 교육, 작곡 고급 과정, 디지털 사진, 플래시 애니메이션, 파이썬Python과 루비 Ruby 프로그래밍.

너무 군침 돌지 않는가? 이걸로도 모자라서, 많은 곳에서 여름학교, IB 프로그램, 우등 수업 학점, 영재 학생 서비스, 진로 상담 그리고 이중 등록을 제공한다. 일부 가상 학교에서는 실제 학위를 수여하고, 일부에서는 지금의 학교 공부를 보완할 수 있는 교육과정만 제공하고 있다. 인터넷 강의의 장점은 다른 영재들을 포함해서 전 세계의 모든 사람과 온라인에서 언제 어디서든 만나 함께 공부하고 참여할 수 있다는 것이다.

그렇다면 문제는 무엇일까? 온라인 강좌를 들으려면 자기 훈련이 매우 잘 되어 있어야 한다. 또 교사나 다른 학생들과 얼굴을 맞대고 만날 수 없다. 그리고 모든 숙제를 제때 제출하려면 혼자서 공부해야 한다. 하지만 일부 학생들에게 매우 알맞은 학습 방식이다. 특히, 말로 하는 것보다 글로 자신을 표현하는 것이 편하다면 말이다. 그렇다면 강의가 수준이 높다는 것만 확인하면 된다. 좋은 온라인 강의는 단순히 스크린을 읽는 것이 아니다. 강의 내용을 읽어보거나, 교사에게 강의에 발표, 음성 및 영상, 애니메이션, 토론 등이 포함되어 있는지 물어보자. 교사와 학생 간의 커뮤니케이션은 온라인 토론 그룹, 이메일, 문자, 전화 등으로 많이 이루어진다. 또한, 온라인 수업에 등록하기 전에 이 수업을 듣고 나면 높은 학점을 받을 수 있는지 교사나 생활지도 교사에게 확인해봐야 한다.

온라인 강의의 또 다른 문제는 비용이다. 비용 부담이 크지 않은 가상 학교나 강의도 있다. 예를 들어 AP 수업이나 한 강의당 10달러로 다섯 시간을 들었을 때 한 달에 72달러(교재 포함) 정도 드는 수업도 있다. 하지만 비용이 더 비싼 경우가 훨씬 많다. 로리엇 스쿨The Laureate School이나 스탠퍼드 고등 영재 교육 프로그램Stanford's EPGY High 같은 경우 비용이 1년에 1만 달러에서 1만5천 달러에 달하기도 한다. 그러나 대부분의 가상 학교의 경우, 정규 학생으로 등록할 필요가 없고 수업을 한두 개 정도씩만 들어도 된다(스탠퍼드 고등 영재 교육 프로그램에서 AP 수업 하나만 들으면 300달러 정도 든다). 또한, 일부 학교에서는 장학금도 제공한다. 웹 사이트에서 확인해보자.

영재 학생들에게 맞는 교육 프로그램을 제공하는 상위 10위 가상 학교를 알아보았다.

1. 가상 고등학교(Virtual High School): 9~12학년과 6~8학년의 영재 학생 대상. 400개가 넘는 강의를 제공한다. 이 중에는 학점, 여름학교, AP 및 IB 수업, 영재 중학생을 위한 특별 고등학교 과정도 포함되어 있다. www.vhslearning.org

2. K12 온라인 학교(K12 Online School): 유치원~12학년 대상. 완벽하게 인증된 학교이며, 학위를 수여하고 있다. 현재 20개 주의 차터스쿨에서 이용할 수 있다. 이 중 많은 차터스쿨에서 영재 서비스를 제공한다. www.k12.com

3. 조지워싱턴대학교 온라인 고등학교(GWUOHS, George Washington University Online High School): 9~12학년 대상. 온라인 사립 고등학교로서 K12 온라인 학교 및 조지워싱턴대학교 George Washington University와 파트너십 아래 운영되고 있다. 이 고등학교에 입학하려면 매우 까다로운 절차를 거쳐야 한다. www.gwuohs.com

4. 국립 커넥션 아카데미(National Connections Academy): 유치원~12학년 대상. 가상 사립학교로 20개 이상의 주에서 이용할 수 있다. 특히 영재와 유능한 학생들을 위한 학교다. 또한, 고등학교 졸업장과 관련 학위를 4년 안에 받을 수 있는 독특한 '이중 학위 프로그램'을 제공한다. www.nationalconnectionsacademy.com

5. 로리엇 스쿨: 유치원~12학년 대상. 로렐 스프링스 스쿨 Laurel Springs School의 분원이다. 이곳에서는 영재 학생들에게 특화된 개별 온라인 교육 과정을 제공한다. www.laureateschool.org

6. EPGY(영재 교육 프로그램, Education Program for Gifted Youth) 온라인 고등학교: 10~12학년 대상. 스탠퍼드대학교에서 온라인으로 운영하는 (정부 보조를 받지 않는) 사립학교다. 많은 온라인 학교와는 달리 EPGY는 기본적으로 동기화된 상태이다. 즉, 실시간으로 교사와 학생이 온라인상에서 만날 수 있다. epgy.stanford.edu/ohs

7. 듀크대학교(Duke University)의 TIP(영재 발견 프로그램, Talent Identification Program): 8~12학년 대상. 높은 수준의 고등학교 과정이나 대학 수준의 온라인 강의를 들으면서, 영재 학생 또는 TIP 교사와 만날 수 있는 가상 공간이다. tip.duke.edu

8. CTY(영재 청소년 센터, The Center for Talented Youth) 온라인: 존스홉킨스대학교Johns Hopkins University에서 제공하는 프로그램 중 하나다. 이 프로그램에서는 자격을 확인받은 영재 학생들에게 1년 내내 수준 높은 온라인 강의를 제공하고 있다. cty.jhu.edu/ctyonline

9. GLL(영재 학습 링크, Gifted Learning Links): 유치원~12학년 대상. 노스웨스턴대학교Northwestern University의 인재 개발 센터에서 운영하는 곳이다. 영재 교육 전문 지식과 최신 기술이 접목되어 있다. ctd.northwestern.edu/gll

10. IMACS(수학·컴퓨터공학 연구소, The Institute for Mathematics and Computer Science): 1~12학년 대상. 영재 학생들을 대상으로, 수학 및 컴퓨터 공학의 원격 교육 AP 및 대학 수준의 강의를 제공

한다. www.eimacs.com

온라인에서 대학 강의 듣기

1990년대에 MIT(매사추세츠공과대학교, Massachusetts Institute of Technology)를 선두로 세계의 우수한 대학에서 일반인들이 마음껏 볼 수 있도록 강의 내용을 인터넷에 올리기 시작했다. 물론 실제 학점이나 교수의 관심을 받지는 못하지만, 이 강의의 가치는 매우 높다. 강의에는 깊이 있는 추천 도서 목록, 비디오 강의, 시험과 퀴즈, 멀티미디어 프레젠테이션, 음성 녹음 파일도 포함되어 있다. 다음은 이 같은 자료를 얻을 수 있는 주요 출처다.

★ 열린 교육 컨소시엄 Open Education Consortium은 전 세계 교육기관의 수준 높은 대학 교육 자료를 온라인에서 무료로 제공한다. MIT, 터프츠 Tufts, 존스홉킨스, 노트르담 Notre Dame 대학교는 물론 영국, 스페인, 프랑스, 남아공, 남미, 한국, 이스라엘, 일본 등의 대학이 참여하고 있다.
www.oeconsortium.org

★ 예일 Yale, 하버드, 스탠퍼드, UC 버클리(캘리포니아대학교 버클리 캠퍼스), 카네기 멜론 Carnegie Mellon 대학교에서는 온라인 코스 프로그램을 운영하고 있다. 홈페이지에서 자세한 사항을 알아보자.

그렇다. 하버드 의대에서 4년간 듣는 모든 필수 과목의 강의 내용을
온라인에서 다운로드할 수 있다. 책, 논문, 수업 내용, 강의, 발표 자
료를 보고 모든 시험과 퀴즈를 해볼 수 있다. 심지어 시험을 채점해
볼 수도 있다. 하지만 하버드에서 학위를 받을 수 없다.
mycourses.med.harvard.edu/public

···▸ **아이튠즈 유(iTunes U)**

만약 뇌가 즐거워지는 멋진 것들을 찾고 있다면, 더 멀리 가지 말고
아이튠즈 유를 찾아가자. 여기서는 세계 800개 대학의 최고 석학의
무료 강의 팟캐스트를 다운로드할 수 있다. 스탠퍼드, 예일, MIT, UC
버클리, 옥스퍼드Oxford 대학교는 물론, 뉴욕현대미술관MoMA, 뉴욕
도서관, 미국 공영 라디오 방송 PRI의 강의가 포함되어 있다.
www.apple.com/education/itunes-u에서 무료로 아이튠즈 유를 내
려받을 수 있다.

특별한 프로그램들

학교를 떠나 사회에서 실제로 자신의 열정과 재능을 찾고 싶은가?
시, 주, 전국, 세계의 수준에서 참여하고 직접 체험할 수 있는 기회가
많이 있다. 몇 가지 예를 적어보았다.

➤ 시 낭송 대회(Poetry Out Loud): 시, 구어, 연극 또는 힙합에 재
능이 있다면? 시 낭송 대회의 비전은 힘이 넘치는 언어 예술

로서 시를 기념하는 것이다. 이 프로그램은 미국국립예술기금 NEA(National Endowment for the Arts)이 주관하는 9~12학년 학생을 위한 시 낭송 콘테스트다. 콘테스트 참가자는 반 경연에서부터 시작해서 시, 주, 전국 대회에까지 오르게 된다. www.poetryoutloud.org

★ 의료 탐험가(Medical Explorers): 의대에 가는 것이 꿈이라면? 의료 탐험가는 의료직에 관심 있는 청소년에게 다양한 것들을 제공하는 무료 프로그램이다. 여기서는 학기 중 정기적으로 지역 병원에서 여러 의학과를 알아보고, 의료계에서 일하는 전문가들과 함께 응급 환자를 보고, 심지어 수술까지 참관하는 특별한 기회를 가질 수 있다. 학교와 지역 병원에 알아볼 수 있으며 www.exploring.org에서 'Health Exploring' 배지를 클릭하고(현재 배지 이름은 'Health Care'로 되어 있다-편집자) 더 자세한 내용을 알아볼 수 있다.

★ 모의 UN: 국제기구의 대사가 되면 어떨지 궁금했던 적이 있는가? 모의 UN에서는 UN 회원국의 대사 역할을 맡아 볼 수 있다. 이를 통해 UN의 모성 보건, 지뢰에서 문맹률까지 다양한 의제의 현안에 대해서 토론할 수 있다. 연설을 하고, 결의안을 작성하고, 세계 문제를 해결하기 위해 우방국 및 적대국과 협상하게 된다. 반기문 전 UN 사무총장, 스티븐 브레이어 Stephen Breyer 미국 연방대법관, 첼시 클린턴 Chelsea Clinton 등이 이 프로그램에서 활동한 바 있다. www.unausa.org/modelun

큰 소리로 말해라

by 모건 브라운

11학년 때 나는 내가 어떤 사람인지 알게 되었다. 유치하게 들릴 것을 알고 있지만, 그래도 계속 들어줬으면 한다. 고등학교 시절 내내 AP 수업을 들었던 나는 최고 대학교에 진학하고 싶었다. 하지만 그 이후에 어떻게 살고 싶은지에 대해서는 몰랐다. 나의 장점, 열정, 바람이 뭔지 몰랐다. 시 낭송 대회를 알게 되기 전까지는 말이다. 이 프로그램은 청소년들이 시를 외워서 낭송하고, 그 과정에서 영어를 배우게 하고자 만들어진 전국적인 프로그램이다.

대부분의 사람들이 왜 시 낭송 대회에 참여했냐고 물어보면, 내가 얼마나 시를 좋아하고 세상을 바꾸고 싶어 하는지에 대해서 나불댈 거라고 생각한다. 하지만 진짜 내 답은, 수업 시간에 추가 점수를 받기 위해서였다. 11학년으로서 나에게 시란 '장미는 빨강/바이올렛은 파랑/설탕은 달고/당신도 달다'였다. 즉, 시는 모두 각운이 맞아야 한다고 생각했다. 내 멘토와 영어 선생님의 도움으로 시는 그 어떤 것이어도 된다는 사실을 알았다. 시는 표현 그 자체였다.

시 낭송 대회에서 시를 낭송하면서 시가 가진 힘을 배웠다. 그웬돌린 브룩스Gwendolyn Brooks의 〈어머니The Mother〉는 아이를 낙태하는 어머니의 상황을 힘 있게 설명한다. 그렇다. 낙태는 불편한 주제다. 〈어머니〉가 불편한 시라는 것도 사실이다. 이 두 가지 사실로 인해 나는 관객을 감정의 롤러코스터에 태워야 했다. 처음에는 불편하지만, 마지막에는 연민과 이해 사이에 안착시켜야 하는 것이다.

나는 모건 브라운의 목소리가 아니라, 어머니의 목소리를 관객들이 들었으면 했다. 나 자신을 버리고 그웬돌린 브룩스의 입장이 되어서, 그녀의 아픔, 고통, 상실을 관객이 함께 느끼길 바랐다. 시를 말하는 사람이 된다는 것은 낭송에서 가장 좋아하는 부분이다. 그냥 단순하게 시의 단어들이 말로 나오는 것이 아니다. 시인은 그 시가 되는 것이다.

나에게는 직접 시를 창작하는 재능은 없었다. 내가 낭송 대회에서 좋은 결과를 낼 수 있었던 것은 내가 잘하는 것을 발견하면서 즐거웠기 때문이었다. 나의 시 낭송이 다른 사람들에게 미칠 영향에 정말 많이 신경 썼고, 시를 낭송하면서 힘을 얻었다. 그 결과로 새로운 자신감으로 젊은 작가 클럽에 가입했다. 여기에서 시를 직접 쓰는 것의 즐거움을 배웠다. 그 후로 우리 집 마당의 그네는 시를 구상하고, 그 시의 최고 평론가인 나의 자리가 되었다. 얼마만큼의 시를 썼다 버렸는지 까마득했다. 다행히도 최고 평론가(나 자신)의 승인을 받고 살아남은 몇 편의 시가 《시더 스트리트 타임 Cedar Street Times 》에 실렸다. 신문 3면에 '가라앉는 고독, 작가 모건 브라운'이라고 적혀 있다니, 정말 영광스럽다!

시 낭송 대회의 캘리포니아 주 챔피언이 되는 과정에서 나는 스스로를 발견하면서 조용히 인격을 형성할 수 있었다. 가장 만족스러운 순간은 챔피언십이 있은 지 몇 달 후 내가 US 오픈에서 자원봉사를 할 때이다. 어떤 다정한 할머니께서 내 앞에 오셔서는 "학생이 주에서 챔피언이 된 고등학생 시인인가?"라고 물으셨다. 나는 그렇다고 말씀드리고 배시시 웃었다. 할머니는 나를 안아주시며, 너무 자랑스럽고 고맙다고 하셨다. 얼떨떨해서 감사하다는 말을 우물거리고 있을 때, 할머니는 온 길을 되돌아가고 계셨다. 할머니가 멋지다고 생각한 사람은 타이거 우즈Tiger Woods, 그래엄 맥도웰Graeme McDowell, 그레고리 아브레Gregory Havret도 아니고(세 명 다 유명한 골퍼이다-편집자), 바로 나였다. 왜냐면 시가 나를 움직였듯이, 내가 할머니의 마음을 움직였기 때문이다.

모건 브라운(Morgan Brown)

심리학, 신문방송학, 연극을 공부하는 애머스트 칼리지(Amherst College) 1학년 학생이다. 고등학교를 졸업한 지 얼마 안 된 18세 소녀 모건은 인생의 새로운 장을 매우 적극적으로 써 내려가고 있다. 무엇이 되었든 간에 자신이 결정한 진로를 진심으로 기쁘게 받아들이는 것이 그녀의 목표이다.

홈스쿨, 잘 부탁해

온라인과 단체에서 대단한 학습 기회를 가질 수 있으므로 이런 질문을 할 수 있다. 왜 학교에 가야 하죠? 그 대답으로, 많은 학생들이 학교에 가지 않기로 결정하고 있다. 홈스쿨은 빠르게 증가하고 있으며, 미국에서만 300만 명의 학생이 홈스쿨을 하고 있다. 특히 영재 학생들이 많이 선택하는 방법으로, 연구에 따르면 홈스쿨로 공부한 학생은 공립학교 학생보다 시험 성적이 높았으며 일류 대학 합격률도 높았다. 과거에 홈스쿨을 하는 부모는 히피 또는 어떤 종교의 광신자일 것이라는 편견이 있었다. 하지만 대부분은 자식의 교육을 스스로 책임지기로 한 보통 부모들이다. 졸업 때까지 집에서 원하는 속도로 진도를 나갈수 있고, 원하는 만큼 배운 것을 심화시킬 수 있다. 또한, AP 학점과 심지어 IB 학위도 딸 수 있다. 주 및 연방 차원의 기준이 모두 온라인상에 게시되어 있으므로, 이제 학교에 한 발짝도 들이지 않고 모든 조건을 쉽게 충족할 수 있다.

> "홈스쿨은 중요한 이야깃거리에요.
> 많은 10대 영재들이 (나를 포함해서) 홈스쿨을 하고 있고,
> 일반 학교를 다니는 것보다 훨씬 더 만족스러워해요." - 매덕스, 16세

만약 홈스쿨에 매력을 느꼈다면, 어떻게 여기에 합류할 수 있을지 궁금할 것이다. 다음은 홈스쿨을 할 수 있는 가장 흔한 방법이다.

★ 온라인으로 공립학교에 다닌다. 지금 여러분의 학군에서 이용할 수 있다. 공립학교의 온라인 버전에 가입하면 된다. 그러면 공립학교 학생으로 간주되어 정기적으로 선생님과 만나고, 숙제를 제출하고 시험을 쳐야 한다.

✦ 온라인 학교에 스스로 등록한다. 자료를 사고, 학군에 있는 온라인 학교에 등록한다. 이 방법은 학생이 혼자서 모든 것을 해야 한다. 학군에서 숙제나 시험을 관장하지 않으며, 자신이 원하는 속도로 정해진 과정을 밟으면 된다.

✦ 나만의 수업을 만든다. 나에게 맞는 수업을 만들자. 숙제와 시험을 해도 되지만, 반드시 할 필요는 없다. 일부 주에서는 집에서 진짜로 공부하는지 알기 위해 교과 내용 포트폴리오를 보관하도록 명령하고 있다. 다른 주에서는 매년 교육과정을 승인받을 것을 요구하고 있다. 이 방법은 어떻게 구성하는지에 따라 비용이 저렴할 수도(도서관에서 책을 빌리고 온라인에서 무료 자료를 사용하면), 비쌀 수도(새 책을 사거나 비싼 라이선스와 구독료를 내면) 있다.

✦ 언스쿨링(unschooling)을 한다. 만약 학습에 관한 모든 제한을 벗어 버리고 싶다면 '언스쿨링(학교 교육을 받지 않고 다른 여러 가지 경험을 하는 것-편집자)'을 하면 된다. 모든 교과서와 시험을 버리고, 자신이 지금 궁금한 것만 알아보면 된다. 책을 읽고, 글을 쓰고, 현장 학습, 외부 활동, 프로젝트를 하는 등 자신이 원하는 것을 찾아서 하면 된다. 많은 사람이 이 방법을 매우 급진적으로 생각하지만, 동기부여가 되고 자기 훈련이 된 사람이라면 매우 좋은 결과를 낳을 수 있다. 언스쿨링을 받은 많은 학생이 유명 대학에서 박사 학위와 전문가 학위를 받았다. 이 방법도 무엇을 하느냐에 따라 비용이 달라진다. 다윈에 대해서 배우고 갈라파고스 제도에 대한 무료 웹캐스트 webcast(인

터넷 생방송-편집자) 시리즈를 볼 것인가? (참고로 아이튠즈 유에서 'Galapagos'를 검색해 보자!) 아니면 갈라파고스로 갈 비행기 표를 예약할 것인가?

나도 홈스쿨을 할 수 있을까?

홈스쿨을 하고 싶지만, 부모님이 나의 교사가 되는 것이 고민되는가? 혹은 스스로를 가르칠 수 있을지 궁금한가? 어느 주에 사느냐에 따라 그렇게 할 수도, 못 할 수도 있다. 대부분의 주법에는 16세까지 학교에 다닐 것을 규정해 놓았다. 그렇다면 16세 이상이고, 집에서 고등학교 졸업 요건을 맞추고 싶다면 필요한 자료와 동기부여, 그리고 부모의 허락만 있다면 아마도 할 수 있을 것이다. 16세 미만이라면 상황이 좀 힘들 수도 있다. 특히 엄격한 홈스쿨 법이 있는 주에서는 더욱 그렇다.

예를 들어, 미네소타 주에서 홈스쿨을 한다면 부모가 교사 교육을 받거나 교원 자격증이 있는 사람으로부터 관리 · 감독을 받아야 한다. 펜실베이니아 주에서는 공증된 부모의 선서 진술서, 예방접종 증명서, 공식적인 교육 목적 개요서, 영어 수업 증명 자료를 제출해야 하며, 정기적으로 교사 또는 심리학자에게 진행 과정을 평가받고, 전국 표준 시험도 쳐야 한다.

반면, 알래스카에서는 '교육 위원회가 승인한 교육 경험을 똑같이 제공'하고, 학교에 출석을 면제해달라는 사유서를 제출하면 된다. 텍사스 주에서는 교육과정 승인조차 필요 없다. 홈스쿨은 학군과 접촉하지 않아도 되며, 가정방문, 교과 승인 또는 특정 교원 자격증을 받지 않아도 된다. 홈스쿨에는 문서로 만들어진 교육과정이 필요하며, 이 과정을 성실히 이행하고, 수학, 읽기, 맞춤법, 문법, 훌륭한 시민으로서 가져야 할 의식을 가르치면 된다.

이와 비슷하게 아이다호 주에서는 사전에 공지하지 않아도 되며, 교원 자격증, 표준 시험이 필요 없으며, 아이들이 최소의 부모·보호자 지시 아래에서 교육받을 수 있도록 허용한다. 최소의 부모·보호자란 '다른 가족, 친척, 개인'을 뜻한다.

여러분도 볼 수 있듯이 지역에 따라 규제가 다르다. 그리 엄격하지 않은 주에 살고 있다면 아마도 교육에 부모의 참여를 최소화하면서 집에서 공부하는 방법을 찾을 수 있을 것이다. 각 주에서 적용하는 홈스쿨 관련 법은 홈스쿨법률지원협회Home School Legal Defense Association(www.hslda.org/laws)에서 찾을 수 있다. 또 지금 살고 있는 도시나 주에 홈스쿨 기관이 있는지 이곳에서 좋은 자료를 찾을 수 있을 것이다. 마지막으로 부모님과 상의하자. 부모님이 교사 교육을 받아야 함에도 불구하고 자식을 위해 집에서 교사가 되고 특히 더 애쓰는 모습을 보고 놀랄 것이다. 특히 여러분이 숙제를 스스로 하려고 한다면 말이다.

⋯⟩ 홈스쿨을 받은 유명한 사람들

아인슈타인, 에디슨, 월트 휘트먼 Walt Whitman, 그리고 모차르트와 같은 명사들과 더불어 최근 홈스쿨을 받은 사람들 중에는 전미 장학생 National Merit Scholar, 맥아더 펠로 MacArthur Fellow, 풀브라이트 장학생 Fulbright Scholar, 노벨상 수상자이거나 대학 총장, 올림픽 선수, 여러 수상 경력에 빛나는 배우와 가수도 있다. 그중 몇 명의 예를 들어보았다.

- 프레드 터먼(Fred Terman), 티모시 드와이트(Timothy Dwight), 존 위더스푼(John Witherspoon), 질 커 콘웨이(Jill Ker Conway), 윌리엄 사무엘 존슨(William Samuel Johnson): 각각 스탠퍼드, 예일, 프린스턴 Princeton, 스미스 Smith, 컬럼비아 Columbia 대학의 전·현직 총장

- 산드라 데이 오코너(Sandra Day O'Connor): 전 미국 대법관

- 프랭크 로이드 라이트(Frank Lloyd Wright): 건축가

- 올리비아 베넷(Olivia Bennett): 화가, 예술계의 천재

- 마가렛 애트우드(Margaret Atwood): 맨부커상 수상, 《시녀 이야기 The Handmaid's Tale 》의 작가

- 크리스토퍼 파올리니(Christopher Paolini): 《뉴욕타임스 New York Times 》 베스트셀러에 오른 《에라곤 Eragon 》의 작가

- 지미 웨일즈(Jimmy Wales): 위키피디아 Wikipedia의 창업주

- 에릭 드멘(Erik Demaine): MIT 교수이자 맥아더 펠로 수상자, 미국 과학 잡지 《파퓰러 사이언스 Popular Science 》지 선정 '미국에서 가장 탁월한 과학자 중 한 명'

- 윌러드 보일(Willard Boyle): 2009년 노벨 물리학상 수상자

- 힐러리 더프(Hilary Duff), 크리스틴 스튜어트(Kristen Stewart), 일라이자 우드(Elijah Wood): 배우

- 칼리 패터슨(Carly Patterson), 비너스 윌리엄스(Venus Williams), 세레나 윌리엄스(Serena Williams), 미쉘 콴(Michelle Kwan): 올림픽 출전 선수

- 테일러 스위프트(Taylor Swift), 조나스 브라더스(The Jonas Brothers), 리앤 라임즈(LeAnn Rimes): 가수

홈스쿨 성공 스토리

by 켈시 게인스

나는 내가 받은 교육을 설명할 때, 언제나 실제 수업, 자기 주도적 학습, 기회와 운이 모자이크를 이루고 있다고 말한다. 첫째, 잠시 나에 대해 소개하자면, 나는 2년간 영재 프로그램으로 정규 교육을 받았고, 이후 5년간 홈스쿨, 이어서 한 학년을 월반해서 고등학교에 입학했다. 그 다음부터가 재밌다. 나는 9학년을 평범하게 시작했다(물론 모든 것을 고려했을 때 그렇다는 것이다). 수강할 수 있는 우등반 수업도 몇 개 신청했다. 나는 이중 등록 프로그램(러닝 스타트)을 신청했고 3년 만에 졸업했다. 그리고 열여섯 살에 워싱턴대학교 University of Washington에서 일반 1학년 학생들과 대학 생활을 했다. 기숙사에서 살면서 다른 대학생들이 경험하는 것을 같이 경험하고 있다. 여학생 클럽에도 기웃거려보고 예술을 사랑하게 되었다. 나는 워싱턴대학교에서 우등생으로 역사를 전공했고, 미술사를 부전공했다. 내가 받은 교육은 정말 대단했지만, 나는 '진정한' 교육은 홈스쿨을 통해서 배웠다.

다양한 학습 장애(난독증, 난필증, 중추청각 정보처리장애)를 가진 학생으로서 홈스쿨은 수업 중심 또는 문자 중심의 학습 그 이상이었다. 홈스쿨은 스스로 주도하는 조사, 발견, 깨달음의 과정이었다(방금 열반에 오르는 것 같았다. 사실 별로 틀린 말도 아니다). 홈스쿨을 통해 나는 대학을 (그리고 곧 대학원을) 준비하게 되었고, 또 생활과 직장이라는 알 수 없는 미래를 준비할 수 있었다. 더불어, 시간 관리, 정리하기, 혼자서 공부하기, (자신감을 갖고) 혼자 일하기 등 인생의 근본적인 능력들을 배울 수 있었다. 홈스쿨을 하던 기간 동안 나는 학문(역사, 미술, 건축학)과 여가 활동(사진, 글쓰기, 요리)에서 내가 무엇을 좋아하는지 알게 되었다. 홈스쿨을 하면서 요령을 부려(청소년 극장에서 식물원까지) 많은 것을 배웠고, 기술도 얻게 되었다. 홈스쿨이 아니었다면, 갈 수 있는 대학의 문은 좁아졌을 것이고, 비싼 비용을 치러야 했을 것이다.

이미 말한 바와 같이 미래는 정말 너무나 알 수 없다. 그러나 아주 솔직히 말하자면, 그래도 괜찮다. 나는 가을 대학원 원서를 준비하면서(교육학 석사를 준비하는 중이다) 내년에 잠시 공부를 쉬고 일을 하기로 했다. 그렇다고 정규직으로 취직하겠다는 의미는 아니다. 뭐, 그렇게 하는 것도 나쁘지는 않겠지만! 하지만 인턴십 하나(또는 세 개)를 지역 미술 박물관, 도서관 또는 대학에서 하려고 한다. 가능하다면 내년에 공부에서 완전히 손을 놓지 않게 강의를 몇 개 청강하고 싶다.

켈시 게인스(Kelsey Ganes)

워싱턴대학교에서 예술사를 전공하고, 건축학을 부전공했다. 대학원 공부를 시작하기 전에 한 해 쉬면서, 글루텐프리다닷컴(Glutenfreeda.com)과 푸디스타(Foodista, Inc.)에서 일하고 있다. 음식과 사진, 그리고 살면서 경험하는 것들에 열정을 가지고 있다!

뷔페 접시에 음식 담기

영재들이 홈스쿨, 모의 UN, 심화 수업, AP, 조기 입학, 또는 이중 등록을 반드시 해야 한다는 법은 없다. 어떤 선택이 가장 좋을지 결정하지 못하겠다면, 선택하지 않는 것도 하나의 결정이다. 아무것도 하지 말거나 조금씩 모두 해볼 수도 있다. 무엇을 원하는지 찾을 수 있게 모든 프로그램을 약간씩 시도해보는 것이다. 예를 들어, AP 수업 두 개를 수강하고, 동시에 이 학점을 전환할 수 있는지 대학에 연락해보자. 이것을 문의하면서 고등학생의 여름 계절학기 등록 정책을 같이 물어볼 수도 있다. 그러면서 자신에게 맞는 공부 프로그램을 만드는 것이다.

나를 위한 선택

확신이 드는 것이 없다면 물어보자! 어떤 선택의 경우, 특정 과목과 관련 있다면 그 과목 선생님이나 학과장을 찾아가 보자. 학교의 생활지도 선생님과 이야기해볼 수도 있다. 이분들과 이야기해도 답을 얻지 못했다면 교장 선생님에게 가자. 교장 선생님과 약속을 잡고, 똑똑하고 공부 의욕이 넘치는 학생에게 학교에서 제공하는 것에 대해 질문할 거리를 준비하자.

학교에서 어떤 프로그램에 참여하기 위해 충족해야 할 조건이 있다면 그것이 무엇인지 알아보자. 그 조건을 만족시키지 못하면 무엇을 할 수 있는지 알아보자. 그 조건이 불합리하고 불공정하게 느껴진다면, 그런 기분이 드는 이유를 적어보고 프로그램 담당자에게 말하자.

필요하다면 수습 기간을 두는 조건으로 가입하자. 만약 시간이 흘러 자신에게 그 수업이나 프로그램이 맞지 않는다는 게 확실해지면, 거기서 탈퇴하고 다른 것을 해보자. 중요한 것은 계속 노력한다는 것이다. 지금 자신의 교육과 미래를 위해 노력하고 있다는 것을 명심하자.

아래에 알리샤가 들려주는 이야기는 뷔페식 접근 방식으로 자신의 관심 분야를 깊이 있게 알아낸 좋은 예다. 홈스쿨, 온라인 강의, AP 수업, 조기 입학, 특별 관심 프로그램 등 여러 가지 방법을 사용했다. 알리샤는 똑똑하며 재치 있는 학생이라면 자신이 생각했던 것보다 훨씬 많은 문을 열 수 있다는 것을 보여주는 산 증인이다!

영재라는 여행길에서

꿈과 공룡 뼈를 따라
by 알리샤 비어스테드

아주 어렸을 때부터 나는 고생물학에 관심이 있었다. 정확히 말하자면 두 살 때부터였다. 공룡 이름을 수십 개 알고 있었고, 내가 들을 수 있는 거리에서 누군가 공룡 이름을 잘못 발음하면 고쳐줬다. 나는 과학을 너무 좋아했다. 이 관심은 덴버자연사박물관에서 주관하는 현장 학습을 갔을 때부터 시작되었다. 현장 학습을 마친

후, 책임자이신 커크 존슨 박사님과 밥 레이놀즈 박사님은 고생물학 인증 수업에 들어갈 수 있도록 도와주셨다. 이 수업에서는 지질학, 화석, 판 구조론과 지형에 대해서 배웠다. 하지만 한 가지 문제가 있었다. 인증서를 받으려면 최소한 열일곱 살은 되어야 했다. 커크 박사님과 밥 박사님께서는 내가 공룡을 좋아하는 아이 그 이상이라는 것을 아시고 이 수업을 내가 들을 수 있도록 주선해주셨다. 여기에는 한 가지 조건이 있었는데, 그것은 우리 엄마도 나와 함께 이 수업을 완료해야 한다는 것이었다. 나는 수업에 참여했고, 엄마가 내 뒤에 계셨다.

모든 일이 순조롭게 이루어지지는 않았다. 첫째, 이 수업은 대학생을 위한 수업이었고 대부분 밤에 이루어졌다. 최선을 다했지만, 그 또래의 아이가 일주일에 몇 번씩 9시까지 수업을 듣는 것은 쉬운 일이 아니었다. 다행히도 나는 당시 일반 학교에 다니지 않았다. 그래서 매일 아침 7시에 일어나야 된다는 부담이 없었다. 대신 나는 7학년 때까지 홈스쿨을 했고, 그 후에는 콜로라도 가상 아카데미 Colorado Virtual Academy라는 온라인 학교 프로그램으로 공부했다. 숙제를 제시간에 제출하는 한, 나는 원하는 시간에 수업을 시작하고 끝낼 수 있었다. 여유가 있었기 때문에 나는 원하는 속도로 진도를 나갔고, 그 결과 두 학년을 앞섰다. 그리고 내가 좋아하는 과목을 더 깊이 파고들었다.

열 살이 되던 해, 나는 모든 기본 인증 과정을 마치고 고생물학 인증서를 받았다. 그해 여름 같은 반 수강생들과 앨버트 카운티 페어그라운드 Elbert County Fairgrounds에서 일주일 동안 캠핑을 했다.

그때 돌과 화석을 수집하고 확인하면서 진정한 고생물학자와 지질학자의 삶이 어떤 것인지 경험했다. 나는 덴버자연사박물관에서 수업을 들으면서 자랐기 때문에 당연히 그곳에서 자원봉사를 해야 한다고 생각했다. 관람객들을 안내하고 덴버 분지 밑에 무엇이 있는지 보여줬다. 또, 디스커버리 존Discovery Zone에서도 자원봉사를 했다. 이곳은 아이들이 직접 체험할 수 있도록 만들어 놓은 곳이다. 그곳에서 나는 아이들의 자연스러운 호기심을 자극하고, 주변 세상이 어떻게 돌아가는지 배울 수 있도록 도와주었다. 그리고 나는 그곳에서 교육에 대해 관심이 생겼다. 이제 고생물학만 하고 싶지는 않다. 대신에 내가 알고 있는 것을 사람들과 나누고 싶어졌다. 특히 다음 세대에게 말이다.

고생물학과 박물관학에 대한 관심이 변하고 성장하면서 나의 교육과정도 성장했다. 11~12학년 때, 나는 사우스다코타 주, 수폴스Sioux Falls에서 공립 고등학교를 다녔다. 나에게는 새로운 경험이었다. 내가 건물이 있는 학교에 마지막으로 다녔던 때가 일곱 살 때였다. 여기서 나는 전혀 다른 기회를 얻었다. 학교에서 콘서트 및 재즈 밴드에 참여하였고, 정책 토론 및 구두 해석 팀에도 들어갔다. 여름에는 다시 콜로라도와 와이오밍 주로 가서 사우스다코타 주에서는 할 수 없었던 현장 경험을 계속 쌓았다. 그리고 더 많은 AP 수업을 들었다.

선생님과 함께하는 수업에서는 질문이 있으면 그 자리에서 바로 묻고 설명을 들을 수 있어서 좋았다. 콜로라도 가상 아카데미에도 선생님은 있지만, 이메일이나 콘퍼런스 웹 사이트를 통해서만 이야기를 나눌 수 있었다. 대부분의 수업 내용은 자료를 읽거나 연습 문제를 풀면서 얻었다. 기본적으로 혼자서 공부한 것이다. 이 시기에 공립 고등학교를 다닌 것은 자기 주도적 학습에서 몹시 힘든 대학 생활로 바뀌는 데 좋은 전환점이 되었다.

열여덟 살 생일에 나는 처음으로 일자리를 얻게 되었다. 세계에서 가장 유명한 고생물학자라고 할 수 있는 폴 세레노Paul Sereno 박사의 표본 연구실에서 나에게 조교가 될 수 있는지 물었다. 고생물학자가 되고자 하는 사람에게는 정말 대단한 기회였다. 나는 중요한 발견을 위한 준비 작업을 하며 내 연구도 하고, 일반인에게 연구실 투어를 해주면서, 준비 작업을 하는 학생들을 교육하고 관리하는 일을 맡게 되었다. 자연사박물관에서 고생물학 큐레이터가 되고픈 나의 목표에 크게 한 발자국 나아간 것이며, 특히 내 나이와 현재 시카고대학교University of Chicago 학부 2학년생이라는 것을 감안했을 때 너무 흥분되는 일이었다.

시카고대학교 자체도 새로운 모험이었다. 그동안 들었던 그 어떤 수업들보다 훨씬 어렵지만 가장 재미있기도 했다. 내가 수업을 듣는 교수님 중 다수는 여전히 활발하게 연구를 하고 있으며, 자기 일에 얼마나 열정을 가졌는지 쉽게 알 수 있었다. 같은 반 수강생들은 다양한 것에 관심이 있었다. 나는 수학자, 경제학자, 철학자, 음악가, 의대생, 지질학자 등과 친구가 되었다. 모든 사람이 무언가에 관심을 둔다는 것이 너무 신선하다.

수업과 더불어 나는 캠퍼스의 공룡 표본 연구실과 필즈박물관에서 아이들을 상대로 자원봉사 활동을 하고 있다. 현장 작업도 계속

해서 하고 있으며, 지금까지 열 번의 여름 동안 와이오밍 주에서 디플로도쿠스 뼈 발굴을 돕고 있다. 표본이 굉장히 잘 보존되었으나, 흐트러져 있다. 갈비뼈가 묶여 있고, 다리 밑에 발이 끼어 있고, 대퇴골이 꺾여 있다. 이 프로젝트는 어려운, 그리고 대부분 답답한 퍼즐과도 같다.

마지막으로, 말한 것과 더불어 나는 여전히 좋아하는 것을 하고 있다. 대학에서 두 곳의 합주반에 가입했고, 여러 클럽 활동도 하고 있다. 나는 더 이상 아이가 아니다. 사람들에게서 나한테는 세월이 너무 빨리 간다는 말을 많이 들었다. 그래서 '천천히' 하면서 '철부지 아이'처럼 인생을 즐겨야 한다는 소리를 많이 들었다. 뒤돌아보면, 내가 지나온 길이 나에게 제일 잘 맞는 길이었던 것 같다. 홈스쿨, 박물관 수업, 온라인 강좌를 통해 나는 배움을 사랑하고 과학과 발견의 과정을 즐기는 법을 배웠다. 그리고 모든 것을 다 알 수 없다는 것도 배웠다. 하지만 시도해보는 것이 좋다는 것을 배웠다. 나는 스스로 몰아치는 듯한 느낌을 받아 본 적이 없다. 그리고 사회에서 혼자라는 생각도 해보지 않았다. 그저 내 꿈을 좇으면서 내가 생각지 못한 곳에 가볼 수 있었다. 앞으로 내가 어디에 있을지 기대된다.

알리샤 비어스테드(Alicia Bierstedt)

시카고대학교 2학년에 재학 중이며, 지구물리학을 전공하고 있다. 그리고 지질학과 고생물학을 세부 전공으로 공부하고 있다. 알리샤는 10여 년간 모든 학위를 취득한 후에 과학박물관의 큐레이터가 되는 것이 꿈이다.

대학 그리고 미래

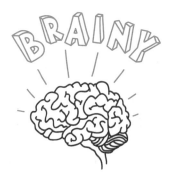

대학으로 가는 길

언젠가 대학에 갈 생각이 있다면, 계획을 빨리 세우는 것이 좋다. '계획'이라는 말의 의미는 지금부터 대학에 갈 때까지 책에 코를 박거나, 학교 수업을 보충하기 위해 과외를 받거나, SAT 점수를 올려준다고 '보장'하는 수업을 들으라는 소리가 아니다. 우리가 말하는 계획은 자신이 원하는 대학에서 입학을 허가할 가능성을 높여줄 어떠한 결정을 내리라는 것이다. 이러한 결정을 내릴 때 명심해두면 좋은 몇 가지 충고를 알아보자.

도전하자

초등학교 성적에 따라 중학교와 고등학교에서 특정한 수업을 들었을 것이다. 만약 뛰어난 학생이었다면 어려운 수업을 들었을 것이고, 그렇지 않았다면 기본 (쉬운) 수업을 받았을 것이다.

만약 여러분의 학교에서 이렇게 성적을 기준으로 그룹이 정해져 있다면, 어떻게 해서라도 어려운 수업을 들어야 한다. 듣고 싶은 과목 중 대다수에 '사전 필수 과목'이 있는 경우가 많다. 즉, 중학교에서 낮은 레벨의 수업을 들으면, 고등학교에서 높은 레벨로 올라가기 힘들어지는 것이다. 마치 기차가 역을 출발한 후에 따라잡으려는 것과 마찬가지다. 원래 있어야 할 자리로 가려면 엄청나게 달려야만 한다.

모든 과목에서 높은 레벨 수업을 들어야 한다는 것은 아니다. 하지만 수학과 언어는 높은 레벨 수업을 들어야 할 우선순위 대상이다. 이 과목들은 다른 과목을 잘해낼 수 있는 주춧돌을 마련한다. 그리고 학교에서 이 과목에 여러 개의 레벨을 만들어 놓았을 가능성이 사회나 체육 과목에 비해 훨씬 크다.

참고로, 일부 중학교에서는 능력 위주의 수업 편성을 지양하고 있다. 만약 여러분의 학교가 이런 학교라면, 영재(그리고 학부형)에게는 높은 학습 능력에 맞는 수업을 요구할 권리가 있다.

···▸ **도움말**

> 최대한 빨리 대수학I, 외국어, 컴퓨터 수업을 들어, 주립대학 입학 요건을 채워라. 그 다음 고등학교에서 AP, 이중 등록 또는 IB 수업을 들을 수 있도록 준비해야 한다.

교양 과목 탐구하기

고등학교에서 듣고 싶은 학문적인 수업 위주로 수강하다가 12학년 말에 필수 미술 과목을 마지못해 수강할 수도 있다. 그건 안 될 일이다. 자신을 불필요하고 힘든 방법에 가둔 것이나 마찬가지이기 때문이다.

고등학교에서 음악, 미술, 영화, 사회과학(예를 들어, 심리학, 사회학, 경제학, 정치학)은 너무 오랫동안 중요하지 않은 것으로 치부됐다. 하지만 대학에서는 예술과 과학이 균형 잡힌 교육의 장점을 발견하고, 수학 시험을 모두 100점 맞는 것 그 이상의 학생을 찾고 있다. 대학에서는 마네 Edouard Manet 와 모네 Claude Monet 가 각각의 다른 화가이며, 바로크는 건축 양식이자 음악 양식이라는 것을 알고 있는 학생을 원한다. 윌리엄 포크너 William Faulkner, 헤르만 헤세 Hermann Hesse, 윌라 캐더Willa Sibert Cather, 아미리 바라카Amiri Baraka 의 작품이 읽어볼 만한 가치가 있다는 것을 아는 학생 말이다. 그래서 교양 과목을 무시하거나 피하지 않아야 한다. 교양 과목을 진지하게 받아들이면 자신에게 큰 도움이 될 것이다. 예를 들어보았다.

- ★ 대입 에세이에 예술과 문학이 교양 있는 사람들에게 어떤 영향을 미쳤는지 참고 자료를 인용해서 박식하게 쓸 수 있다.
- ★ 문학적, 예술적 양념이 뿌려진 수필로 선생님의 사랑을 받을 것이다.
- ★ 역사의 흐름과 미술, 음악, 디자인, 문학이 특정 시대와 연결돼 있다는 점을 알게 될 것이다. 그것으로 역사와 미술을 모두 재미있게 즐길 수 있다.
- ★ 어른들과 함께하는 파티에서 큰 즐거움을 줄 수 있다. 마지막으로 감명 깊게 읽은 책이 '아기 돼지 삼 형제'라는 건 너무 창피한 일이다.

교양 과목을 공부하는 동안, 비교 종교학을 통해 내가 믿는 것과 다른 종교에 대해서도 배워보자. 우리가 사는 세계의 정치적, 경제적 체계는 그 어떤 힘보다 종교에 의해서 세워졌고 유지되었으며, 앞으로도 영향을 계속 받을 것이다. 조종당하거나 개종하게 될까 봐 두려워하지 않아도 된다. 비교 종교학은 다른 국가와 문화에서 믿고 있는 것을 설명하고 단순하게 비교·대조하는 수업이다.

떠나자, 그리고 나를 찾자

by 알랙 보할라드

여러분은 아직 자신의 모습을 찾지 못했다.

찾아가고 있는 중이지만 완전히 찾은 건 아니다. 여러분은 지금 영화감독 구스 반 산트Gus Van Sant가 만든 영화 〈사이코Psycho〉 리메이크 버전과 같다. 보기 좋고, 듣기도 좋지만 완벽하게 오리지널 〈사이코〉는 아니다. 여러분이 그런 상태다. 보기 좋고, 듣기도 좋지만 완벽하게 〈사이코〉는 아니다. 여러분이 진짜 사이코가 아닌 한! 이해하겠는가?

아마도 모를 것이다.

내 말은 이렇다. 여러분은 아직 대학에 다니지 않았기 때문에 완전한 자신이 아니다. 대학에 들어가려는 계획이 있다는 가정하에 이야기하겠다. 여러분은 똑똑하기 때문에 아마도 대학에 진학할 것이다. 여러분 또래 대부분이 그러하듯 아마도 대학에 다니게 될 것이다. 여러분은 이 책을 읽고 있고, 이 책을 읽는 사람과 대학에 관심 있는 사람들의 분포가 매우 일치하기 때문에 여러분은 대학에 갈 것이다. 그래서 나는 오늘 여러분이 1년, 2년이나 3년 뒤에 200명이 앉을 수 있는 강의실에서 1학년 세미나를 들으며 눈을 뽑고 싶은 충동을 참고 연필과 씨름을 할 것이라고 믿는다. 하지만 대학에 가겠다고 결정하는 것과 왜 대학에 가야 하는지를 이해하는 것은 완전히 다른 문제다.

여러분은 자신을 찾기 위해서 대학에 가야 한다. 자신이 언제나 원했던 그런 사람이 되기 위해서 말이다. 잠시 눈물을 닦고 설명을 들어보라.

대학에서는 새로운 사람들을 만나게 될 것이다. 멋진 사람, 사랑하게 될 사람, 짜증나게 할 사람, 같이 일하게 될 사람, 새벽 4시까지 피자를 먹으면서 이야기할 사람. 여러분은 이 사람들을 바꿀 것이고, 그 사람들도 여러분을 바꿀 것이다.

지금 학교에 멋진 사람이 12~15명 정도밖에 되지 않는 이유를 아는가? 각 학교에 멋진 사람이 그 정도밖에 없기 때문이다. 하지만 고등학교는 많이 있고, 고등학교 수가 대학보다 많다. 결과적으로 각 고등학교에서 12~15명의 멋진 사람들이 대학에 가고, 대학은 멋진 사람 대 그 밖의 사람이라는 흥미로운 비율을 갖게 되는 것이다.

가치 있는 것도 대학에서 찾게 될 것이다. 처음에는 누군가 전단지를 주면서 지원해달라고 부탁하면 무시하면서 지나갈 것이다. 하지만 언젠가는 전단을 나눠주고 있는 자신을 발견하는 날이 온다. 힙합 안경을 쓰고 얼굴에 털이 덥수룩한 사람과 마르셀 프루스트Marcel Proust, 레프 톨스토이Lev Nikolaevich Tolstoy, 〈니모를 찾아서Finding Nemo 〉에 대해서 논쟁하게 될 것이다. 어떤 일에 화가 나지만 왜 화가 나는지 이유를 모를 수도 있다. 학회나 클럽에 가입하고 (4년간) 내 인생의 일이라고 생각할 것이다. 자신을 잃지 않고, 그 그룹에서 활동할 수 있을 것이다.

그럴 리 없다고 생각했는데, 차차 전공과목이 이해될 것이다. 어떤 것의 의미가 무엇인지 알게 되고 뛸 듯이 기쁠 것이다. 그리고 교수님이 자신을 동등하게 대해 준다는 걸 느끼고, 이게 그리 이상하지 않게 느껴질 것이다. 여러 가지 성공을 거두면서 허세를 부리고 싶은 마음을 꾹꾹 눌러 담을지도 모른다.

그러고는 애셔 로스Asher Roth의 〈I Love College(대학이 좋아)〉를 들으면서 리듬에 맞춰 어깨가 들썩거리게 될 것이다.

대학에서 소중한 추억들도 쌓게 될 것이다. 어느 날 아침에 잠에서 깨어나 앞으로 어른으로 살아가며 영혼이 망가질 때, 자신을 지탱해줄 따뜻한 기억들이 충분히 쌓여 있음을 깨닫게 될 것이다. 이야깃거리도 많아져서, 전에는 할 수 없을 것 같던 이야기도 할 수 있을 것이다. 그 이야기를 할 때 자신이 재미있고 매력 있는 사람임을 느끼게 된다.

가장 중요한 것은, 여러분이 자신의 모습을 찾게 된다는 것이다. 여러분은 시트콤에서 등장할 때마다 모든 사람이 응원하는 그런 인물이 될 것이다. 몇 개의 형용사로는 자신을 설명할 수 없을 것이고, 사람들이 원하는 것을 하게 될 것이다. 또한, 스스로 중요하고 실속 있는 사람이라고 느끼고, 실제로 그러한 사람이 될 것이다.

이것이 여러분이 대학에 가야 하는 이유다. 좋은 성적, 좋은 인턴십, 좋은 직장, 이런 것은 다른 사람들이 여러분에게 대학을 권하는 이유들이다. 사회에 나서기 전에 마지막으로 대학에서 스스로 도약해야 한다. 여러 활동으로 고생도 해보고, 다시 강해져서 일어나야 한다.

그러니까 가야 한다.

그곳에서 자신이 되길 바란다.

알랙 보할라드(Alec Bojalad)

오하이오대학교(Ohio University)에서 신문방송학을 전공하고 있다. 그는 혹독하게 이야기하며 야심차게 글을 쓴다.

어떤 대학을 선택할까?

미국에만 인가받은 대학이 7000개가 넘게 있다. 그리고 대부분의 대학에서 여러분을 원한다. 사람들은 하버드, 예일 같은 최고 명문대에 들어가는 것이 힘들다는 말을 많이 한다. 하지만 대학에서 무엇을 원하는지 깊이 생각해 보고 나면, 하버드, 예일은 안중에도 없을 수 있다. 여기서는 자신에게 맞는 대학을 선택하는 방법에 대해 조언하려고 한다. 학부 생활 4년 (또는 더 오랫동안)을 통해

설문 조사에 따르면…

46%가 고등학교 졸업 후에 어떤 교육을 받을 수 있는지 알고 싶어 했다. 60%가 진로 선택이나 공부해야 할 분야에 대해 알고 싶어 했다.

나 자신을 발견하고자 하는 사람에게 맞는 대학 선택 방법이다. 현안에 대해 끊임없이 토론하고 싶은 사람, 지구를 존중하는 대학을 찾는 환경주의자, 자신의 교육과정을 직접 설계하고픈 사업가, 모르는 사람 속에서 다시 시작하고 싶은 늦깎이, 자신의 날개를 펼칠 기회를 엿보는 부끄럼 많은 12학년 학생 등 모두 자신에게 맞는 대학을 (실제로 많이) 찾을 수 있다.

대학에 관한 사라지지 않는 아홉 가지 질문

1. 큰 대학이 좋을까요? 작은 대학이 좋을까요? 아니면 그 중간이 좋을까요?

미국의 인가받은 대학의 크기는 38명(애리조나 주의 환경 관련 대학교)부터 5만 명 이상[오하이오 주립대학교(Ohio State University)]까지 다양하다. 작은 대학(2천 명 이하)에서는 내 이름을 아는 교수님과 일대일로 만날 수 있다. 그리고 한 수업마다 고등학교 때와 비슷한 인원수가 함께 수강할 것이다.

큰 대학교에서는 심리학 개론 수업을 대형 강의실에서 수백 명의 학생과 함께 수강하게 될 것이다. 이 대단한 수강 인원은 매주 그룹별 지도, 스터디, 실습 등에서 15~30명 정도의 소그룹으로 나눠지고, 이를 조교가 맡게 된다. 조교는 대부분 대학원생으로, 교수가 대형 강의실 수업에서 설명하지 않은 내용이나 학생들의 질문에 대답해준다. 큰 대학에서도 전공 학과 수업을 들을 때는 강의 규모가 작아진다. 결과적으로 20~35명이 듣는 수업으로 나뉜다. 만약 대학이 아너스 칼리지 Honors College(우등대학)에 등록되어 있다면 더욱 그렇다. (아너스 칼리지에 대한 자세한 정보는 7번 질문에서 찾아볼 수 있다.)

　대학의 규모만 보고 학교를 선택하지 말자. 처음에는 작은 마을 출신에게 큰 대학교가 두렵게 느껴지고, 큰 도시 출신에게도 작은 대학이 그렇게 느껴질 수 있다. 하지만 집을 떠나면 자신이 얼마나 잘 적응하는지 스스로 놀랄 것이다. 2만 명 캠퍼스에서도 자신이 원한다면 눈에 띌 수 있을 것이다. 대학에서는 규모와 관계없이 나를 알릴 많은 기회를 만날 수 있다.

> ⋯, **도움말**
>
> 교육의 기본적인 질을 만족시키기 위해 미국에서는 전국적으로 인가가 시행되었다. 인가는 교육 기관 및 프로그램에서 공평한 동료 평가를 수행하기 위한 방법이다. 인가를 받지 않은 학교를 모험 삼아 가보는 것은 좋지 않다. 공인된 미국 고등교육 기관 및 프로그램의 전체 목록을 보려면, ope.ed.gov/accreditation을 가보자.

2. 온라인 학위는 뭔가요?

　대학에 직접 다니면 분명 장점(사람들과의 교류, 살찌는 음식이 많은 교내 식당 등)이 있다. 하지만 필요하거나 원한다면, 인터넷을 통해서만 학부 학위를 받을 수 있을까? 그에 대한 답은 '그렇다'이다. 하지만 선택의 폭은 넓지 않다. 대부분 대학에서는 일부 학점을 온라인으로 채울 수 있도록 일종의 원격 교육 프로그램을 제공하고 있다. 일류 대학 중에 컬럼비아, 스탠퍼드, 하버드, 코넬Cornell 대학교에서는 가장 다양한 온라인 강의를 제공하고 있다. 하지만 학부 과정을 모두 온라인으로 마칠 수 있는 대학은 그리 많지 않다. 그리고 이 프로그램은 공학과 기술 분야에 한정되어 있다. 대부분의 온라인 학위 프로그램은 성인들을 위한 평생 교육 과정을 목적으로 마련되었다. 피닉스대학교University of Phoenix와 카펠라대학교Capella University 같은 인가받은 사이버 대학이 인기를 얻고 있으나, 아직까지 이 대학에서 받은 학위는 일반 대학에서의 학위만큼 존중받지 못하는 상태다.

3. 공립대학에 갈까요? 사립대학에 갈까요?

공립대학(주립 전문대와 4년제 대학교)은 각 주 정부로부터 자금을 할당받는다. 이 지원금으로 인해 대학 등록금이 싸다. 사립대학은 주 정부의 지원을 받지 못하기 때문에, 비싼 돈을 주고 학교를 다녀야 한다. 일반적인 비용을 비교해보자면, 4년제 공립대학의 현재 평균 등록금은 1년에 7천5백~1만2천 달러 정도이다. 해당 주 출신이냐 아니냐에 따라 학비가 다르다. 반면 사립대학의 평균 등록금은 1년에 2만7천 달러이며, 일부 대학은 등록금이 6만 달러에 육박한다. 하숙 비용도 빼놓을 수 없다. 이 비용이 1년에 5천 달러 정도다.

사립대학에 가고 싶지만 지갑 사정이 좋지 않아도 너무 슬퍼하지 말자. 대부분의 사립대학에는 공립대학보다 장학금으로 쓸 수 있는 돈이 많다. 그러므로 자신이 똑똑하고 성적이 좋아서 모든 지원을 받게 되면 공립대학보다 (싸거나) 비싸지 않은 비용으로 충분히 사립대학에 갈 수 있다. 단지 비용 때문에 사립대학을 포기하지 말자. 대부분 사립대학에는 능력 있는 학생을 도울 수 있는 수단과 의지가 있다.

4. 지역 전문대학은 어떤가요?

공립 2년제 전문대학의 평균 등록금은 1년에 2천7백 달러 정도 된다. 돈 때문에 힘들어한다면 굉장히 매력적인 숫자다. 공부를 잘했던 학생들을 포함하여 대학 진학자들에게 인기 높은 방법 중 하나는 1년이나 2년 동안 전문대학에서 교양 과목을 모두 마치는 것이다. 교양 과목은 대부분 대학에서 졸업을 위해 필수로 들어야 하는 과목으로 영어 작문이나 미적분 같은 수업들이다. 이렇게 하는 이유는 등록금을 아끼는 것은 물론 하숙비용(전문대학을 다니는 동안은 대부분 집에서 생활한다) 등을 절약할 수 있다. 또한, 훌륭한 선생님이 개론 수업을 가르치지만, 대개 전문대학에서는 학업에 대한 부담감이 크지 않다. 마지막으로 공부를 잘하는 학생들의 다수가 2년을 전문대학에서 보내고 나머지 2년을 유명 대학에서 마치고 있다.

물론, 이 방법을 선택하면 대학 1학년에 겪게 될 여러 일들을 경험할 수 없고, 캠퍼스에서의 활동이나 사람들과 사귈 기회를 놓친다. 하지만 큰돈을 절약하는 데는 괜찮은 방법일 수 있다. 또한, 온라인 강의를 들으면서 수업을 보충할 수도 있고, 수업 외 시간에 관심 있는 분야의 인턴십 또는 지역 사회에서 하는 다양한 활동에 참여할 수도 있다.

5. 대학 학자금은 어떻게 마련해야 하나요?

매년 수천 달러의 장학금과 보조금(평생 갚지 않아도 된다)이 신청자가 없어 수여되지 못하고 있다. 상상이 가는가? 돈을 주겠다는데 받아가는 사람이 없다!

고등학교 생활지도 선생님은 경제적 필요에 따른 장학금(학비를 집에서 대줄 여력이 없을 때)과 성적 장학금(가정의 소득과는 상관없이 개인의 학업 기록을 바탕으로 수여되는 것) 정보를 많이 가지고 있어야 한다. 특정 주에 거주하는 능력이 뛰어나고 열심인 학생들, 또는 히스패닉, 미국 인디언, 여성, 항공 우주 공학 전공 희망자, 특정 기업이 원하는 특정 진로에 관심 있는 학생에게 수백만 달러가 준비되어 있다. 장학금과 보조금에 관한 책과 인터넷 사이트는 매우 다양하다.

⋯ 등록금 없는 대학이 정말로 있다?

대학에 가는 데 드는 비용이 많이 걱정된다면, 장학금 및 보조금 지원과 함께 미국에서 몇 안 되는 등록금 없는 대학에 지원해보는 것도 좋은 방법이다. 다음에 소개할 네 개 대학은 규모가 작고, 공부에서도 매우 힘든 과정을 거쳐야 한다. 이 학교들은 기부금에 의해 운영되며, 이 자금으로 학생의 재학 동안 모든 비용을 제공한다.

★ 커티스음악원(Curtis Institute of Music): 필라델피아에 있으며, 줄리아드학교 Juilliard School만큼 명성이 높으나 학비가 완전히 공짜다. 유명한 작곡가인 레너드 번스타인 Leonard Bernstein 이 이 학교를 졸업했다.

★ 쿠퍼 유니언(Cooper Union): 뉴욕 맨해튼에 위치하며, 미술 · 건축 · 공학 분야에 다채로운 과정을 제공하고 있다. 그래픽 디자이너의 아이콘인 밀턴 글레이저 Milton Glaser와 같은 걸출한 졸업생을 배출하였다.

★ 올린공과대학(Olin College of Engineering): 매사추세츠 주, 니덤 Needham에 위치해 있다. 미국 엔지니어링 과정 중 톱클래스 프로그램을 제공하고 있으며, 자선과 사업가 정신에 중점을 두고 있다.

★ 딥 스프링스 칼리지(Deep Springs College): 캘리포니아 사막의 한적한 소 목장 한가운데에 있다. 교양대학 liberal arts college 이자 남학교로, 학생들은 수업이 없을 때 목장에서 일을 한다. 대부분의 졸업생이 일류 대학교에서 2년을 보내고 대학 생활을 마친다.

6. 4년 안에 대학을 마칠 수 있을까요?

대학 생활을 4년간 한다는 것은 학과 과정이 단순하고 비용이 적게 들던 시절의 유물로 빠르게 변하고 있다. 오늘날 대학 학위를 취득하는 데에 4년 반에서 6년 이상이 걸리는 경우가 흔하다. 또 큰 공립대학에서는 이것이 일반적인 현상이 되고 있다. 여기에는 몇 가지 이유가 있다.

★ 비용 문제: 등록금이 너무 비싸서 일부 학생들은 대학에 다니면서 일을 해야만 한다. 이 때문에 한 학기에 수강할 수 있는 수업의 수가 제한된다. 대학에서는 학기마다 몇 학점의 수업을 들을지를 자신이 결정한다. 또 대학에는 나를 예의주시하는 담임 선생님이나 생활지도 선생님이 없다. (보통 한 학기당 15학점 정도를 듣는다.)

★ 인턴십과 코업 프로그램(co-op program): 전공과목에 필수 혹은 선택으로 이것이 있다면, 학점을 따면서 실제 기업, 병원 등에서 일할 수 있다. 하지만 이로 인해 보통 한 학기에 선택할 수 있는 수업의 수가 줄어든다. 하지만 시간을 투자할 만한 경험이

될 수도 있다. 요즘은 자신이 인턴을 했던 기업에 취업하는 대학생들도 많다. (코업 프로그램이란, 학교에서 기업의 실무를 집중적으로 가르치는 프로그램을 말한다-편집자)

★ 예산 감축: 최근 몇 년간 많은 대학에서 예산을 삭감했다. 그에 따라 평소에는 개설되던 강의들이 취소되기도 했다. 이 때문에 필수 과정을 듣지 못해 4년 안에 졸업하려던 계획이 틀어지는 경우도 있다.

★ 학생의 개인적인 문제: 1년 동안 해외에서 지내거나, 결혼하거나, 부모가 이혼하거나, 캠퍼스에서 잠시 벗어나고 싶을 수도 있다. 이러한 것들로 4년 안에 졸업을 못하지는 않지만, 늦게 졸업하는 경우가 있다. 인생의 위급 상황으로 아주 잘 짜인 계획도 가끔은 중단될 수 있다.

만약 4년 안에 반드시 졸업해야만 한다면, 지원하려는 대학에 4년 안에 졸업하는 학생의 비율이 얼마나 되는지 물어보자. 대학에서 '50% 미만'이라고 한다면, 그 학교에 등록하기 전에 왜 그런 결과가 나오는지 알아보자. 더불어, 고등학교에서 받은 AP 학점을 잊지 말자. 이 학점으로 대다수 학부생의 '5년 안에 졸업하는 계획'보다 짧은 기간 안에 편하게 대학을 마칠 수도 있다.

7. 공부에 대한 부담은 얼마나 되나요?

대부분의 대학 진학 관련 책에는 해당 대학이 '경쟁이 없는지 noncompetitive'(고등학교 졸업장과 등록금만 있으면 입학 가능), '매우 선택적인지 highly selective'(지원자의 상위 20% 내에서 합격 여부가 결정) 가 나와 있다. 양쪽 사이에는 '낮은 경쟁 less competitive', '경쟁적 competitive', '선택적 selective' 등이 있다. 이것으로 대학에 입학하려면 얼마나 힘든지를 알 수 있다.

입학 허가를 받는 것이 (특히 매우 선택적인 대학에서) 전투의 4분의 3에 해당된다면, 대학에서 살아남는 것은 또 다른 도전이 될 것이다. 지금까지와는 차원이 다르게 다양한 학생들과 갑자기 경쟁해야 한다. 그리고 훨씬 똑똑한 학생들과 경쟁해야 한다. 부담감이 들 때 할 수 있는 선택은 다음의 세 가지가 있다.

★ 작은 물에 큰 물고기가 되고 싶다면, 상대적으로 성적 평가가 까다롭지 않은 대학에 다니자. 자신의 능력과 재능으로 큰 노력 없이 꽤 빠르게 상위권으로 올라갈 수 있을 것이다.

★ 중간 물에 중간 물고기가 되고 싶다면, 자신의 공부 스타일과 지금까지의 성과에 맞는 대학을 선택하자. 대부분의 신입생이 고등학교에서 상위권에 속했을 것이며, 경쟁을 해야 하는 분야에서 두각을 보였을 것이기 때문에 이러한 선택은 '중간'이라 할 수 있다.

★ 큰 물에 작은 물고기가 되고 싶다면, 최상의 대학에 입학한다. 입학하자마자 모든 학생들이 나보다 똑똑하다고 생각하게 될 것이다. 당황하지 마라! 최소한 신입생의 반 정도는 같은 두려움을 느끼고 있을 것이다.

어떤 대학을 고를지 고민하는 동안 다음의 지침을 새겨두자.

⭐ 경쟁이 없는 학교에도 수준 높은 프로그램이 있으며, 매우 선택적인 학교에도 수준이 낮은 학과가 있다. 대학의 평판만 보지 말고, 관심 있는 학과(예를 들어, 역사, 교육, 생물, 영어, 컴퓨터공학)를 살펴보자.

⭐ 모두가 명성을 가지고 있으면 쓸모가 없다. 고등학교 친구들에게 "9월에 지식인들이 다니는 대학에 간다"라고 말하면 기분이 좋겠지만, 대학에 입학하고 나면 이제 뉴스거리가 아니다. 대학을 이름만으로 결정한다면, 나중에 예상치 못했던 불쾌한 깨달음을 얻을 수도 있다.

⭐ 아너스 칼리지에서 적은 비용으로 최고의 교육을 받을 수도 있다. 큰 주립대학교에는 학문에 집중하는 학생들을 위해 '대학 안의 대학'을 제공하는 경우가 많다. 아너스 칼리지에서는 대형 강의실에서 수업을 들을 등록금 정도를 내고, 작은 규모의 수업에서 다양한 교수님의 개인 지도를 받을 수 있다. 또, 같은 전공이나 관심사를 가진 똑똑한 아이들과 함께 공부할 수 있다. 아너스 칼리지에 관한 내용을 찾아보자. 이러한 것들은 대학 속 영재 프로그램과도 같으며 비싼 사립대학의 열성적인 과정과 같은 수준의 수업을 제공한다.

⭐ 전과와 편입을 기억해두자. 대학 신입생의 50%가 대학을 다니면서 적어도 한 번 전공을 바꾸며, 30%가 학사 학위를 받기 전에 다른 대학으로 편입한다. 12학년에 한 선택을 후회하게 된다

면, 지금까지 얻은 학점을 잃지 않고 (최소한 대학 2학년까지의 학점은 인정받으면서) 방향을 선회할 수 있다. 학생처럼 학점도 새로운 학과와 새로운 대학으로 옮겨진다.

8. 다른 대학보다 특별한 대학이 있나요?

대학을 생각할 때, 가장 먼저 떠오르는 것(또는 반드시 떠올려야 할 것!)은 학문이다. 가고 싶은 학과가 있는가? 열정적이고 아는 게 많은 교수가 있는가? 그러나 대학은 고등학교와 아주 비슷한 부분이 하나 있다. 바로 교실에서 일어나는 일만큼 교실 밖에서 일어나는 일에서 추억이 많이 생긴다는 것이다.

그렇기에 《뉴욕타임스》전 교육부 편집장인 로렌 포프 Loren Pope 가 저서 《내 인생을 바꾸는 대학 Colleges That Change Lives 》(www. ctcl.org 참조)에서 '촉매 대학'이라고 지칭한 곳을 고려해봐야 한다. 포프가 강조한 대학은 규모가 작은 편이고 (총 학생 수가 대부분 몇천 명 이다) 동일한 사명을 가지고 있다. 초점을 교수진이 아닌 학생에 맞추는 것이다. 이들 학교에서는 공동체 의식과 유대감을 강조한다. 또 경쟁이 아닌 협력으로서 무언가를 배우고, 학교의 전체적인 분위기가 '공장'보다는 '가족'에 가깝다. 다시 말해서, 학생의 능력을 가치 있게 보는 것이다.

지성이 넘치는 캠퍼스[예를 들면, 뉴멕시코 주 샌타페이에 있는 세인트 존스 칼리지(St. John's College)]이지만, 교육과정과 수업에 학생들의 의견이 반영되거나[오리건 주 포틀랜드의 리드 칼리지(Reed College)], 자신감 있고 유능한 사람으로 키워 주는 학교들[아칸소 주 콘웨이의 헨

드릭스 칼리지(Hendrix College) 또는 플로리다 주 세인트피터즈버그의 에거트 칼리지(Eckerd College)]이다. 혼자서 독립된 생활을 할 수 있는 곳으로 떠나고 싶다면, 이 40개의 대학을 한 번쯤 찾아볼 만한 가치가 있다.

9. 에세이와 추천서는 어떻게 쓰죠?

에세이는 대학에 지원할 때 대개 필수로 제출한다. 에세이 질문에 쓰인 단어가 조금 다를지라도 질문의 근본 목적은 같다. 대학에서는 여러분이 어떤 사람이며 무엇에 의해 움직이는지 알고 싶어 한다. 아마도 여러분은 영어 선생님에게 효과적인 작문 기법에 대해 물어봤을 것이다. 그러므로 에세이를 다 쓰고 나서 나를 잘 아는 선생님에게 읽고 조언해달라고 부탁하자. 선생님 눈에 에세이가 완성되지 않은 것 같다고 해도 동요하지 말고, 선생님의 조언을 침착하게 받아들이자. 자신이 잘 드러나게끔 에세이를 수정하면, 그만큼 원하는 대학교 입학에 가까워지는 것이다.

대부분 대학에서 서로 다른 주제의 에세이를 요구하지만, 공용원서 Common Application를 접수받는 400여 개의 대학에 지원하는 방법도 있다. 짐작했겠지만, 같은 원서를 400개 이상의 대학교 중 어느 대학에나 제출해도 되는 것이다. 이들 대학은 미국 44개 주와 워싱턴 D.C.에 있으며, 독일, 이탈리아에도 있다. 그리고 듀크와 노스웨스턴대학교 같은 '거물급' 대학도 있다. 홈페이지(www.commonapp.org)에 가서 어떤 대학이 이 제도에 참여하고 있는지 알아보자. 그리고 에세이를 쓸 때 특별한 지도가 필요하거나 잘 쓴 에세이를 읽어 보고 싶다면, 젠 타나베 Gen Tanabe와 켈리 타나베 Kelly Tanabe가 쓴 《합격! 50편의 대학 입시 에세이 Accepted! 50 Successful College Admission Essays 》의 최신판을 참고하거나, (비용을 지불하고) 에세이에 도움을 받을 수 있는 컨설턴트를 방문해보자.

선생님의 추천서는 되도록 빨리 부탁하자! 선생님에게 그런 요청이 넘쳐나기 전에 말이다. 가까운 선생님이나 생활지도 선생님에게 부탁하자. 자신에 대해 잘 아는 선생님은 학생에게 완벽한 그림을 만들어줄 수 있다. 추천서가 필수가 아니더라도 한두 개 정도의 추천서를 받아두자. 추천서가 있으면 입학의 기회가 많아진다. 특히, 자신의 성적표에 조금 문제 있는 과목이 있거나 표준 대입 시험 점수가 낮다면 더욱 그렇다.

···→ **대학 에세이 속 기괴한 질문 톱 10**

최근 몇 년간 입학 담당관들이 내놓은 엉뚱한 질문이다. 대학에서는 이러한 평범하지 않은 질문으로 학생의 독창성을 알아본다. 보통 이 질문에 반드시 대답할 필요는 없으며, 빈칸으로 놔둬도 감점을 받지 않는다. 하지만 질문이 얼마나 기괴하든 간에 언젠가 한번 답해보기를 권한다! 다음의 몇 개 질문에 답해보자. 특히, 아래에 적힌 대학이나 그와 비슷한 대학에 지원할 생각이 있다면 말이다.

1. 수요일에 대해 어떻게 생각하는가? - 시카고대학교

2. 2050년에 나에 대한 영화가 만들어진다. 영화의 제목과 영화 내용을 간략하게 요약해보라. - 뉴욕대학교 New York University

3. 자신이 혼자라고 생각하는가? - 터프츠대학교

4. 다른 사람에게는 일상적이지만, 자신에게는 특별한 의미가 있는 일상의 의식 또는 전통을 설명하시오. 그리고 자신에게 왜 특별한지 쓰시오. - 바너드 칼리지 Barnard College

5. 2020년에 대해 아직 아무도 한 적 없는 대담한 예언을 하시오. - 버지니아대학교 University of Virginia

6. 당신은 방금 300페이지의 자서전을 마쳤다. 217페이지의 내용을 제출하시오. - 펜실베이니아대학교 University of Pennsylvania

7. 두꺼비는 들을 수 있을까? 증명해보시오. - 베닝턴 칼리지 Bennington College

8. 평면에서 산다면 가장 큰 문제는 무엇일까? 또, 기회는 무엇일까? - 해밀턴 칼리지 Hamilton College

9. 사르트르 Jean Paul Sartre는 "지옥이 있다면 그것은 바로 타인이다"라고 말했다. 하지만 가수 스트라이샌드 Barbra Streisand는 "타인을 필요로 하는 사람 / 그들은 세상에서 제일 운이 좋은 사람"이라고 노래했다. 누구의 말에 동의하는가? - 애머스트 칼리지 Amherst College

10. 세네카를 분석하시오. - 바드 칼리지 Bard College

입학할 준비됐나요? 입학사정관이 전하는 합격 팁

다음은 스탠퍼드대학교, 보우도인 칼리지 Bowdoin College, 브라운대학교, MIT, 해버퍼드 칼리지 Haverford College, 버지니아대학교, 펜실베이니아대학교, 로욜라대학교 Loyola University의 입학사정관으로부터 수집한 소중한 팁이다.

★ 지금부터 장학금 및 학자금 지원에 대해 찾아보자. 빨리 시작해야 좋은 기회를 잡을 수 있다.

★ 대학을 다니는 데에 자신과 집에서 얼마큼 돈을 쓸 수 있는지 현실적으로 생각하자. 꿈의 대학부터 생각하자. 실제로 한 학기 또는 1년 후에 드는 비용이 자신과 가족에게 버겁다고 느끼는 학생이 많다.

★ 정보를 많이 찾아보자. 관심 가는 학교에서는 어떤 학생을 원하는가? 이 학교에 대해서 나는 무엇을 알고 있으며, 여기에 다닌다면 어떤 점이 좋을 것 같은가? 대학의 최소 입학 조건은 무엇인가? 지원자의 평균 조건은 무엇인가? 가끔 이 두 가지가 다를 때가 있다.

★ 많은 대학에서 고등학교 학생의 평점을 학교 방식대로 계산한다는 것을 염두에 두자. '공부를 잘하는' 과목만 계산하고, 운전면허 교육이나 체육과 같은 과목의 성적은 빼버리는 것이다. (스탠퍼드 대학교에서는 심지어 9학년 때 성적을 모두 빼버린다. 오래전의 학년은 대학 생활에 전혀 관련이 없다고 생각하기 때문이다.)

★ 어려운 수업을 듣는 것이 높은 성적보다 훨씬 강한 인상을 남긴다. 어느 대학 입학사정관은 "우리 학교에서는 일반 과정에서 A를 받은 학생보다 AP와 우등반 수업에서 B를 받은 학생을 선호한다"라고 말했다.

★ 고등학교 12학년에 너무 나태해지지 않아야 한다. 첫 학기 성적은 특히 중요하다. 일부 학생은 12학년에 좋지 않은 성적을 받아 임시 입학 허가를 잃는다.

★ 높은 SAT · ACT 점수와 낮은 수업 성적의 조합은 입학사정관

에게 나쁜 인상을 준다. 어느 대학에서는 그런 학생을 "선생님은 영재라고 부르지만, 스스로 그 재능을 쓰지 않는 사람"이라며 기피한다고 한다.

★ 에세이는 매우 중요하다. 에세이를 통해 작문 능력을 볼 수 있을 뿐만 아니라, 개인의 성격도 드러나기 때문이다.

★ 선생님의 추천서는 구체적으로 쓰였을 때만 자신에게 유리하게 작용한다.

★ 운동, 예술, 음악 등의 재능은 언제나 관심을 받는다. 하지만 원서를 채우기 위해서 갑자기 학교에 있는 모든 활동에 참여하지 말자. 어느 대학 입학사정관은 "4년 동안 세 번째 트럼펫 연주자로 계속 있었다는 것은 충직함, 책임감, 신뢰성을 보여준다"라고 말했다.

★ 대학에서는 자원봉사를 매우 긍정적으로 보며, 특히 리더십을 발휘하는 위치에 있었다면 더욱 그렇다. 어느 입학사정관은 "무료 급식소 봉사 활동은 아주 멋져 보일 것이다. 하지만 새로운 급식소에 자금을 지원할 곳을 찾는 데 힘쓴 사람은 더 특별하게 보일 것이다"라고 말했다.

★ 마감일을 꼭 지키자. 마음에 둔 모든 학교의 원서 마감 기간이 다를 것이다. 많은 대학에서 예외를 두지 않는다. 마감 기한을 놓치면 기회를 놓치는 것이다.

★ 가고 싶은 대학과 소통하자. 내 담당 입학사정관이 누구인지 알아보고 연락해보자(모든 원서에 담당 입학사정관이 있다). 나의 원서에 대해서 이메일을 하거나 전화로 물어보자. 일부 학교에서는

학생이 연락하는 것을 보고 얼마나 학교에 관심이 있는지 판단하기도 한다.

요약하면, 일류 대학에 들어가는 마법은 없다. 성적만 좋다고 되는 것이 아니기 때문이다. 좋은 소식이라면, 지원자의 대부분은 지원한 대학 중에 첫 번째와 두 번째 학교에서 입학 허가를 받는다는 것이다.

⋯▸ **퀴즈: 대학에 관한 진실과 거짓**

너무나 많은 정치인, 교육 전문가, 탁상공론만 하는 교수들이 대학에 관해서 이야기하는 터라, 가끔은 사실과 허구를 구별하기가 쉽지 않다. 다음 일곱 가지 질문에 답하면서 자신이 대학에 관해 얼마나 아는지 시험해보자.

퀴즈1 명문대에서는 그렇지 않은 대학보다 '돈값'을 한다.

정답 진실. 부유한 동문이나 여러 곳에서 주는 기부금 덕분에, 명문대에 다니는 학생들은 시설과 서비스 면에서 더 큰 혜택을 보며, 이런 혜택에 대해 큰돈을 내지 않아도 된다. 등록금을 낼 형편이 되는 학생에게 예일, 프린스턴, 브라운 대학과 같은 곳은 교육 '스페셜 팩'과 같다. 학교에서 교육을 받는 데 학생이 내는 돈은 명문대의 경우 학비 1달러당 20센트(학생 1인당 평균 9만2천 달러)이지만, 다른 대학이나 전문대학에서는 1달러당 78센트(학생 1인당 평균 1만2천 달러)이다. 하지만 학생을 까다롭게 뽑는 대학에서 학생에게 지출하는 비용이 높은 것이 교육의 질과 상관관계가 있는지는 확인되지 않았다. 그러나 학비가 비싼 명문대를 선택하면, 등록금의 가치 또는 장학금의 가치만큼 뭔가를 얻을 것은 확실하다.

퀴즈 2　지역 전문대의 교수는 명문대 교수보다 월급이 적기 때문에, 수업의 수준이 낮다.

정답　거짓. 미국전문대학학생참여조사 CCSSE(Community College Survey of Student Engagement)에 따르면, 지역 최고 전문대에서 제공하는 교육이 평균 명문대에서 제공하는 교육보다 낮다고 한다. 왜 그럴까? 바로 상위의 연구 대학 research university에서는 연구를 1순위에 두고 있기 때문이다. 그것이 그들의 일이자, 학교의 명성을 이어 가는 방법이다. 이들 대학의 2순위는 연구에 도움을 줄 수 있는 대학원생(그리고 학부 고학년생)이다. 그리고 멀찍이 떨어진 3순위는 교수가 실제로 수업을 통해 가르쳐야 하는 학부 1~2학년생이다. 반면, 지역 전문대학의 교수는 대부분 수업하는 방향으로 전공을 공부했고, 질이 높다고 입증된 교수법을 적용하여 학생들을 가르친다. 그렇다고 상위 연구 대학에 수업을 잘하는 교수가 없다는 소리는 아니다. 연구 대학의 교수는 비교적 수업에 우선순위를 두기 힘들다는 뜻이다. 교수의 수입이나 자부심과 상관없이 시간에는 제한이 있으니 말이다.

지금 살고 있는 지역에 어떠한 전문대학이 있는지 www.ccsse. org에서 알아보자. 대부분 2년제 대학이지만, 거기서 잘만 해도 최고의 대학에서 학위를 마칠 수 있다. (더불어, 이 방법으로 3~4학년에 존경하는 교수의 관심을 더 받을 수도 있다.)

퀴즈 3　아이비리그 대학에 다니면서 괜찮은 성적을 받는 것이 작은 교양 대학에 다니면서 좋은 성적을 받는 것보다 낫다.

정답　거짓. 앞서 말했듯이, 선발 기준이 까다로운 대학의 교수진은 수업보다는 연구에 초점을 두고 있다. 자신이 무엇을 하고 싶은지 분명히 아는 사람이라면, 어떻게든 교수의 관심을 받으려고 노력할 것이기 때문에, 성적이 보통이어도 괜찮을 수 있다. 하지만 대부분의 신입생은 과묵하고 스스로에게 확신이 없을 것이다. 이런 상황에서는 방황하거나 눈에 띄지 않거나 실력을 다 보이지 못할 수 있다. 작은 교양 대학에서 나에게 관심을 가져준다면, 학부생으로서 더 좋은 선택이 될 수 있고, 더 좋은 성과를 끌어낼 수도 있다. 그리고 학부 때 좋은 성적을 받는 것은 의미가 크다. 특히 대학원에 진학할 생각이 있다면 더욱더 그렇다.

퀴즈 4 어느 대학을 가느냐는 어느 대학원을 가느냐에 비해 중요하지 않다.

정답 진실. 요즘은 학사 학위와 함께 최소한 석사 학위가 필요한 직업이 많다. 그래서 학부 교육은 계단을 오르는 첫 단계에 불과하다. 우수한 대학원 또는 전문 대학원은 그러한 학부보다 장기적으로 사회생활에서 성공에 큰 영향을 미칠 것이다. 우수한 대학원에 진학하고 싶다면, 어떤 학교에 다니든 학부에서 더 많이 배우고, 자신의 능력을 최대한 보여야 한다. 예를 들어, 존스홉킨스 의과대학교는 듀크대학교의 C학점 학생보다 주립대학교 수석 졸업생을 선호할 것이다.

퀴즈 5 현재 미국의 요직에 있는 리더들은 규모가 크거나 또는 다양한 대학을 나왔다.

정답 거짓. 그렇다고 생각할 수도 있겠지만, 전혀 사실이 아니다. 돈이 많고 학생 선발이 까다로운 대학이 미국에서 리더십을 발휘하는 자리에 가까이할 수 있는 여지가 많은 것은 사실이다. 실제로 미국의 기업과 정부 지도자 중 절반 정도가 12개 대학 출신이다(어느 대학인지 짐작될 것이다). 그렇다고 해서 명문대 졸업장 없이 차세대 구글 CEO 또는 미국 대통령이 될 수 없다고 생각해서는 안 된다. 확률적으로 낮은 것뿐이다. 기업과 정부 지도자의 나머지 절반은 12개 이외의 대학을 졸업했다. 또한, 부담이 큰 지도자를 누구나 하고 싶어 하는 건 아니다. 그것은 좋은 일이다! 교사, 과학자, 비영리단체 관리자와 노조 지도자 같은 역할도 똑똑하고 유능한 사람들이 할 수 있다는 것이기 때문이다. 이들은 리더의 의사 결정에 영향을 줄 수 있다. 민주주의가 제대로 작동하려면, 깊고 다양해야 한다. 그리고 스탠퍼드나 하버드 MBA(미국의 경영학 석사 학위)만 필요한 것은 아니다.

퀴즈 6 명문대를 졸업하는 것이 그렇지 않은 학교를 졸업하는 것보다 연봉이 높은 직장을 얻는 데 도움이 된다.

정답 거짓. 약 6500명의 대학 졸업생을 대상으로 한 장기간의 연구에 따르면 명문대(높은 SAT 점수를 요구하는 대학)의 졸업생이 높은 연봉의 직장에 고전을 면치 못했다. 연구 결과를 보면, 여러 명문대에 지원했지만 불합격하거나 합격하고도 마음이 바뀌어 다니지 않은 학생이 실제로 명문대에 다닌 학생보다 나중에 훨씬 많은 돈을 벌었다. 말도 안 되는 소리 같은가? 절대 아니다.

명문대에서는 학생을 선발할 때 어느 정도는 나중에 돈을 많이 벌 것 같아 보이는 학생을 뽑는다. 이런 대학들은 주로 시험 점수, 성적 등 공부와 관련된 특징으로 학생들을 선발한다. 하지만 사회에서의 성공에 큰 영향을 미치는 동기부여, 포부나 소망과 같은 다른 요소는 잘 보지 못한다. 유명한 영화감독인 스티븐 스필버그 Steven Spielberg가 유명한 USC와 UCLA 영화 학교에 지원했으나 그보다 덜 유명한 학교에 다니게 된 것을 따서 연구팀은 이러한 상황을 '스필버그 모델 Spielberg Model' 찾기라고 불렀다. 모두 알고 있겠지만, 스필버그의 사회생활은 그다지 나쁘지 않았다. 그처럼 명문대에서 거절했지만 잘 살고 있는 사람들이 아주 많다.

퀴즈 7 학자금 대출을 많이 받더라도 갈 수 있는 한 최상의 대학에 가야 한다. 교육만큼 좋은 투자는 없으니까.

정답 거짓. 비싼 명문대에 입학 허가를 받았다고 해서 꼭 가야 할 필요는 없다. 만약 경제적으로 넉넉하지 않고 장학금이나 보조금을 많이 받지 못했다면, 학자금 대출을 하기 전에 한 번만 더 생각해보자. 이런 대출금은 사회생활을 시작하면 바로 갚아야 하며, 이자가 보통 싸다고 해도 초기에 아주 많이 대출을 받았다면, 매달 갚아야 하는 돈이 버거울 것이다. 특히 돈을 많이 (정말로 많이) 버는 직업을 얻지 못한다면 말이다. 살면서 하게 되는 선택, 즉 집, 여행, 취미, 대학원 진학과 심지어 결혼해서 아이를 낳을지 등의 선택에 제약을 받을 수 있다. 그러므로 교육에 투자하는 것은 정말 좋은 일이지만, 이 투자에 얼마나 오랫동안 돈을 내고 싶은지, 그리고 투자하고 싶은 다른 것은 없는지 생각해보자.

대학을 여러 군데 합격했다면?

원하던 세 곳의 좋은 대학에 합격했다. 축하한다! 그렇다면 이제 무엇을 해야 할까?

다시 한 번 비교해야 하는 시기가 왔다. 먼저 자신과 가장 관련 있는 것, 즉 비용, 거리, 평판, 규모 등을 고려해서 제일 낮은 순위의 대학을 제외하자. 처음에는 굉장히 어렵겠지만, 나중에는 쉽게 결정할 수 있을 것이다. 그 다음, 남은 두 대학의 웹 사이트를 샅샅이 뒤지고 카탈로그를 읽어보면서 장단점을 써보자. 결정을 내리기에 아직 충분치 않다면 캠퍼스를 방문해보자. 만약, 캠퍼스 방문이 불가능하다면 자신의 원서를 담당한 입학사정관에게 전화해서 학교에 대해 한 번 더 설명해달라고 부탁하자. 마지막으로 여러분의 의견을 존중하는 사람들과 학교 이야기를 나눠보고, 머리가 아닌 마음에서 자신에게 가장 잘 맞는 대학이라고 이야기하는 곳을 선택하면 된다.

대학은 수업이나 시험 그 이상의 것이다. 4년(또는 그 이상) 동안 생각지 못한 방향으로 성숙해지고, 새로운 관심사를 찾으며, 뜻밖의 도전을 하고, 새로운 친구를 사귀고, 앞으로 오랫동안 연락하게 될 사람들과 관계를 쌓으며, 어쩌면 인생의 동반자도 만날 수 있다. 두 대학의 조건이 같다면, 감정, 직관, 직감 등, '육감' 아니면 뭐라고 부르든 그것이 가리키는 것을 선택하는 게 좋다. 그리고 언제든 편입할 수 있다는 것을 잊지 말자.

> "IS 전공은 기존의 전공보다 취업 시장에서 좋아하는 경향이 있다. 개별 학습을 통해 학생들은 자신을 '사업가이자 스스로 행동하는 사람'으로 마케팅할 수 있다."
> - 트루디 G. 스테인펠드(Trudy G. Steinfeld), 뉴욕대학교 와서만 경력 개발원
> (NYU Wasserman center for career development) 원장

관심 있는 분야와 관련된 수강 과목이 많다는 전제하에 전공을 직접 만들 수 있는 대학도 많다. 이를 대부분 '협동 활동(Interdisciplinary)'이나 '협동 활동 연구(Individualized Study)' 또는 간단하게 'IS 전공'이라고 부른다. 학생들은 여러 학과의 수업을 조합하여 어떠한 일괄된 프로그램에도 맞출 필요 없는 자신만의 교육과정을 설계할 수 있다. 예를 들어, 동물 인권에 관심이 많은 학생이라면, '환경 윤리'라는 전

공 아래 정치, 윤리, 과학 수업을 조합할 수 있다. 또 다른 IS 전공의 예로는 '대량 학살 연구와 인권 및 국제관계', '세계 보건 및 빈곤' 그리고 '법학 지망과 정치 및 비판적 인종 이론' 등이 있다.

⋯▶ 특이한 대학 전공과목 여섯 가지

대학에서 어떤 전공을 할지 잘 모르겠는가? 대학에 다니면서 아직 전공을 정하지 못한 사람이 많으니, 괜찮다. 대학은 탐색하는 기간이다. 자신의 관심사를 모두 전공으로 할 수 있다고 생각해도 좋다. 예를 들어, 다음과 같은 전공을 하게 될 수도 있다.

- 뉴햄프셔대학교 University of New Hampshire의 '자연요리학과'
- 빈세네스대학교 Vincennes University의 '볼링산업 관리 · 기술학과'
- 미시간 주립대학교 Michigan State University의 '포장학과'
- 서던일리노이대학교 Southern Illinois University의 '대장장이학과'
- 캔자스 주립대학교 Kansas State University의 '제빵공학과'
- 리드 칼리지의 '수중 바구니 수공예' [전공 학과라고 하기에는 좀 힘들지만, 파이데이아(Paideia) 페스티발의 일환으로 리드 칼리지에서는 이 터무니없는 수업을 1980년부터 매년 개설하고 있다.]

대학의 대안: 가보지 않은 길

대학에 관해서만 이야기하다 보니, 영재 청소년이 고등학교 졸업 후에 선택할 수 있는 길이 대학밖에 없는 것처럼 보일 수도 있을 것이다. 하지만 그렇지 않다. 여러 가지 이유로 10대 영재 중에는 졸업 후에 다른 길을 선택하는 경우도 있다. 어쩌면 대대로 군 복무를 해왔던 집안 분위기나 군 생활에 대한 관심으로 입대할 수도 있다. 아니면, 집안 사정이 대학에 갈 만한 상황이 아니라서 바로 직장에 취직할 수도 있다. 자신의 사업을 시작하거나 아메리코 AmeriCorps와 같은 봉사 단체에 참여할 수도 있다. 이런 선택은 모두 옳은 일이며, 존중받아야 한다. 필자들의 똑똑한 동료가 말하기를, "기회를 거부당하는 것보다 안 좋은 건 자신의 기회를 누군가에게 선택당하는 것"이라고 했다. 대학은 언제나 선택이어야지, 의무여서는 안 된다.

> "모든 사람에게 대학이 맞는 건 아니다." - 제니퍼, 18세

유럽에서는 일반화되었으나, 아직도 북미 지역에서는 흔하지 않은 대안이 1년간 갭이어 gap year를 하는 것이다. 즉, 고등학교 졸업 후 다른 학생들이 대학에 갈 때 스스로 대학에 가지 않는 것이다. 대신 유치원 입학 후부터 매일 단조롭게 돌아가던 일상에서 벗어나 다른 계획을 세우고 경험을 쌓는다. 만약 고등학교를 월반해서 졸업했다면 더 유리할 것이다. 또, 대학에 가기 전에 시간을 낼 수 있을 것이다. 갭이어에서는 여행, 외국에서의 홈스테이 등을 하며 시간을 보낼 수 있다. 반면, 이 시기에 일을 집중해서 하는 사람도 있을 것이다. 직장이든 인턴십이든 관심 분야에서 일할 수 있도록 준비하거나 돈을 벌 수도 있다. 1년간 갭이어를 하는 것의 장점은 다양하지만, 어떤 사람에게는 재미있지도 알차지도 않을 수 있다. 어떻게 해야 갭이어를 알차게 보낼 수 있는지 알아보자.

1. 무엇을 할지, 무엇을 하지 않을지 생각해두자.

무작정 부모님이나 나를 걱정하는 어른들에게 "대학은 나에게 맞지 않아"라고 말하면, 그들의 동의를 구하기 힘들다. 대학에 가지 않는 대신 무엇을 할지 반쯤은 윤곽을 잡은 계획이 있어야 한다. 믿을 만한 선생님이나 생활지도 선생님과 함께 이 문제를 이야기해보고, 부모님에게 이러한 결정을 내린 명확한 이유를 말할 수 있어야 한다. 부모님이 그것을 찬성한다는 보장은 없으나, 대충 계획을 짜는 것보다 명확하게 짜는 편이 훨씬 낫다.

2. 실패의 위험을 줄이자.

PSAT(공직적격성평가), SAT나 ACT 시험에 모두 응시하자. '대학과 진로의 밤 College and Career Night'이 학교 카페테리아에서 열리면, 거기에 참석해서 인사 담당자가 하는 이야기를 들어보자. 우등반 또는 AP 수업을 들을 수 있다면 최소한 몇 개를 수강해보자. 그보다 중요한 것은, 1년간 갭이어를 한 후에 대학에 갈 것이 확실하다면, 고등학교 졸업 전에 대학의 입학 허가를 받아두자. 대부분 대학에서는 입학을 1년 동안 미뤄준다. 학생이 스스로 원하는 시기에 공부를 시작하면, 더 진지하게 열중할 것을 알기 때문이다.

3. 절대로 '절대'라는 말은 하지 말자.

미래를 생각하면, 이렇게 이야기하고 싶을 것이다. "절대로 ~하지 않을 거야"라든지 "절대로 ~할 거야"라고 말이다. 하지만 절대적이라 해도 나중에 그런 생각을 철회해야 한다. 성숙해질수록 세상에는 뚜

렷한 흑과 백보다 다양한 색조의 회색이 많음을 알게 될 것이다. 또한, 여러분이 "절대 ~하지 않을 거야"라고 말할 때 그것이 '영원하다'는 의미가 아니어도, 어른들은 그렇게 받아들이지 않는다.

불필요한 오해를 피하려면 "절대 대학에 가지 않을 거야. 가야 하는 이유가 뭔데?"와 같은 "절대 ~하지 않을 거야"라는 말은 삼가자. 우선, 이런 말은 여러분이 대학을 가야 한다고 생각하는 어른들에게는 싸움을 거는 것처럼 들린다. 그 다음, "절대 ~하지 않을 거야"라는 말은 너무나 순진한 말이다. 내년 또는 10년 후에 자신의 꿈이나 목표가 어떻게 변할지는 아무도 모른다. 따라서 이렇게 말하는 편이 훨씬 낫다.

"지금은 저에게 대학이 크게 중요하지 않아요. 나는 ○○○을 하고 싶어요. 왜냐하면 ○○○을 이루고 싶으니까요. 내년에도 같은 생각일지는 모르지만, 지금은 그래요. 제 의견을 존중해주세요."

이런 이야기 방식은 마음을 닫는 게 아니라 열어서 보여주는 것이다. 그리고 나와 꿈이 같지 않은 어른들을 배려하는 것이다.

4. 갭이어는 나의 선택일 뿐 누군가의 잘못이 아니라고 말하자.

친척이나 선생님들은 여러분의 독특한 계획을 듣고, 처음 드는 생각이 "무엇이 잘못되었지"일지도 모른다. 따라서 그들에게 여러분의 불안한 마음을 알고 오랫동안 고민해서 결정했으며(정말 오랫동안 고민했나요?), 성급하게 내린 판단이 아니라는 것을 전하자. 이 결정을 내리기까지 지금껏 스스로 생각하라고 가르쳐준 어른들의 도움이 있었다는 것을 이야기해서, 그들의 '마음의 짐'을 덜어 주어야 한다. 나에게 가장 맞는 방향을 선택할 수 있도록 마음의 힘을 키워준 것에 감사를 전하자.

5. 1년간 쉬게 되어 즐겁다고 말하자.

열정은 전염성이 있다. 그러므로 1년간 갭이어의 장점을 알리고 다녀야 한다. 그동안 무엇을 할지, 어디에 살지, 어떻게 돈을 벌지, 어떻게 안전하게 다닐지 명확한 생각을 하고 있다면, 사람들의 지지를 받을 수 있을 것이다. 갭이어를 의심하던 사람이 "그래, 그렇게 나쁜 선택은 아닌 것 같다"라고 말한다면 성공한 것이다. 물론 완벽하게 찬성한다는 뜻은 아니지만, 자신이 원하는 방향으로 되고 있다는 의미이다.

대부분의 어른들은 청소년이 누리고 있는 시간, 즉 책임질 일은 적고 선택의 폭은 넓었던 시절을 그리워한다. 앞으로 평생 성인으로 살아야 하므로, 최대한 청소년 시기를 짜내서 보내는 것은 괜찮은 방법이다. 1년간의 휴식은 나 자신을 탐색하고, 어떤 사람이 되고 싶은지 알아가는 시간이 될 수 있다. 하지만 아무것도 하지 않으면서 시간을 낭비해서는 안 된다.

나의 갭이어 이야기

by 올리비아 파랜드

12학년 가을, 나는 다른 아이들처럼 대학 입학 지원서를 넣기 시작했다. 입학 에세이를 쓰고, 추천서를 받고, 여러 대학을 조사하면서 스스로 원서 속에서 길을 잃은 것 같은 느낌이 들었다. 미래에 어떤 일을 하고 싶은지 확실하게 결정할 수 없었고, 확실하지 않은 미래를 위해 대학에 엄청난 돈을 쓰는 것이 올바르지 않은 것만 같았다. 나는 가장 기본적인 질문에도 답을 내리지 못했다. '큰 대학이냐, 작은 대학이냐?', '주립대학이냐, 다른 주의 대학이냐?', '원하는 학과는 무엇이냐?' 등 말이다. '잘 모르겠다'라는 답이 늘어 갈수록 마음이 불안해졌고, 몇 개의 주립대학에 원서를 보낸 후에 다른 방법은 없는지 알아보기 시작했다.

나의 부모님이 열렬한 여행가이셨던 덕분에, 어린 시절 내내 나에게는 부모님과 여행을 하는 행운이 있었다. 하지만 나는 다른 문화를 깊이 이해하지는 못했다. 11학년에 브라질로 교환 학생 프로그램을 다녀온 친구에게서 자극을 받아 나는 아메리칸 필드 서비스 AFS(American Field Service)라는 해외 연수 프로그램에 지원했다. 그리고 프로그램에 합격한 후 스웨덴이라는 나라에 배정되었다. 나는 대학 입학을 1년 미루고 아이들과 다른 길을 가기로 했다.

부모님은 나의 결정을 지지해주셨고, 친한 친구들, 선생님, 멘토는 나와 같이 기뻐하면서 내가 남들과 다른 결정을 한 것이 그리 놀라운 일은 아니라고 했다. 반면에 이러한 계획을 듣고 의아하다는 표정을 지으며 "왜?"라고 묻는 사람도 있었다. 그러면 나는 그동안 내가 얼마나 미래에 대해 확신이 없었고 망설였는지 이야기했다. 내 말을 들은 후에도 나의 선택에 당황하는 사람들이 있었는데, 특히 내 또래 중에 많았다. 그들은 나에게 1년간 해외에 다녀오면 다시 공부하는 게 쉽지 않을 거라고 했다. 스웨덴에 적응하는 것이나 다시 돌아와서 적응하는 것이나 모두 쉽지는 않았지만, 새로운 것을 배우고픈 마음이 들 때마다 나는 선택을 정말 잘했다고 확신했다.

스웨덴에서 첫 몇 주는 살면서 가장 힘든 시간이었다. 어색했고, 혼란스러웠고, 무엇보다 심한 외로움을 느꼈다. 익숙하지 않아 적응하는 것이 힘들었지만, 그래도 작은 것부터 조금씩 해보았다. 예를 들면, 식료품 가게에 가거나 버스를 타고 시내를 나가는 큰 모험도 해보았다. 시간이 갈수록 외국어를 배우고, 스웨덴 문화를 전부 경험할 수 있었다. 전 세계의 다양한 친구들을 사귀었고, 스웨덴에서 만난 친구들을 지금은 나의 두 번째 가족처럼 생각한다. 새로운 기술을 배웠고, 새로운 관계를 맺었고, 나와 고향에 대한 소중한 깨달음도 얻었다.

나는 무엇이든 할 수 있었고, 나 자신을 잃지 않고 주변에 적응할 수 있었다. 나는 침착해지는 법과 나의 실수에 너무 자책하지 않는 법을 배웠다. 왜냐하면, 그런 때가 바로 우리가 많은 것들을 배울 수 있는 순간이기 때문이다. 나는 스스로의 선택에 책임을 졌고, 성인으로서 지식에 바탕을 두고 결정을 내렸다. 언어의 장벽에 막히자, 붙임성은 오히려 좋아졌다. 그래서 다양한 배경과 환경에서 자라난 사람들과 친구가 될 수 있었다.

사람들을 이해하게 된 것과 함께, 나는 내가 자라난 미국과 미국 문화에 대해서도 많은 것을 깨달았다. 스웨덴 사회가 움직이는 것을 보면서 미국의 사회 구조에 대해 긍정적으로든 부정적으로든 깨달음을 얻었다. 의료보험 제도, 법적 음주 가능 연령, 음주운전의 폐해, 교육과 공립교육 체계, 정치권력의 배분 등, 스웨덴과 미국의 차이점을 통해 다른 곳에서는 불가능한 통찰도 할 수 있었다. 그리고 스웨덴에서는 고등학교를 졸업하고 바로 대학에 입학하는 것이 매우 드문 일이라는 것을 알게 되었다.

갭이어로 얻은 이득은 너무나 많다. 교실에서는 배울 수 없는 것을 많이 배웠다. 또 일상에서 주어지는 것으로 뭔가를 깨우쳤고, 스웨덴에서의 경험을 통해서 스스로를 갈고닦을 수 있었다. 미국으로 돌아와 대학 생활을 시작하면서 나는 또다시 어색해졌다. 이번에는 제대로 된 이유 때문이었다. 1년을 잃었다거나 나와 같이 고등학교를 졸업한 아이들보다 뒤처져서가 아니라, 그 아이들보다 현명하고 박식해졌다는 느낌이 들었기 때문이다. 수업 시간에도 같은 신입생보다는 상급생들과 더 친해졌고, 같은 수업을 받는 친구들의 생각을 들어보고, 그것을 나의 경험에 비춰볼 수 있어 좋았다.

1년간 갭이어를 할 생각이 있다면, 나는 강력하게 추천한다. 갭이어의 1년은 단순히 쉬는 시간이 아니라, 나 자신을 발견하고 성장한 시간이었다. 개인적인 경험으로는, 대학 원서는 갭이어 기간보다 12학년 때 넣는 것이 훨씬 쉽다. 또 1년간 입학 유예를 받을 수 있어 편리하다. 그리고 AP 수업이나 이중 등록 수업을 고등학교에서 할 수 있는 한 많이 하라고 추천하고 싶다. 그렇게 하면 충분한 학점을 가지고 대학에 들어가서 한 해를 쉬고도 2학년 과정을 공부할 수 있기 때문이다. 계획하고 고민할 시간이 필요하지만, 교실이 아닌 다른 곳에서 한 해 동안 뭔가를 배우면서 얻을 이익을 고려하면, 갭이어는 나의 인생에서 매우 잘한 선택이었다.

올리비아 파랜드(Olivia Fauland)
콜로라도 주 덴버(Denver)에 위치한 콜로라도대학교 1학년에 재학 중이며, 미술을 전공하고 있다.

 # 인턴십: 열정을 찾아가는 길

앞으로 자신의 꿈의 직장이나 진로를 위해서 갭이어, 대학 또는 인턴십을 선택하는 것은 중요한 첫 단계라고 할 수 있다.

예를 들어, 영화를 너무 좋아하고 영화 한 편을 만들고 싶다고 해보자. 스파이크 리 Spike Lee 감독의 영화 제작사인 '40 에이커스 앤 뮬 필름웍스 40 Acres and a Mule Filmworks'에 인턴십을 지원해볼 수 있을 것이다.

당나귀mule가 나왔으니 하는 이야기인데, 어쩌면 동물을 사랑하고 오실롯(고양잇과 동물로 표범과 비슷하게 생겼다-편집자)의 자연 서식지를 사람들에게 알려주고 싶을 수도 있다. 그렇다면 샌디에이고동물원의 인턴십을 알아보자.

아니면 돈을 모아서 그 돈을 친구들에게 빌려주고 이자를 받을 수 있다. 이처럼 여러분의 피에 재테크가 흐른다면, 뱅크 오브 아메리카 Bank of America에서 인턴을 할 수 있을 것이다.

고등학교 재학 중에 말 그대로 수천 개의 기업과 조직에서 실제 사회생활을 배울 수 있다. 대부분의 인턴십은 무급이지만, 집에서 생활한다면 부모님의 보호 아래 있으므로 돈이 우선순위는 아닐 것이다. 대신 관심 있는 분야에서 인턴을 하면서 앞으로 가고 싶은 길을 가게 될 수 있다. 반대로, 정말 멋져 보이던 일이 인턴십을 하면서 팥 없는 찐빵처럼 지루하다는 것을 알게 될 수도 있다. 두 가지 모두 아주 소중한 인생 수업이다.

그렇다면 어디서부터 시작해야 할까? 세 가지 제안을 해보겠다.

1. 인터넷에서 룩샤프 Looksharp(www.looksharp.com)를 검색하거나 캐럴린 C. 와이즈 Carolyn C. Wise의 《인턴십 최강 가이드 Vault Guide to Top Internships》를 읽어보자. 이 웹 사이트와 책에는 3M, 미국농아학교 The American School for the Deaf, 앤디 워홀 박물관 Andy Warhol Museum, 미국국가안전보장국 National Security Agency과 같은 곳을 비롯해 수천 개의 인턴십 기회가 수록되어 있다. 인턴십을 하려면 살고 있는 곳 주변에 이러한 기업과 기관이 있

어야 한다. 여기에 생각하는 것보다 훨씬 많은 방법이 적혀 있다.

2. 학교의 생활지도실을 방문한다. 지역의 기업에서는 여름 또는 학기 중에 언제나 싸거나 무급 인력을 원한다(그렇다, 바로 이게 여러분이다). 그리고 기업에서는 이것을 생활지도실에 알려준다.

3. 혼자서 알아본다. 주변 동물병원에 가서 개와 고양이가 디스템퍼 distemper(급성 전염병) 주사를 맞으려고 대기하는 동안 놀아주겠다고 제안해보자. 주변 생활협동조합 판매장에 들러 가판대를 정리하거나 주변 농장에서 채소를 받아 근처의 노숙자 보호 시설에 전달하겠다고 제안할 수도 있다. 또는 방과 후에 초등학교에 들러서 두 시간 동안 글 읽기를 힘들어하는 아이들을 가르치며 자신이 교사에 맞는지 시험해볼 수도 있다.

인턴십으로 얻는 이득이 무엇인지 궁금하고(특히 무급이라면 더), 인턴십에 회의적인 사람도 있을 것이다. 그렇다면 인턴십이 왜 이득인지 같이 한번 생각해보자.

★ 앞서 갈 수 있다. 기업이나 기관에 취직하는 순간부터 여러분은 학생이 아니라 프로다. 그리고 여러분은 그런 대접을 받게 된다.

★ 자신이 앞으로 하고 싶은 일이 직업인 사람들과 가까이 지내면서, 그 일이 어떤지 볼 수 있다. 그 분야의 장단점을 알려줄 수 있는 더 좋은 사람이 어디에 있겠는가?

★ 조직 구성, 갈등 관리, 우선순위 결정, 인간관계와 같이 배워야 한다고 생각지 못했던 것들을 배우게 될 것이다.

★ 인턴십을 마치면 나중에 연락할 수 있는 사람들과 멘토를 얻게 될 것이다. 직장에서 자신이 인재라는 것을 충분히 보여줬다면, 어쩌면 진짜 취업을 제안 받을 수도 있다.

★ 어쩌면 여러분은 다른 사람들은 하고 싶지 않은 힘들고 고된 일을 할 수 있다. 그러나 누군가 해야 한다면 내가 해보는 것은 어떨까? 대부분의 전문가는 위에서부터 시작하지 않았다. 제일 밑바닥에서부터 시작했다. 인턴십은 그 직업을 탐색하는 첫 번째 단계를 마련해줄 것이다.

불확실한 것의 아름다움

고등학교 졸업 후에 무엇을 하고 싶은지 잘 몰라 고민인가? 영재 청소년 중에는 그런 경우가 많다. 다음 이야기를 잘 들어보자.

라스베이거스가 유명한 이유는 여러 가지가 있다. 그중 한 가지로 고급 호텔에서 제공하는 뷔페식당을 꼽을 수 있다. 보통 저녁 식사에는 갈비, 게에서부터 훔무스 Hummus(병아리콩으로 만든 레반트 지역과 이집트의 요리-편집자), 과카몰리 Guacamole(아보카도를 으깬 것에 여러 재료를 넣고 만드는 멕시코 요리-편집자), 딸기 쇼트케이크, 초콜릿 토르테 torte(케이크의 한 종류-편집자)까지 모두 나온다. 말 그대로 아침, 점심, 저녁으로 수백 가지 음식이 제공된다.

식사하려고 돈을 내고 자리에 앉자, 호텔 지배인이 뷔페에서 지켜야 할 규칙을 알려준다. 규칙은 바로 '원하는 만큼 다 먹되, 단 하나의 음식만 먹는 것'이다. 뷔페에 가는 건 다양한 음식을 맛보려는 게 아니냐고 항의해도, 그러면 안 된단다. 단지 한 가지 음식만 먹을 수 있다는 것이다.

말도 안 되지 않는가? 이 상황은 영재 청소년이 직장, 대학, 사회생활 또는 다른 것 중에서 뭔가를 선택해야 할 때의 심정을 비유한 것이다.

"관심 있는 것도 많고 잘할 수 있는 것도 많은데, 어떻게 하나만 고르지?"

영재 청소년에게는 일반적인 딜레마이며, 여기에 붙은 명칭도 있다. 바로 '다형 잠재성 multi potential'이다. 즉, 이러한 딜레마가 있다 해도 혼자만 그런 것이 아니다.

> "영재라서 가장 어려운 점은 진로 선택인 것 같아요.
> 재능도 많고, 취미도 많고, 많은 것을 좋아할 수도 있는데,
> 하나만 선택해야 하는 게 힘들어요." - 알렉시, 14세

다행스럽게도 청소년 때에는 커서 무엇이 되고 싶은지 몰라도 된다. 많은 고등학교 친구들이 11학년이나 12학년쯤에 대학과 사회에서 무엇을 할지를 선택한다. 확신에 찬 목소리로 FBI 요원이나, 신경과 의사나, 프리랜서 예술가가 되겠다고 말한다. 그리고 대학, 직업학교, ROTC 등 어떤 길을 가야 할지 알아내고, 자신의 마음이 절대로 바뀌지 않을 거라고 확신한다.

그러나 많은 청소년들은 고등학교 졸업식 후와 선택한 직업을 시작

하기 전 사이에 마음이 바뀌거나 진로가 바뀔 것이다. 왜 그럴까? 고등학교라는 누에고치를 벗어던지고 더 큰 세상으로 나갔을 때, 청소년들은 그동안 존재하는지도 몰랐던 다양한 사람과 가능성을 만나게 된다. 예를 들어, 큰 대학에서 생물학을 전공할 계획이라면, 처음 답해야 할 문제는 어떤 종류의 생물학을 전공하고 싶은가이다. 해양? 미생물? 법의학? 신경? 대부분의 학과에 이 질문이 적용된다. 화학, 경제, 영어라는 분야가 다양한 학과로 나뉘는 것이다.

더 넓은 세상을 만나면서 낙담하는 영재도 있다. 고등학교 때 가졌던 확신이 2년 후에 불확실하게 바뀌기 때문이다. 물론, 자신이 알지 못한 가능성을 발견해서 즐거운 사람들도 있다. 그리고 다양한 선택 속에서 갈피를 잡지 못하고, 고등학교 졸업 후에 이것저것을 하며 자신의 목표나 대학 졸업이 다음 해로 미뤄질 수도 있다.

우리의 조언은, '숨을 크게 쉬자'는 것이다. 아마 앞으로 40년은 일을 하면서 살아야 할 것이다. 그러니까 무엇을 하고 싶은지 천천히 생각하자. 더불어, 오늘날 같이 기술이 계속 발전한다면 원하는 것을 정해도 직장을 몇 번 옮기고, 어쩌면 직업을 바꿔야 할 수도 있다. 그러니 새로운 것이 생기면 다양하게 선택해보자. 전공을 선택하지 않고 대학에 입학했다면, 영재가 해야 할 일인 것 같아서 전공을 선택하고 입학한 학생보다 훨씬 현명하다. 만약 주변에 좋은 뜻으로 어떤 것을 권하는 사람이 있다면 그들에게 감사를 전하고, 여러분은 인생을 계속 모험해보자.

모든 가능성을 열어두자

어렸을 적부터 여행 작가, 프로그래머, 식물학자, 유치원 선생님 등 무엇을 하고 싶은지 정해 놨다면, 건투를 빈다. 영재 중에는 이렇게 진로를 정해 놓은 사람도 있다. 그렇다면, 다형 잠재성은 그리 큰 문제가 아니다. 하지만 이 경우, 반대의 일이 일어날 수 있다. 즉, 하나의 분야에 심취해서 지금까지 갈고닦은 좁은 길 외에 다른 곳에는 마음을 열지 않았던 것일 수도 있다.

> "나는 영재니까 성인이 되면 일을 잘할 수 있을 것 같다.
> 왜냐하면 어떤 정보가 중요한지를 알고, 어떻게 그것을 찾을지
> 알기 때문이다." - 잭, 17세

···▶ **도움말**

커리어의 뜻은 정확히 무엇일까? 계속 변화하는 오늘날에 직업과 커리어 같은 단어를 정확하게 정의하기는 힘들다. 이 두 단어는 서로 바뀌어 사용되며, 관심 있는 분야를 탐색하고 재능을 적용하여 생계를 꾸려가기 위해 선택하는 길을 의미한다. 즉, 일이 생길 때마다 잠깐 일을 하는 프리랜서든, 기업이나 기관의 파트타임 또는 정규직 사원이든, 사업가, 작가, 재단의 보조금에 의존하는 예술가이든, 다른 여러 가지 일을 하고 있든 상관없다. 가능성은 무한하다. 꿈을 꾼다면, 여러분은 자신의 꿈을 이룰 방법을 찾을 수 있을 것이다.

필자들은 여러분이 자신의 선택에 자신감을 잃게 만들려는 것이 아니다. 다만, 여러분이 더 넓은 세상을 경험했으면 하는 것뿐이다. 조금이라도 관점을 넓히면, 다른 사람들과 더 재미있게 이야기할 수 있고, 공통점이 전혀 보이지 않는(아마도 공통점이 있겠지만) 사람과도 만날 수 있다. 그리고 이러한 마음가짐으로 처음에는 자신과 상관없을 것 같았던 분야를 공부나 취미에 활용할 수 있게 될 것이다.

세상은 뷔페와도 같다. 그리고 한 가지 음식만 먹는지 지켜보는 호텔 지배인도 없다. 그러니까 마음껏 먹어보자!

21세기 취업 시장에 오신 것을 환영합니다

대학에 가든 인턴십을 하든 여행을 위해 한 해를 쉬든, 여러분은 결국 진로를 찾게 될 것이다. 그리고 그 진로는 부모님과는 아주 다를 것이다. 왜 그럴까? 오늘날 사회에서는 전보다 복잡한 기술이 필요하다. 이제는 좋은 교육을 받고, 그 분야의 지식을 외워서 적용하는 것만으로는 충분하지 않다. 흑백 영화 속 바쁘게 왔다 갔다 하는 양복 입은 사람들은 현대사회에서 아마도 똑똑한 기계와 외국의 노동자 때문에 일자리를 잃었을 것이다.

오늘날에는 회사에서 직원이 어떤 분야를 분석하고, 평가하고, 또 새로운 지식을 만들어내기를 기대한다. 여러분이 사는 21세기에는 잘 적응하고, 자기 주도적이며, 여러 문화를 아우르고, 리더십과 책임감을 반드시 갖춰야 한다. 세계적인 경제, 정부, 의료, 환경 문제 등을 알아 두어야 하며, 이에 대한 어떤 '능력'을 요구하는 사람들과 함께 일하게 될 것이다. 그리고 직업을 갖기 위해 아주 똑똑한 사람들과 경쟁해야 한다. 일부 사람들은 영재처럼 평균 학점이 4.0이거나 대단한 기업에서 인턴 또는 관련된 활동을 한 적이 없지만, 영재보다 먼저 입사할 수도 있다. 그렇다면 이렇게 벅찬 세상을 어떻게 준비할 것인가? 여기 몇 가지 방법이 있다.

21세기 영재 청소년이 거쳐야 할 일곱 가지 단계

1. STEM 분야를 알아두자

STEM 분야는 과학 Science, 기술 Technology, 공학 Engineering, 수학 Math을 뜻한다. 이 분야를 모아서 가리키는 단어까지 있는 이유는 간단하다. 이 분야가 미래 직업의 대부분을 차지할 것이며, 미국은 현재 이 분야에서 크게 뒤쳐져 있기 때문이다. 표준 시험을 통해 측정한 결과, 34개국 중에서 미국은 과학에서 17위, 수학에서는 겨우 25위를 차지했다. 반면, 중국은 두 분야 모두에서 1위를 차지했다. 미국과 다른 산업국가에서는 STEM 분야에 자격을 갖춘 노동자를 투입해야 한다는 압박이 거세지고 있다. 그러므로 STEM 분야에서 어떠한 발전이 일어나고, 흐름이 어떻게 바뀌는지 항상 알아두자. 수업을 듣고, 책, 신문, 블로그, 인터넷 뉴스를 읽고 다큐멘터리나 웹캐스트를 보고, 이런 직업에 종사하는 사람들과 이야기를 나눠보면 된다.

컴퓨터 천재, 수학 천재, 물리 천재에게는 아주 식은 죽 먹기겠지만, 만약 과학, 기술, 공학, 수학에 관심이 없다면 어떻게 해야 할까? 걱정할 필요 없다. STEM 전문가를 고용하는 곳은 대부분 수준 높은 기업으로서, 인문학에 재능 있는 사람도 필요로 한다. 예를 들어, 내가 언어의 마술사라면, 의료 재단의 홍보 매니저에 지원할 수도 있다. 또 다른 예로, 시각 디자인에 재능이 뛰어나다면, 기술 회사에서 제품을 디자인할 기회가 찾아올 수 있다. 다만 이러한 경우, 의학이나 기술에 대한 배경지식이 조금이라도 있다면, 회사에 지원할 때 큰 도움이 될 것이다.

2. 하나(또는 세 개)의 외국어에 통달하자

다음을 생각해보자. 약 5만 명 정도의 미국 학생들이 지금 중국어를 배우고 있지만, 약 3억 명의 중국 학생들이 영어를 배우고 있다. 다른 언어를 능숙하게 하는 것은 이제 더는 신기하지 않다. 또, 더 이상 편하게 지내기 위한 것도 아니다. 이제 전 세계 노동 인구에게 언어는 필수 요소가 되었다. 영어 이외에 전 세계에서 가장 많이 쓰이는 다섯 개 언어는 중국어, 스페인어, 아랍어, 벵골어 그리고 힌디어다. 당연히 이 중 하나 이상의 언어를 배우면 자신에게 도움이 된다. 하지만 지금 말한 언어에 선을 긋지 말자. 특히 글이나 언어에 재능이 있다면 더욱 그렇다. 연구에 따르면, (모국어를 제외한) 수화나 심지어 C++와 같은 컴퓨터 프로그래밍 언어 등 외국어를 잘하게 되는 경우, 적응과 공감 능력이 향상된다고 한다. 또 취직 가능성은 물론, IQ도 올라간다고 한다. 그리고 한 언어를 배울 때마다 다음 언어를 배우기가 더욱 쉬워진다.

3. 다른 문화를 만나보자

이것은 간단해 보이지만 결코 그렇지 않다. 특히 미국처럼 큰 나라에 산다면 다른 나라에 그다지 관심이 없을 수 있다. 특히 10대 영재들은 자신의 관심사에만 빠져있기 쉽다. 심지어 전 세계의 미디어와 미국에 사는 이민자들을 봐도 그렇다. 하지만 문화가 고립되어 있다면, 진로에 좋은 영향을 받을 수 없다. 특히 미국이나 캐나다의 기업에서는 대부분 다양한 인종의 직원을 모집하고 있다. 기업이라면 국제적인 생각을 가져야 한다는 압박 때문에 직원도 다양하게 뽑는 것이다.

문화적 감수성은 쉽게 속일 수 없다. 할 수 있다면 외국으로 여행을 가보자. 그리고 세계의 뉴스와 문학을 읽는 습관을 들이자. 다양한 나라의 영화를 보고, 음악을 듣고, 여러 음식을 먹어보고, 연극이나 공연을 관람해보자. 살고 있는 곳에 이민을 온 이웃이 있다면 방문해보자. 영어를 가르치는 자원봉사를 하거나 온라인에서 전 세계 다양한 사람들과 친구를 맺어보자. 이렇게 세계를 경험하는 것은 재미있을 뿐 아니라, 사회생활에 큰 도움이 될 것이다.

4. 변화에 유연해지자

이제는 한 분야에 타고나거나 아는 게 많은 것만으로 사회생활을 잘해낼 수 없게 되었다. 얼마나 뛰어나고 좋은 교육을 받았던 간에, 세상이 빠르게 변하는 만큼 사회에서 다양한 변화구를 받게 될 것이다. 그러므로 유연하게 잘 적응하면서, 또 완벽에 집착하지 않아야 한다. 중요한 점은 변화를 받아들이고, 문제를 해결하는 과정을 통해 스스로 성장하는 것이다. 어느 분야든 변화에 대해 긍정적일수록 더욱 잘 적응할 수 있다. 이사, 실연, 시험 폭탄, 운동하다가 얻은 부상? 이런 변화구 같은 사건을 좌절이 아니라, '사회생활 연습'이라고 생각하자.

5. 창조, 창조, 그리고 창조하자

2장에서 이야기했듯이 창의력은 모든 지능 중에서 가장 중요한 요소이다. 혁신하기 위해 필요한 핵심 요소이기 때문이다. 또, 기존의 일자리를 똑똑한 기계가 대신하면서 새롭게 생긴 다른 일자리를 위해서도 필요하다. 창의력은 일반적으로 인간의 능력과 기계의 능력을 구별해주는 요소이다. 물론 IBM사에서 퀴즈쇼에서 인간을 이기는 슈퍼컴퓨터를 만들 수도 있다! 하지만 앱 개발자, 책 편집자, 임상사회복지사와 같이 혁신적이며 새로운 해결책이 필요하고, 인간의 기술을 필요로 하는 직업을 대체할 수는 없다. 앞서 나온 창의력에 관한 조언을 읽고 자신의 창의력을 보여줄 수 있는 포트폴리오를 만들어보자. 이 방법이 평점 4.0이나 완벽한 SAT 점수보다 사람들에게 훨씬 더 큰 인상을 남길 거라고 확신한다.

6. 한 기술의 전문가가 되자

자신의 미래를 설계하는 데 가장 도움이 될 만한 전자기기, 소프트웨어 프로그램, 웹 사이트나 어플리케이션을 찾는 데 시간을 투자하자. 예를 들어, 관심 분야의 전문가들을 어떤 소프트웨어 프로그램을 쓰고, 그와 비슷한 앱이나 무료 평가판 프로그램이 온라인에 있는지 알아보자. 물론 여러분이 취업 전선에 뛰어들었을 때, 프로그램이나 앱이 바뀔 가능성은 크다. 하지만 기본 기능을 알아두는 것은 그리 나

쓰지 않다. 그리고 새로운 언어를 배우는 것처럼 새로운 기술을 배워두면 다른 기술을 배우기가 그만큼 쉬워진다. 다음은 기술을 더 빨리 배울 수 있는 몇 가지 팁이다.

- ✹ 최소한의 기술로 최대의 효과를 노려라.
- ✹ 지금 산 물건은 이미 쓸모없어지고 있다는 것을 알아둬라.
- ✹ 어떤 기술을 완전히 배우기도 전에, 그 기술이 다른 것으로 대체되거나 업데이트하게 될 것이다. 우리는 항상 초보자가 될 것이므로 시작하는 것에 익숙해지자!
- ✹ 바보 같은 기술에 대한 적절한 반응은 더 나은 기술을 만드는 것이다.

7. 나를 알리자

2장에서 말했던 인간관계에 대한 설명과 더불어, 자신을 홍보할 줄 알아야 한다. 막막하게 느껴질 것이다. 특히 많은 영재가 내향적이며, 예민하고, 감정적인 경향이 있다. 일부 노련한 기업인, 즉 교수, 의사, 변호사, 사서, 엔지니어나 CEO도 대중 앞에서 발표하는 것을 여전히 어려워한다(때로는 땀도 많이 흘린다). 여러분이 선택하는 대부분의 직장이나 직업에 프레젠테이션 기술이 필요하다. 즉, 엘리베이터 안에서 잠재 고객을 설득하거나 업계 콘퍼런스에서 수천 명을 교육할 때 프레젠테이션이 사용될 것이다.

그러니까 언제 어디서나(컴퓨터 앞도 괜찮지 않을까?) 바보 같아 보여도 자신을 알리는 것을 연습하자. 웅변이나 토론 클럽, 연극, 시 낭송 대회 poetry slams, 노래방, 토스트 마스터 toast master(비영리단체에서 시작된 영어 연설 모임-편집자), 또는 즉흥 코미디 수업 등에서 여러분의 실력을 키울 수 있다. 지금 사람들 앞에서 이야기하는 것에 익숙해져야 앞으로 갑작스러운 공황 상태, 땀범벅이 된 셔츠, 어색한 인터뷰에서 벗어날 수 있다.

사회로 나아간 열 명의 청소년 사업가

대학을 졸업하거나 고등학교를 졸업할 때까지 사회생활을 미룰 필요가 뭐가 있을까? 이를 실천한 젊은이들을 소개한다.

1. 레인 서튼(Lane Sutton): 14세, 비평가. 자신의 유명한 웹 사이트에 청소년의 관점으로 책, 영화, 활동, 레스토랑 등에 대한 평론을 싣고 있다.

2. 애덤 호르위즈(Adam Horwitz): 18세, 앱 개발자. 스마트폰 어플리케이션인 '모바일 모노폴리'를 출시했으며, 출시한 지 3일 만에 150만 달러를 벌었다.

3. 리지 마리 리크니스(Lizzie Marie Likness): 12세, 아마추어 셰프. 리지 마리 퀴진 Lizzie Marie Cuisine의 설립자이자, 레이첼 레이Rachael Ray와 같은 인기 있는 요리 쇼에도 출연한 바 있다. www.lizziemariecuisine.com

4. 타비 게빈슨(Tavi Gevinson): 13세, 패션 블로거. 신선하고 자신감 넘치는 식견과 아이디어로 오트 쿠튀르 haute couture(1년에 두 번 열

리는 명품 패션 브랜드의 패션쇼-편집자)계에 색다른 파장을 일으켰다.
www.rookiemag.com

5. 파라드 애시드월라(Farrhad Acidwalla): 17세, 마케팅 에이전시 매니저. 인도 뭄바이에서 대학을 다니고 있다. 또, 그곳에서 국제 마케팅 에이전시인 록스타 미디어 Rockstah Media를 운영하고 있다.
www.rockstahmedia.com

6. 탈리아 레만(Talia Leman): 16세, 자선 사업가. 비영리 단체인 랜덤 키드 RandomKid의 설립자이자 CEO이다. 이 단체에서는 살고 있는 지역에 특별한 변화가 일어나도록 아이들을 돕고 있다.
www.randomkid.org

7. 아도라 스비탁(Adora Svitak): 13세, 작가. 굿모닝 아메리카 Good Morning America라는 방송 프로그램에 출연한 이후 두 권의 책을 출판했으며, 연례 TED에 나가서 강의도 했다.
www.adorasvitak.com

8. 에밀 모티카(Emil Motycka): 18세, 소규모 자영업자. 아홉 살 때 잔디 깎기를 시작으로 고등학교 12학년에 모티카 엔터프라이즈 Motycka Enterprises를 설립하였다. 여기서 잔디 관리에서 크리스마스 전구 설치까지 다양한 서비스를 제공하여, 13만5천 달러를 벌었다. www.emilslawns.com

9. 캐서린 쿡(Catherine Cook): 16세, SNS 웹 사이트 설립자. 고등학교 때, 오빠와 함께 마이 이어북 My Yearbook이라는 웹 사이트를 시

작했다. 현재 새로운 이름으로 바뀌었으며 9천 명이 넘는 가입자를 보유하고 있다. www.meetme.com

10. 마이클 던롭(Michael Dunlop): 16세, 금융 블로거. 난독증도 있고, 고등학교 졸업장도 없지만 금융 블로그를 운영하여 대성공을 거두었다. 현재 블로그는 매년 수십만 달러의 수입을 올리고 있다. www.incomediary.com

나의 사업가 기질은?

위 젊은 사업가들의 말에 따르면, 사업가가 되기 위해서는 몇 가지 기질이 필요하다고 한다.

- ★ (처음부터 시도해 보려는) 약간의 단순함
- ★ 가족, 친구, 멘토의 끊임없는 격려
- ★ 자기 분야에 대한 특별한 열정
- ★ 끝없는 노력(이것은 피할 수 없다!)
- ★ 끈질긴 인내(실패할 가능성이 훨씬 높더라도)
- ★ 마지막으로, 겸손

"청소년들은 세상의 흐름을 알고 좋은 아이디어와 좋은 사이트를 만들어 냅니다. 어른들이 이런 청소년의 말에 귀 기울이지 않는 건 멍청한 짓이죠." - 마이클 던롭, 청소년 사업가

사회가 실전이다

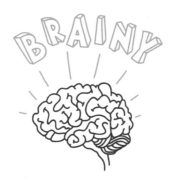

영재 청소년은 부모님에게 언제나 똑똑한 아들·딸이다. 반 친구들에게는 머리 좋은 아이, 잘난 척하는 아이, 답을 아는 아이일 것이다. 가끔 영재라는 것은 힘들다. 특히 다른 사람과의 관계에서는 더욱 그렇다. 혼자서 얼마나 재미있게 지내든, 즉 오래 문제를 풀고 상상을 하고 창의적인 생각을 하든 간에 인생에는 사람들이 필요하다. 같은 학년이나 영재인 어른뿐 아니라, 그렇지 않은 사람도 모두 필요하다. 이 장에서는 인간관계에 대해 이야기하려고 한다. 여기서는 새로운 인간관계를 만드는 법, 지금의 인간관계를 돌아보는 것, 나에게 의미 있는 인간관계를 키우는 것 등을 다루었다.

> "저는 사람들이 제가 영재라서 친구와의 관계에 문제가 있다고 생각하지 않도록 노력해요. 친구들처럼 되고 싶어요. 왜냐면 다르면 멀어지니까요. 다르다고 생각되는 아이들은 놀림을 받아요."
> - 제이라, 14세

설문 조사에 따르면…

59%의 응답자가 어떻게 하면 사회성을 기를 수 있는지 알고 싶어 했다.
55%의 응답자가 우정에 있어서 나이가 얼마나 중요한지 알고 싶어 했다.
46%의 응답자가 또래와의 관계에서의 압박감을 어떻게 이겨내야 할지 알고 싶어 했다.
47%의 응답자가 어떻게 하면 부모님과 더 잘 지낼지 알고 싶어 했다.

우정이란 무엇일까?

아무도 친구의 중요성에 대해서 반박할 수 없다. 친구는 좋을 때나 나쁠 때나 우리 곁에 있다. 또 운동회, 파티, 특별 프로젝트, 심지어 공부까지 많은 것을 재미있게 즐길 수 있도록 도와준다. 특히 부모님과 선생님이 점차 영향을 덜 미치면서, 친구들이 인생에 더 큰 역할을 하게 된다. 이것이 열두 살 정도부터 시작되는 정상적인 성장 단계이다.

영재든 아니든 우리 모두에게는 친구가 필요하다. 우리는 모두 친구를 사귀고, 그 친구와 친하게 지내는 데에 어려움을 겪는다. 하지만 영재인 경우에는, 이러한 관계에 특별하거나 복잡한 일이 생길 수 있다. 아래에는 영재 학생들이 필자들에게 설문 조사, 인터뷰, 편지, 대화를 통해서 물었던 친구와 우정에 대한 몇 가지 질문이다.

우정에 관한 열 가지 질문

1. 모두들 친구들과 문제가 있나요? 아니면 저만 그런가요?

진정하자. 영재들만 그런 것이 아니다. 어떤 사람들은 친구를 쉽게 사귀는 것처럼 보인다. 이 경우, 그들은 알맞은 시기에 알맞은 성격을 가지고 알맞은 곳에 있다. 반면, 다른 사람들은 수줍거나 여러 가지 상황 등으로 인해 사람들과 친해지는 것을 어려워한다. 그러나 친구를 잘 사귀든 못 사귀든 우리 모두는 우정을 잘 지켜내기 위해서 노력해야 한다.

2. 친구를 사귀려면 사람들과 똑같이 다녀야 하나요?

사람들과 똑같은 행동을 하는 게 나쁘지는 않다. 그 사람들이 여러분과 잘 맞는다면 말이다. 하지만 자신의 생각을 양보해야 한다면, 문제가 될 수 있다. 반면, 자신이 원하는 것만 고집한다면 외롭게 살 수밖에 없다. 나를 존중하는 사람들 사이에서 친구를 찾는 것이지, 나를 반박하는 사람들 사이에서는 그러지 말아야 한다.

3. 친한 친구 몇 명만 있는데, 괜찮은 건가요?

괜찮다. 영재들은 보통 친구를 사귈 때 어른스러운 면이 있다. 그래서 여러 사람과 격 없이 만나는 것보다 몇몇 사람들과 진지하게 만나는 것을 좋아한다. 자신이 의지할 수 있는 친구가 적어도 한두 명 있는 것이 중요하다. 친구와의 관계에 있어서는 양보다 질이다.

4. 친구들이 저보다 1살, 2살, 3살, 심지어 4살이나 많아도 문제 없나요?

문제없다. 어른들은 모든 나이의 사람들과 친구가 된다. 믿을 수 있고, 공감할 수 있는 사람들과 지내는 것이 중요할 뿐이다. 같은 해에 태어났다는 것이 나와 관심사, 목표, 가치관이 같은 것보다 중요하지 않다.

5. 친구가 되고픈 아이에게 '영재'가 뭐냐는 질문을 받았어요. 그 아이의 기분이 상하지 않고, 제가 거만해 보이지 않게 설명할 방법이 있을까요?

그 친구에게 영재를 뭐라고 생각하냐고 되묻는 것으로 시작해볼 수 있다. 만약에 정말로 영재가 뭔지 알고 싶어 한다면, 서로 자신의 관점을 이야기하면서 재미있는 토론을 할 수 있을 것이다. 기억해 둘 것은 영재에 관해 옳은 답도, 틀린 답도 없다는 것이다. 전문가들도 아직 하나의 정의를 내리지 못하고 있다. 여러분에게는 아마도 영재에 관한 자신만의 생각이 있을 것이다. 많든 적든 원하는 만큼 그 생각을 친구에게 공유하면 된다.

> "친구들 앞에서 저에 대해 어떻게 이야기해야 할지 잘 모르겠어요.
> 누구에게 이야기해야 할까요? 그리고 언제 잘난 척을 하고,
> 언제 그냥 사실을 말해야 할까요?" - 맥스, 13세

6. 친구들 중에 제가 영재라는 이유로 원망하고, 편견을 가진 아이들이 있어요. 왜 그러죠?

보통 사람들은 자신이 이해하지 못하는 대상이나 사람에 대해 편견을 가지고 있다. 그리고 자신에게 좋은 일이 충분히 일어나지 않으면, 열등감을 느낄 수도 있다. 그래서 영재들의 기를 죽여서 기분이 좋아지는 사람도 있다(최소한 그 순간에는). 영재라면 그냥 본래의 모습대로 행동하면 된다. 그 아이들이 생각을 바꿀 수도 있지만, 그렇지 않으면 다른 친구들과 어울리면 된다.

7. 친구들이 제가 똑똑하다고 놀리면 어떻게 해야 하나요?

친구들의 놀림에 어떻게 대처할지 확실한 방법은 없다. 놀리는 사람이 나에게 소중한 사람이라면, 놀림당할 때 기분이 어떤지 솔직하게 이야기하자. 너무 심하게 하지 말고, 놀리는 게 우리 사이에 도움이 되지 않는다고 말하자. 만약 놀리는 사람이 자신에게 소중하지 않다면, 그냥 무시하고 돌아서면 된다. 처음에는 이렇게 하는 것이 힘들겠지만, 놀리는 사람은 아무 반응도 얻지 못하면 결국 그만두게 된다.

8. '빈대' 같은 친구들은 어떻게 하죠? 숙제를 할 때 도와 달라 하고, 제 시험지 답을 베끼려는 친구들이요.

우선 스스로에게 물어보자. "그 애들은 진짜 내 친구인가?" 나에게서 뭔가 얻어 갈 것이 있어서 나와 친구 하는 아이들은 친구가 될 자격이 없다. 그러므로 이 문제는 내가 결정해야 한다. 그리고 친구를 도와줄 마음이 있다면(시험지 답을 보여주는 것 말고, 숙제를 도와줄 거라면), 그러면 그렇게 하면 된다. 하지만 그렇지 않다면, 할 일이 있고 지금 시간이 없다고 이야기하자. 그러면 '빈대들'이 무슨 뜻인지 알아채거나 혹은 그렇지 않을 수도 있다.

9. 영재 학생들은 다른 애들보다 데이트를 많이 못하나요?

지금까지 이 질문의 답을 밝힌 정식 연구를 보지 못했다. 다만, 우리의 설문 조사에 응했던 응답자 중에 자신의 경험에 비추어 이야기해 준 경우가 있었다. 영재는 다른 아이들보다 데이트를 늦게 시작하고 자주 하지 않는다고 말이다. 일부 아이들은 인기도 있으면서 동시에 똑똑하기가 힘들다고 했고, 특히 남자아이들에게는 똑똑한 것이 위협이 된다고 했다. 그래서 사람들이 자신과 데이트하는 걸 어려워한다는 것이다. 성별과 나이를 불문하고 이성을 사귀는 것은 모두에게 스트레스가 된다. 만약 누군가와 데이트를 하고 싶은데, 아무 일도 일어나지 않는다면 자신에게 뭔가 잘못이 있나 걱정할지도 모른다. 걱정하고 자신을 탓하기보다 보통 함께 노는 친구들 이외에서 (학교, 교회 또는 어디든지) 나와 같은 관심사를 가진 사람이 있는지 찾아보자.

10. 저는 친구를 사귀는 게 힘들지 않은데, 사람들은 왜 영재는 사회성이 없다고 하죠?

영재 중에 친구를 쉽게 사귀는 사람들이 많은 것이 사실이지만, 그렇지 않은 사람들도 있다. 그런 사람들은 스스로를 사회 부적응자라고 생각하며, 자신감에 큰 타격을 입는다. 또 어떤 사람들은 자신이 또래보다 똑똑해서 '일반' 아이들을 이해하는 데 문제가 있을 거라고 생각한다.

만약에 친구를 만드는 데 전혀 문제가 없다면, 운이 좋다고 생각하자. 안타깝게도 어떤 사람들은 영재들은 당연히 사회성도 없고, 인기도 없을 거라고 생각한다.

> "제 생각에는 영재 청소년이 자신과 지능이 비슷한 남자 친구 또는 여자 친구를 사귀는 게 정말 중요한 것 같아요. 물론 싱글인 것도 정말 좋아요. 왜냐면 저랑 잘 맞는 사람을 기다리고 있다는 뜻이니까요."
> - 에밀리, 18세

⋯ 친구를 잘 사귀는 열두 가지 팁

1. **먼저 다가가기.** 언제나 누군가 먼저 손을 내밀어 주길 바라지 말자. 가벼운 인사와 미소는 큰 도움이 된다. 유치하게 들릴지 모르지만, 반갑게 인사했을 때 어떤 반응이 돌아오는지 알게 된다면 놀랄 것이다.

2. **여러 활동에 참여하기.** 관심 있는 클럽에 가입하자. 또는 교내·외 특별 수업을 들어 보자. 자원봉사를 할 수 있는 지역의 기관이나 다른 기회들을 찾아보자. 영재 대상의 수업이나 기관으로 활동 범위를 좁히지 않았으면 한다.

3. **상대에게 관심이 있다는 것을 알리기.** 내 이야기만 늘어놓아서는 안 된다. 상대에 대해 그리고 상대의 관심사에 관해 물어보자. 이것이 습관이 된다면, 대화의 달인이 될 것이다. 이 기본을 알아채지 못하는 사람들이 의외로 많다.

4. **이야기 잘 들어주기.** 상대방이 이야기할 때 눈을 맞추고, 진심으로 귀 기울이는 것을 말한다. ("으응"이라고 길게 끌며 대답하는 것은 딴생각을 한다는 확실한 증거다.)

5. **(위험을 감수하고) 자신을 사람들에게 소개하기.** 알맞은 상황이라고 생각하면, 나의 관심사나 재능을 사람들에게 보여줘도 된다. 예를 들어, 자신이 SF(공상 과학 소설)를 너무 좋아하는데, 같은 관심사를 가진 사람을 알고 싶다면, SF 이야기를 하고 다니면 된다. SF 전문가를 만난다면 그와 아는 걸 공유해도 좋을 것이다.

6. **잘난 척하지 말기.** 여러분이 만나는 사람들 모두가 같은 관심사와 능력을 가지고 있는 것이 아니다. (반면, 나를 좋아하고 내 진가를 알아봐주는 사람을 만나면, 당연히 그렇지 않겠지만 능력을 숨길 필요가 없다.)

7. **솔직하게 말하기.** 솔직하게 말하자. 누군가 의견을 물으면 진심으로 대하자. 친구들은 서로에게 솔직히 이야기해주면 고맙게 생각한다.

8. 솔직한 의견과 선의의 거짓말을 적절히 사용하기. 진실이라고 해서 꼭 아파야 하는 건 아니다. "음, 머리 스타일 바꿨구나"라고 말하는 것이 "너, 머리카락 돈 주고 자른 거야?"라고 하는 것보다 낫다. 솔직한 게 알맞지도, 필요하지도 않은 때가 있다.

9. 친구를 내 불평을 들어주는 '북'으로 생각하지 않기. 좋을 때에도 친구와 함께해야 한다.

10. 내 몫을 하기. 그렇다. 모든 인간관계에는 노력이 필요하다. 친구가 먼저 계획하고, 모든 걸 해주길 바라며 의지해서는 안 된다.

11. 친구의 행동 받아주기. 모든 친구들이 나처럼 생각하고 행동해야 하는 것은 아니다. (만약 그랬다면 정말 지루하지 않았을까?)

12. 우정은 경쟁하기 위함이 아님을 기억하기. 자신과 같은 영재인 친구가 있을 수도 있다. 그리고 친구가 자신과 관심사가 비슷할 수도 있다. 이럴 때 친구끼리 서로 경쟁을 하기도 한다. 약간의 경쟁은 친구들 사이에 보통 있는 일이며 정상적이다. 하지만 힘들 때 서로를 격려하고 잘된 일에 서로 기뻐해줄 수 없다면, 그건 잘못된 것이다. 모두 언젠가는 잘될 것이며, 인생은 경주가 아니라는 것을 기억해야 한다. 우정을 지키는 것이 경쟁에서 이기는 것보다 멀리 보면 더 중요하다는 것을 기억하자.

"우리 학교에서 저는 언제나 영재들에게 둘러싸여 있어요.
그 애들은 경쟁심이 많거든요." - 존, 12세

대서양을 횡단한 탁구공

by 유발 아들러

나는 학창 시절을 두 나라에서 보냈다. 바로 미국과 고향인 이스라엘이다. 나는 3형제 중 막내로, 두 형은 현재 이스라엘 군대에서 복무하고 있다. 이스라엘에서는 남녀 모두 군 복무를 할 의무가 있다. 내 이름은 유발이고, 히브리어로 '작은 강'이란 뜻이다. 미국에서는 드문 이름이지만, 지금 살고 있는 이스라엘의 호트 하샤론Hod Hasharon에서는 그렇지 않다.

나는 대서양을 횡단하는 탁구공처럼 학교에 다녔다. 초등학교 2학년 때까지 이스라엘에서 공부했고, 3학년 때 미국으로 건너와서 4학년까지 다녔다. 5학년에 고향에 다시 돌아가서 10학년 때까지 있었고, 11학년에 다시 미국으로 갔다. (이것이 미국에서 박사 학위 과정을 공부하는 어머니를 둔 아들의 인생이다!) 나는 현재 다시 이스라엘로 돌아왔고, 여기서 고등학교를 마쳤다. 다음에 무엇을 할지 확실하지 않다. 먼저 3년간 군 복무를 할지, 아니면 대학을 다니다가 군에 갈지 모르겠다.

두 나라의 학교에는 다른 점도 있고 같은 점도 있다. 가장 큰 차이점은 이스라엘의 경우, 학교에서 교과 외 활동(예를 들면 관현악단)을 할 수 없다. 공통점은 패거리다. 두 나라 모두 패거리가 존재한다.

패거리는 지금도 그렇듯이 언제나 그룹을 나눈다. 학교에서 패거리는 하나의 큰 피자 같다. 한 조각은 '치어리더', 다른 조각은 '운동선수,' 그리고 또 다른 조각은 '책벌레' 또는 '범생이'. 나는 이런 게 못마땅하다. 이런 그룹 때문에 사람들의 관점이 좁아지고, 어떤 주제나 사람을 성급하게 판단하게 된다고 생각한다. 두 나라를 왔다 갔다 하면서 제일 좋았던 것은 나의 관점이 훨씬 넓어졌다는 것이다. 나와 다른 관점을 들으면(그리고 정말 실제로 들으면), 언젠가는 나는 어떻게 생각하는지 결론을 내려야 한다. 이것이 '나'라는 개인을 만들어준다.

처음 미국으로 이사 오기 전에, 나는 지금 싫어한다고 말한 어떤 '패거리'에 나도 모르게 들어가 있었다! 나는 이스라엘에서 '멋진 애들' 중 하나였고, 축구도 잘하고 인기 있는 아이라면 해야 한다는 활동도 많이 했다. 그러다 여덟 살 때 아무도 나를 알지 못하는 미국에 왔고, 아웃사이더의 눈으로 패거리를 보게 되었다. 패거리가 확실히 있는 상황에서 전학생이 자기 자리를 찾아가는 게 얼마나 힘든지 몸소 깨달았다. 그리고 처음에는 영어를 못해서 사람들을 이해하는 것이 힘들었고, 몸짓으로 이야기를 해야 했다. (그렇지만 영어를 빨리 배워서, 다음 해에는 영어를 유창하게 했다.) 이스라엘에서 내가 구슬 놀이를 제대로 못하는 아이들과 이야기하기를 싫어했던 '멋진 애'였다는 사실이 부끄러워졌다. 그 후로 나는 사람을 대하는 태도를 바꿨다.

그리고 (5학년에) 다시 이스라엘로 돌아왔다. 내가 속했던 패거리에서 더는 나를 인정해주지 않는다는 것을 알았다. 미국에 있는 동안 축구 실력이 형편없어졌는데, 당시 이스라엘에서 축구가 큰 인기를 누린 탓에 나는 바로 인기 없는 아이가 되었다. 나중에 친구들이 내가 사람을 성급하게 판단하지 않는다는 걸 알게 된 후에 다시 친구들과 어울릴 수 있었다. 하지만 (11학년에) 다시 미국으로 돌아왔고, 또다시 처음부터 시작해야 했다! 지난번보다 친구를 사귀는 게 더 힘들었다. 특히 고등학교에서 패거리의 선을 넘는 것은 너무나 어려웠다.

하지만 미국과 이스라엘 모두 이런 경계선을 넘을 수 있도록 도와준 곳이 있었는데, 바로 영재 프로그램이었다. 그곳 사람들은 흥미로운 생각과 열린 마음을 가진 똑똑한 사람이었다. 제일 친한 친구 중 몇 명도 영재 프로그램에서 만났는데, 같은 패거리가 아니라는 이유로 만나지 못했다면 정말 아쉬웠을 것이다.

계속된 이사로 힘든 것도 있었다. 1년 넘게 떠나 있다가 다시 우정을 쌓는다는 것은 어려운 일이다. 하지만 나는 이런 경험으로 긍정적인 사람이 되었다. 시야가 넓어졌고, 다시 공부를 시작하고 친구를 사귀는 것에 점차 적응하였다. 그러면서 많은 것을 극복해냈다. 그때의 기억이 앞으로 나에게 큰 도움이 될 것이다.

나와 잘 맞는 친구를 찾는 법

여러 영재 학생과 수년에 걸쳐 이야기를 나눠본 결과, 많은 영재들이 또래보다 세계 문제에 의견을 강하게 드러냈다. 기아, 전쟁, 지구온난화, 경제, 빈곤, 인구 과잉, 인권, 에이즈 확산 등 세계 문제에 우려하고 있었다. 자신과 같은 생각을 하는 친구를 찾는 것은 중요하다. 왜냐하면, 이야기할 사람이 자신밖에 없다면 인생이 외로워지기 때문이다. 그리고 같은 생각을 가진 사람이 주변에 없다면 자신이 잘못된 것은 아닐까 하고 생각하기 쉽다.

영재 학생들은 비슷한 관심사와 능력을 갖춘 사람들과 하루 몇 시간이라도 시간을 보내야 한다. 이렇게 할 수 있는 방법은 영재 프로그램, 월반 또는 우등반 수업을 듣는 것이다. 이 방법을 쓰는 학생들의 말에 의하면, 이런 수업에서는 자신을 그대로 드러낼 수 있다고 한다. 다른 학생들이 잘난 척한다고 손가락질할 것 같아서 특정한 단어를 쓸 때 걱정할 필요가 없다는 것이다. 그리고 다른 학생들이 나의 말을 '너무 복잡하거나 철학적'이라서 알아듣지 못할까 봐 걱정하지 않아도 된다. 영재들은 과소평가를 받거나 놀림당하지 않고 자유로운 브레인스토밍과 복잡미묘한 질문을 할 수 있다. 영재 학생 중에는 영재 수업이 가장 중요한 시간이었다고 이야기하는 학생도 있다.

하지만 학교에서 이런 수업을 제공하지 않는다면 어떻게 해야 할까? 어디에 가면 나와 비슷한 사람을 만날 수 있을까? 다행히도 몇 가지 방법이 있다.

나이 장벽 넘어서기

> "저는 왜 같은 학년 아이들을 사귀는 게 힘들까요?" - 애비, 14세

열 살이라는 나이에 상대성 이론을 이해하거나 열다섯 살에 암 치료법을 발견하는 게 목표라면 우정, 즉 서로 나누고 이해하고 존중하는 진정한 우정은 찾기 힘들거나 아예 없을 것이다. 이러한 이유로 (물론 다른 이유도 있다) 일부 영재 학생들은 어른이나 상급생과 친해지려 한다.

어떤 영재 학생들은 부모님, 교사, 이웃 등 자신과 관심사가 같은 어른과 우정을 쌓는다. 어른들은 영재에게 잘난 척한다며 비난하지 않고, 자신과 다르다고 손가락질하지 않는다. 또, 어른 친구들은 또래 친구보다 더 현명하고 객관적이며 덜 비판적일 수 있다.

또 다른 영재 학생들은 몇 학년 높거나 낮은 아이들과 재미있는 시간을 보낸다. 실제로 똑똑하고 창의적인 아이 중에 이런 아이들이 많이 있다. 그 이유를 알아보자.

★ 자신보다 나이가 많은 사람과 쉽게 친해진다면, 즉 나는 열세 살인데 친구들은 열여섯 살이라면, 열여섯 살 아이들과 수준이 맞기 때문일 것이다. 이미 몇 년 전에 동갑내기보다 수준이 높아졌을 수 있다.

★ 자신보다 나이가 어린 사람과 쉽게 친해진다면, 즉 나는 열두

살인데 친구들은 열 살이라면, 어린아이들이 자신을 열린 마음으로 받아주기 때문일 수 있다. 어린아이들은 나와 경쟁하려고 하지 않으며, 내가 생각만큼 똑똑하지 않다고 지적하지 않는다. 그래서 같이 있어도 안전한 느낌이 드는 것이다. 또 이 친구들은 또래 아이보다 장난기도 많고 재미도 있다.

어른이 되면 할아버지나 자식 나이의 사람들과 친구가 되거나 같이 일하게 될 것이다. 아마도 유치원부터 12학년까지가 나이에 따라 친구를 사귀는 유일한 시기일 것이다. 그 이후에는 나이보다는 서로 잘 맞는지, 같은 관심사가 있는지 등 여러 가지 요인으로 사람을 사귀게 된다.

이상하게도 어린이와 청소년의 사회는 어른보다 더 엄격하고 복잡한 규칙에 의해서 움직인다. 예를 들어, 서른 살에 스물다섯 살인 사람과 데이트를 하는 건 그리 큰 문제가 아니다. 하지만 열다섯 살인데 스무 살인 사람과 데이트를 한다면, 5년이라는 나이 차이가 매우 중요해진다.

많은 사람들이 동갑내기와 또래라는 말에 큰 차이가 있다는 것을 잘 이해하지 못한다. 나와 같은 해에 태어났다고 해서, 같은 학년의 아이들하고만 친해질 필요는 없다. 나이가 많든 적든 그 사람과 사귀는 게 더 좋다면, 그런 사람을 만나면 된다. 주변에서 걱정하거나 약간 의아해할 수 있으나, 이런 지적을 받아들일 수 있을 만큼 스스로 성숙해져야 한다. 더 좋은 방법은 친구들과 이런 걱정에 대해 함께 이야기해보는 것이다. 어쩌면 그들은 그 걱정을 완벽하게 이해하고 있을 수도 있다.

그렇다면 또래와는 어떻게 친해질 수 있을까? 학년이 장애물이 되는 학교에서는 어렵다. 만약 서로 다른 학년의 학생이 함께 공부하는 '열린 학교'에 다닌다면 좀 더 쉬울 수 있다. (이것은 요즘 볼 수 있는 것은 아니다. 우리 할아버지 할머니가 오래전 학교에 다니던 시절에 있었던 일이다.)

아마도 학교 밖에서 친구를 찾는 것이 가능성이 높을 수 있다. 예를 들어보았다.

- 다양한 연령의 사람들에게 인기 있는 대학교 공개강좌 또는 성인 교육 프로그램을 듣는다. 지역의 전문대학교, 레크리에이션 센터 또는 온라인에서 어떤 강의를 들을 수 있는지 알아보자.

- 예술에 관심이 있다면, 박물관에서 자원봉사를 하거나 콘서트 홀이나 극장에서 홀 안내를 할 수도 있다. 자원봉사를 받는 특별 프로젝트나 활동이 있는지 알아보자.

- 취미에 관한 클럽이나 이익 단체에 가입한다. 컴퓨터 프로그래밍을 좋아한다면, 지역에 코딩 클럽이 있는지 찾아보자. 악기를 다룰 줄 안다면, 지역 오케스트라 또는 밴드를 찾아보거나 자신이 작은 합주단을 만들어도 될 것이다. 빅토리아 시대 소설, 비트 작가의 시 또는 테네시 윌리엄스Tennessee Williams 희곡에 관심이 많다면, 그와 관련된 토론회를 찾아보거나 자신이 직접 만들어도 된다.

나이가 많은 사람과 친하게 되면, 나에게는 허용되지 않지만 상대방
에게는 허용되는 것들이 있을 것이다. 예를 들면, 음주, 운전, 외박 등
이다. 나보다 나이 많은 친구를 잃는 확실한 방법은 부모님(또는 사회)
이 정한 규칙을 어기는 것이다. 나이에 상관없이 누구나 친해질 수
있지만, 자신의 법적 한계는 명심해야 한다.

또한, 어떤 어른들은 청소년들을 이용하려고 할 수도 있다. 어른들을
끊임없이 의심하고 경계하라는 것이 아니라, 너무 순진하게 굴어서는
안 된다는 것이다. 어떤 사람이 불편하다면, 자신의 직감을 믿자. 뭔
가 아닌 것 같은 느낌이 들 때, 대부분 그 느낌이 맞다.

우정과 인기의 차이

친구를 사귀는 것과 친구들에게 인기 있는 것에는 큰 차이가 있다.
주변에 '팬'과 '아는 사람'이 없다면 잘 모를 수 있으나, 둘 사이에 차
이점은 분명히 존재한다. '우정'이란 언제나 친구가 나를 받아준다는
의미가 내포되어 있다. 반면, '인기'는 내가 필요하거나 멋져 보일 때
만 나를 인정해준다는 의미가 있다. 캐나다인 대학생의 설명을 들어
보자.

"제가 진짜 친구들과 어울리는 게 즐겁다는 걸 알게된 건 1년 반밖
에 되지 않아요. 다른 사람들에게 우리는 이상하고 때로는 바보 같은
아이들이에요. 고등학교에서 친구와의 관계에 문제가 있던 아이들은
대학교 2~3학년쯤 되면 상황이 조금 나아져요. 좀 더 빨리 좋아질 수

도 있는데, 그건 언제 친구들과 친해질 수 있는지 깨닫느냐에 달려 있어요. 친구들과 문제 있는 시기를 보내는 것은 참 힘들지만, 이제는 인기와 '평범함'을 끈끈한 우정과 내 멋대로 행동하는 것과 바꾸지 않을 거예요."

끈기 있게 노력한다면 상황은 나아질 것이다. 이미 그런 일을 겪은 사람들에게서 방법을 듣고 시도해볼 수도 있다.

★ 한두 명의 진짜 친구에 만족하자. 생각하는 것보다 훨씬 소중한 친구들이다.

★ 모든 사람이 나를 좋아하길 기대하지 말자. (여러분은 모든 사람을 좋아하는가?)

★ 같은 관심사를 가진 활동을 하거나 그룹을 찾자. 사람들과의 관계를 나이 하나만으로 결정하지 말자.

★ 가끔은 조언을 구하든 불평을 늘어놓든 부모님과 이야기해보자. 털어놓고 나면 더 이상 문제가 어렵지 않고, 어떻게 해야 할지도 알게 될 것이다.

★ 자연스럽게 행동하자. 남들 때문에 내가 아닌 모습으로 지내는 건 너무 피곤한 일이다. 특히 내가 무엇을 하는 데 방해가 된다면 더욱 그렇다. 언젠가는 친구를 사귈 수 있다. 다만 솔직하고, 진실하고, 마음을 표현할 때 가장 좋은 관계를 만들 수 있다.

⋯⟩ **질문** 친구들과 어울리려고 멍청하게 행동한 적이 있나요?

⋯⟩ **대답** "아니오" 66% / "예" 34%

"예. 친구들에게 영재 프로그램을 듣는다고 말하지 않아요. 가끔은 바보처럼 행동해요. 친구들은 성적이 나쁜데, 나는 잘 나왔으면 점수가 몇 점인지 알려주지 않아요." - 켄덜, 13세

"예. 사람들이 저를 놀리지 못하게 잘 모르는 것처럼 행동해요. 제가 답을 알 거라고 사람들이 알게 모르게 부담을 주는 게 싫거든요." - 샘, 17세

"예. 친구들이랑 놀 때 잘 이해하지 못하는 척해요. 아이들과 어울리려면 그런 모습을 보여야 할 것 같아서요." - 파멜라, 15세

"아니요. 예전에 이미 제가 하는 말을 사람들이 모두 이해하지 못한다는 걸 알게 됐어요. 그래서 사람들과는 다른 이야기를 해요. 하지만 100% 내 모습대로 행동하죠. 그게 중요한 것 같아요. 진짜 나를 좋아하는 몇몇 사람이 그렇지 않은 나를 좋아하는 많은 사람보다 훨씬 낫다는 걸 알기까지 오래 걸렸죠." - 로렌, 17세

"아니요. 제가 대답하면 가끔 놀리는 아이들이 있지만, 그 애들의 말과 행동이 저에게 아무런 영향을 주지 않을 걸 아니까요. 오히려 문제에 답을 안 하거나 질문을 안 하는 건 나에게 영향을 줄 거예요." - 트래비스, 14세

"아니요. 똑똑한 것은 저의 일부니까요. 눈동자 색깔, 머리카락, 이름처럼요. 똑똑하다는 걸 숨길 이유가 없어요." - 메건, 15세

"아니요. 멍청하게 행동해서 친구들과 잘 지낼 수 있다고 해도 그러고 싶지 않아요." - 콜, 13세

"아니요. 저는 제 모습이 자랑스러워요. 그리고 친구들과도 잘 지내는 것 같아요." - 페이지, 15세

"가끔 '멍청한 척'을 한다는 게 잘못 이해되는 것 같아요. 이제는 사람들과 잘 지내기 위해 커뮤니케이션 방식을 바꾸는 것이 얼마나 '똑똑한' 것인지 알아야 해요." - 데시레, 17세

두 세계 사이

by 올리비아 패트릭

성별과 관계없이 영재 고등학생이라는 사실은 너무 힘들지만, 특히 머리 좋은 여자일 때 맞닥뜨리는 문제들이 있다. 나의 경우, '스마트 걸'이라는 편견과 거리가 멀었다. IQ 점수로는 우수 영재로 분류됐지만, 이런 아이들에게 흔히 볼 수 있는 사회성 결여가 없었다. 그래서 나는 '똑똑한 애들'과 '인기 있는 애들' 모두에게서 오해를 받았다.

슬프게도 사람들은 우수 영재 청소년이 사회성이 떨어진다고 많이 생각한다. 나와 함께 초등학교 우등반에서 같이 공부하던 아이들이 고등학교에서 지뢰 같은 자리에 놓이는 것을 목격했다. 나는 자라면서 내가 다른 우수 영재와는 다른 감성과 사회성을 가지고 있음을 깨달았다. 나는 혼자 있는 것을 즐기거나, 책을 읽으면서 사실, 숫자, 허구의 세계에 빠지는 것을 즐기지 않았다. 대신 사람들과의 관계나 공감에서 영감을 얻었다. 나는 붙임성이 있고, 사람들과의 관계나 의사소통에 잘 대처했다. 자신만의 생각에서 벗어나 제정신을 가지려면 그렇게 해야 한다.

가끔은 일명 '인기 있는' 아이들을 보고 우울하거나 마음이 얄팍해지기도 한다.(나는 가끔 나 자신이 쓸모없는 대화를 원한다는 것을 외면

한다.) 그럼에도 그 아이들이 있어 나는 감수성 있고 붙임성 있는 사람이 될 수 있었다. 이 아이들과 함께 뭔가를 즐기려 할 때 가장 편안함을 느꼈던 것 같다. 하지만 '사회적'으로는 편할지 몰라도 '지적'으로는 불편하고 재미를 느끼지 못했다. 누군가가 (세상에나!) 2주 전보다 1.8킬로가 더 쪘다는 이야기는 한두 번만 들으면 충분하다. 소소한 이야기는 얼마가 지나면 피곤해진다. 특히 누군가의 기분이 상하지 않게 말할 때 계속 조심하고 있다면 더욱 그렇다. 계속해서 나와 같이 '머리 좋은' 아이에게는 똑똑한 것을 드러내고, 반면에 내가 똑똑한 것을 두려워하는 '붙임성 있는' 아이들에게는 그것을 숨기는 것은 너무나 힘든 일이다. 고등학교에서 아이들과 잘 어울리며 지금의 자리를 유지했지만, 개인적인 경험으로 그런 태도는 많은 잡념을 가져왔다.

가장 간단한 답은 균형을 이루는 것이지만, 말처럼 쉽지 않다. 친구들과 허물없는 '인기 있는 아이'와 우수 영재로서 '범생이'는 고등학교에서는 완전히 다른 세계이다. 이 두 세계가 공존할 수 없다는 것이 참으로 안타깝다. 내 주변에 이 두 세계에 함께 속하는 사람이 얼마 되지 않는다. 나는 그중에 몇 안 되는 여자다. 영재 고등학교 학생들의 회의에 들어가면 아픈 손가락처럼 튀는 것 같은 느낌을 받는다. 다른 영재 여자아이들은 나를 와서는 안 되는 곳에 와 있는 듯 보고, 대부분이 자신들을 조롱하는 아이들을 내가 배반한 것처럼 본다. 나는 그런 사람이 아니다. 누군가가 나에게 말을 건다면 나를 칭찬하고 다른 사람들에게 나와 똑같이 하도록 권할 것이다. 특히 여자아이들이라면 더욱더 그럴 것이다.

그동안 남자들은 나를 진지하게 생각하고, 내가 말하는 것에 관심을 보였던 때가 없었던 것 같다. 나는 남성이 지배적인 곳에서 관심이 집중되는 것을 두려워하지 않는다. 내가 공부하는 학문의 대부분이 그러하다. 하지만 나의 말을 남자들이 진짜로 듣게 하는 것은 참 힘든 일이다. 그렇게 하려면 공격적이어야 하고, 자신감이 있어야 하고, 빈정거리면서도 적극적이어야 한다. 그것은 마치 내 이마에 'B'로 시작하는 욕설을 붙이고 있는 것이나 마찬가지다. '지성의 남녀평등'은 시시포스와 유사하다. 존중이라는 산의 꼭대기에 오를 때쯤, 성차별주의라는 커다란 돌멩이가 내리막길을 내려온다. 의도와는 상관없이 이 성가시고 오래된 불평등은 지금도 이어지고 있다.

내가 이렇게 두 세계에 모두 존재하는 것은 아주 큰 선물이지만, 존재하는 것은 소속되는 것과는 다르다. 나는 두 세계에서 모두 번창할 수 있기를 원하지만 그저 중간쯤에 있었던 것 같다. 그래서 내가 지내기에 알맞은 곳을 찾지 못했다.

올리비아 패트릭(Olivia Patrick)

국제 개발과 관련된 분야를 전공할 계획이며, 해군 ROTC 입학을 꿈꾸고 있다. 군에 지원하고픈 사람들이 폭스 뉴스(Fox News)를 본다는 편견과는 달리, 자신은 NPR의 뉴스를 듣고 데일리 쇼(Daily Show)를 본다며 이 점을 특히 지적했다.

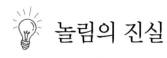

놀림의 진실

영재 프로그램이란 것이 있기도 전에 똑똑한 학생들은 '글쟁이', '선생님'에서부터 '샌님', '범생이', '괴짜', '얼간이' 등 여러 가지 혐오스러운 이름으로 불렸다.

> "저는 또래 아이들처럼 옷, 클럽, 록 음악, 남자 등 청소년 때 좋아하는 것들을 좋아해요. 하지만 가끔 저를 쿨한 애가 아니라 잘난 척하는 애 또는 범생이로 보는 애들이 있어요. 친구들은 신경 쓰지 말라면서 저보고 피해망상이 있대요. 하지만 이 기분을 마음에서 떨칠 수가 없어요. 낯선 곳에 서있는 낯선 사람이 된 기분 말이에요."
> - 넬리, 17세

왜 그럴까? 우리 문화에 영재가 어떤 모습으로 비춰지는지 보자. 만화 〈개구쟁이 데니스Dennis the Menace〉에서 데니스의 같은 반 친구인 똑똑한 마가렛은 안경을 쓰고 있다. 또, 만화 〈심슨네 가족들The Simpsons〉의 밀하우스와 리사, 그리고 TV 시트콤 〈빅뱅이론The Big Bang Theory〉의 셸던 쿠퍼를 생각해보자. 미디어에서는 똑똑한 청년들을 사회성이 없고, 운동을 못하고, 이상한 옷과 두꺼운 안경을 하고 있고, 포켓 프로텍터pocket protector(펜 같은 물건들로 옷 주머니가 상하지 않도록 옷 주머니 위에 얹는 것-편집자)를 쓰는 촌스러운 사람으로 묘사하고 있다. 이런 바보 같은 영재의 이미지를 보고 웃음이 나올지 모르지만,

자신이 영재라면 더는 재미없을 것이다.

실제로 많은 사람들은 영재성에 불편한 느낌을 받는다. 어쨌든 사람은 모두 평등한데, 어떤 사람(특히 아이들)의 지능이 다른 사람보다 뛰어난 것 같다면 사람들은 인위적인 방법으로 그들을 동등하게 만들려고 한다. 우수 영재인 아이가 농구팀에서 탈락하거나, 영재 소녀가 졸업반 댄스파티 날 집에 혼자 있는 모습은 이들을 좀 더 평범하고 또 특별하지 않은 모습으로 보이게 한다.

여기 (인터넷에서 유행한) 벤 다이어그램에는 영재의 바보 이미지를 유머러스하게 보여 주고 있다. 그리고 이를 통해 영재들이 어떤 특징으로 '별명'을 얻었는지 알 수 있다.

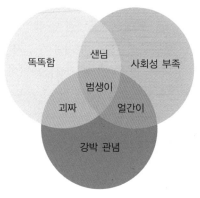

놀림에 대처하는 방법

우리는 모두 소속감이 필요하다. 영재도 친구를 많이 사귀고 싶고, 누군가에게 동경의 대상이 되고 싶다. 앞서 벤다이어그램을 보고 웃었을 수도 있지만, 영재들은 거기에 포함되거나 사람들에게 다르게 인식되고 싶지 않을 것이다. 놀림은 상대가 더 다르다고 느끼게 하고, 소외되도록 만든다. 결국, 영재라는 것이 그렇게 좋은 것인지 의문을 갖게 한다. 그렇게 영재 스스로 영재가 아니었으면 좋겠다는 생각을 하게 될 수도 있다. 놀림에 대처하려면 문제가 외부는 물론 내부에서도 나온다는 점을 알아야 한다. 우선, 여러분은 영재로서 다음의 일들을 해도 괜찮다.

- ★ 공부를 열심히 한다.
- ★ 독서를 즐겨 한다.
- ★ 좋은 성적을 받는다.
- ★ 세계 뉴스에 관심을 많이 갖는다.
- ★ 도전할 것을 찾는다.
- ★ 힘든 목표를 세운다.
- ★ 관심사를 다양하게 가진다.
- ★ 복잡한 문제를 푼다.
- ★ 고급 어휘를 구사한다.
- ★ 컴퓨터를 오래 사용한다.
- ★ 많은 것들을 배운다.
- ★ 멋진 일들을 해낸다.

또한, 다음의 것들을 해도 전혀 문제가 없다.

- ★ 파티에 참석한다.
- ★ 장난을 친다.
- ★ 데이트를 한다.
- ★ 춤을 춘다.
- ★ 쇼핑을 한다.
- ★ 비디오게임을 한다. (교육적인 게 아니더라도)
- ★ TV를 본다. (심지어 오락 프로그램이라도)

- ★ 웹 사이트를 돌아다닌다.
- ★ 페이스북을 한다.
- ★ 친구들과 문자나 채팅을 한다.
- ★ 볼륨을 크게 올리고 음악을 듣는다.
- ★ 늦잠을 잔다.
- ★ 공부와 전혀 상관없는 활동에 참여한다.
- ★ 수영, 스케이트보드, 자전거, 항해, 서핑, 암벽 등반, 스트리트 하키, 농구 등을 한다.

이 두 개의 목록에서 대부분 또는 몇 가지를 좋아한다면, 다른 아이들과 다를 것이 없다. 만약 자신이 유독 놀림을 많이 받는다고 생각한다면, 자신을 잘 들여다봐야 할 것이다. 자신감과 자존감이 없는 사람만큼 괴롭히는 아이들을 끌어모으는 사람은 없다. 많은 아이들은 괴롭혀도 반격할 수 없거나, 하지 않는 아이들을 찾아서 골탕을 먹인다.

놀릴 수 있는 이유

누군가 여러분을 놀릴 수 있으려면 세 가지 요소가 성립돼야 한다.

1. 누가 놀리는가?
2. 놀리는 이유가 무엇인가?
3. 놀림을 받아들이는가, 거부하는가?

1. 누가 놀리는가?

만약에 누군가가 나에게 '범생이 루저'라고 불렀다고 치자. 이때, 놀리는 사람이 ① 엄마 또는 아빠 ② 전혀 모르는 사람 ③ 친한 친구 ④ 선생님 ⑤ 할머니 ⑥ 유치원 때부터 나를 괴롭히는 아이 중에 누구인가에 따라 큰 차이가 있다. 괴롭히는 사람이 내가 아끼며 가깝고, 믿는 사람인지 아닌지는 당연히 중요하다. 그 말을 하는 사람에 따라 ① 창피함 ② 짜증 ③ 흥미 ④ 흥분 ⑤ 자랑스러움 ⑥ 죽고 싶은 감정 등을 느낄 수 있다. 놀림당했을 때 그 사람에게 자신이 어떤 느낌인지 알려야 한다. 그 사람은 그냥 웃기고 싶었을 뿐, 상처를 주려고 한 말이 아닐 수도 있다. 또 자신이 그 말을 너무 심각하게 받아들였을 수도 있다. 어쨌든 진짜 친구라면 어떤 것은 괜찮고 어떤 것은 안 되는지 서로 합의할 수 있을 것이다.

"영재 아이에 대한 편견이 있는 것 같아요. 사람들은 대개 영재라고 하면 괴짜 같고, 친구가 없고, 공부밖에 모르는 사람을 생각해요. 영화나 TV에서 보이는 모습 때문에 그런 것 같아요. 하지만 영재이면서 운동도 잘하고, 음악도 잘하고, 여러모로 뛰어난 사람도 많아요." - 토드, 15세

2. 놀리는 이유가 무엇인가?

아는 사람들(친구 포함)이 나를 놀리는 이유는 아마도 다양할 것이다.

✦ 나와 내가 해낸 것들을 시기할 수도 있다.

✦ 나를 자랑스러워하며 나와 친구인 게 좋다는 말을 어떻게 해야

할지 모를 수도 있다. 이상해 보일 수도 있지만, '너를 동경한다' 는 의미로 놀리는 경우도 있다.

★ 어떤 아이들은 칭찬하는 것을 너무 감성적이거나 우스운 것으로 생각한다. 이들에게는 놀리는 것이 더 편하다. (미식축구 선수들이 서로의 등을 세게 친다든지 밀치는 것을 생각해보자. 그럼 이해가 갈 것이다.)

★ 의식적 또는 무의식적으로 자신에게는 좋은 일이 생기지 않아서 여러분에게 열등감을 느낄 수 있다. 즉, 나를 괴롭혀서 그 열등감을 없애는 것이다.

★ 그냥 나를 싫어할 수 있다.

★ 내 앞에서는 방어적인 태도를 취할 수 있다. 행동을 돌이켜보자. 어떻게 행동하고 어떻게 말을 하는가? 만일, "네가 바보가 아니라면 정답을 알 텐데"와 같은 모습을 발견했다면, 나 역시 친구들에게 그리 친절하지 않은 것이다.

★ 다른 아이들과의 사이에서 압박감을 느꼈을 수도 있다.

물론 왜 괴롭히는지 정확히 알 수는 없지만, 이 문제가 얼마나 중요한지는 알 수 있을 것이다. 만일, 괴롭히는 사람을 얼마나 잘 아는지에 따라 직접 해결해볼 수도 있다. "왜 나를 그렇게 불러?" 또는 "왜 그런 말을 해?"라고 물어보면, 그 아이가 "몰라?" 하며 어깨를 으쓱할 수 있지만, 앞으로 나를 놀릴 때 다시 한 번 생각하게 될 것이다.

3. 놀림을 받아들이는가, 거부하는가?

이것은 전부 자신에게 달렸다. 누구도 당신을 나쁘거나, 우울하거나, 이상한 사람으로 만들 수 없다. 다만 어떻게 괴롭히느냐에 따라 자신에게 그럴 만한 이유가 있는지 생각해볼 수는 있다. 공부를 너무 열심히 해서 친구들이 소외감을 느끼지는 않았을까? 미술 전시회에서 세 번 상을 받으면서 바보처럼 굴지는 않았을까? 자신감이 가득 차서 나의 관심사에만 몰두한 것은 아닐까? 놀림은 모닝콜일 수도 있다.

반면에 머리 좋은 사람에게 위협을 가하거나 열등감을 주는 사람으로 보고 '복수'를 하거나 상처를 줄 수도 있다. 중요한 것은 스스로 놀림을 받아들일지, 아니면 거부할지 선택하는 것이다.

놀림을 저절로 받아들이는 것은 자신의 감정을 통제하는 것을 포기하는 것이다. 그 또한, 마음 편히 지내는 데 별로 좋은 생각이 아니다. 왜 놀리는지 이유를 알아내려고 노력해보자. 그리고 그것이 맞는지 아닌지 스스로 선택하자. 언제든 선택할 수 있다.

예를 들어, 몹시 어려운 생물 시험에서 여러분이 C를 받았다고 해보자. 친구들이 그것을 알고 괴롭히기 시작한다. "뭐? 천재가 C를 받아? 완전히 한물갔네!" 여러분은 이렇게 대답할 수도 있다. "시험에서 C를 받았다고 친구들이 놀려. 그래서 이렇게 말했지. '그래, 난 모두를 실망시켰어. 나도, 부모님도, 생물 선생님도, 심지어 너희까지.'"

아니면 다음과 같은 대답을 할 수도 있다.

"시험에서 C를 받았다고 친구들이 놀려. (다음 중 하나를 선택하자)"

★ "나도 가끔은 망칠 수 있는 거잖아."

★ "뭐, 완벽한 사람은 없으니까."

🗯★ "내가 천재가 아니라고? 뭐, 괜찮아."

🗯★ "그 시험 진짜 어렵긴 했지. 뭐, 어때?"

🗯★ "사실 나 A 받아야 했어. 왜 C인지 알아봐야겠네."

🗯★ "나는 항상 A만 받아야 한다고 어디에 쓰여 있니?"

🗯★ "그래, 나 C 받았다. 그럼 다른 C 받은 애들이랑 같이 체포되겠네."

🗯★ "그래, 나 C 받았다. 공부 안 했으니까 당연한 결과지."

🗯★ "응원해줘서 고맙다. 이제 다른 이야기하면 안 되니?"

🗯★ "_____" (여러분의 대답을 만들어보세요.)

> "나는 앙심을 품지 않고 많은 조롱을 견뎌 왔다.
> 그리고 많은 친절을 받았지만, 조롱으로부터 자유롭지 않았다.
> 이제는 익숙하다." -에이브러햄 링컨(Abraham Lincoln)

 ## 놀림이 괴롭힘으로 변할 때

　방금 말한 생물 시험의 상황을 다시 상상해보자. 이번에는 몇 가지 다른 점이 있다. 친구들이 성적만 갖고 놀리는 게 아니라, 내가 평점이 떨어질 거라며 생물 선생님을 고소했다는 소문을 학교 전체에 퍼트리고 다니는 상황이다.

거기서 그치는 것이 아니라 가짜 시험지를 만들어 C, D, F를 써 놓고는 모든 사람이 볼 수 있도록 내 사물함 앞에 붙여 놓는다. 또, 다른 사람들을 시켜서 복도에서 소송 변호사의 명함을 건네고, 그것을 내 가방에 집어넣고, 내 사물함 앞에 테이프로 붙인다. 그냥 재미있는 장난이라고 생각하는 이 '친구' 덕분에 학교에서 모두 나를 조롱하는 것 같다. 나만 웃지 않고 있다. 이제 놀림에서 괴롭힘으로 선을 넘었다.

과거에는 놀리는 것이 육체적으로 괴롭히는 것으로 생각했다. 하지만 사실 괴롭힘은 그 이상의 것이며, 신체 접촉이 전혀 필요하지 않을 수 있다. 밀치고 때리는 것과 더불어 괴롭힘에는 끊임없는 놀림, 욕설, 소문 퍼트리기, 위협하기, 따돌림 등이 포함된다. 그리고 가끔은 괴롭히는 사람이 친구이거나 친하다고 생각했던 사람일 수도 있다. 사람들은 놀리는 것과 똑같은 이유로 괴롭히지만, 괴롭힘은 단순하고 아무런 해가 되지 않는 농담을 던지는 게 아니라, 의도적으로 상처를 주는 것이다. 괴롭힘을 당하는 사람에게는 매우 고통스러울 수 있으며, 심한 불안감이나 우울증 또는 더 심한 것으로 이어질 수 있다.

보이지 않는 곳에서 괴롭히는 아이들

오늘날 괴롭힘의 가장 흔한 형태인 '사이버 불링 cyber bullying'은 앞서 말한 여러 행동을 포함하지만 얼굴을 마주 보거나 손으로 쓴 메모 대신 이메일, 음성 메시지, 동영상, 사진, 문자, 채팅 또는 온라인 게시물을 통해 이루어진다. 사이버 불링에는 비밀번호 도용, 컴퓨터 시스템 해킹뿐 아니라, 다른 사람을 위협할 목적으로 신원을 조작하거나 누군가를 괴롭히는 웹 사이트를 만드는 것도 포함된다. 사이버 불링의 가해자들은 컴퓨터나 전화 뒤에 숨을 수 있으므로 책임을 크게 느끼지 못하고 다른 사람들에게 어떤 영향이 미치는지에 민감하지 않다. 일반적으로 얼굴을 맞대고 누군가를 괴롭히지 않는 10대들도 익명의 가상 공간에서는 그렇게 하고픈 유혹을 느낀다. 이것이 바로 사이버 불링이 뜨거운 쟁점이 된 이유이다.

⋯⟶ 괴롭힘을 당하면 뇌가 손상될까?

몇 가지 새로운 연구 결과에 따르면, 괴롭힘으로 인해 평소보다 호르몬이 더 불균형해질 수 있다[특히 스트레스 호르몬인 코르티솔(cortisol)은 심하다]. 또 뉴런 사이의 연결성을 감소시키고(대부분 좌우 뇌를 연결하는 뇌량에서 발생한다), 새로운 뇌세포의 성장을 의미하는 신경 조직 형성의 속도를 낮춘다(특히 기억을 담당하는 해마의 경우 심하다). 이러한 뇌 변화는 다음과 같은 상황으로 이어질 수 있다.

- 우울증 발병 증가
- 기억력 문제, 특히 말에 관한 기억
- 면역력 약화

이러한 변화는 영구적일까? 더 많은 연구가 필요하지만, 보통 그런 것으로 추정된다. 괴롭힘이 오랫동안 지속될 경우 특히 그렇다.

최근 퍼듀대학교의 연구에 따르면, 영재 학생 중 67%가 8학년 입학 때까지 괴롭힘을 당했으며, 영재 학생 중 약 3분의 1이 과거에 누군가를 괴롭힌 적이 있다고 대답했다.

혹시 영재들도 왕따에 '가담'하나요?

청소년과 교사들은 공부를 잘하는 학생이 학교에서 왕따의 희생자 또는 가해자가 될 가능성은 극히 적다고 오해한다. 그러니까 영재들은 다른 아이들보다 낫다고 생각하는 것이다. 하지만 그건 정말 잘못된 생각이다. 영재들은 다른 아이들과 달라서 더 자주 지목될 뿐만 아니라, 영재라고 해서 다른 아이들보다 왕따 문제에 잘 대처하는 것도 아니다. 실제로 영재는, 특히 영재성에 따라오는 강렬함을 겪고 있을 경우, 이 문제에 더 취약할 수 있다(3장 참조).

또한, 영재라고 해서 다른 사람들을 괴롭히는 일과 무관하지는 않다. 그 기회를 통해서 자신의 기지를 보여줄 수 있다면 더욱 그렇다. 자신의 말이 주변 사람들에게 어떤 영향을 주는지 알아채지 못하거나 의도와는 다르게 다른 사람을 깔보는 것처럼 들릴 수 있다. 정곡을 찌르는 말은 욕만큼(또는 욕보다 더) 쓰라릴 수 있다. 그리고 왕따를 당하면 자신에 집중된 관심을 다른 사람에게 돌리거나, 스스로를 괴롭히는 친구들에게 맞추거나, 아니면 가해자에게 보복할 수도 있다.

여러분도 왕따나 사이버 불링의 피해자 또는 가해자일 수 있으며, 주변에서 이 두 가지에 해당되는 사람을 알고 있을 수도 있다.

어쩌면 왕따를 당해서 자해를 한 사람을 알고 있을 수도 있다. 피비 프린스, 타일러 클레멘티, 빌리 루카스, 메간 마이어. 어쩌면 여러분도 이 아이들의 이름을 들어본 적이 있을 것이다. 이 아이들은 심각한 왕따를 견디지 못해 자살을 선택했다. 가끔 괴롭힘이 너무 심해서 절대 벗어날 수 없고 앞으로 어떤 희망도 없는 것처럼 느껴지는 경우도 있다. 하지만 언제나 벗어날 방법은 있다. 언제나!

> "몇몇 친구가 저와 절교하고는 저를 대놓고 놀려요.
> 제가 더 열심히 하고 잘해낼수록 더 비웃어요. 저를 괴롭히는
> 아이들보다 제 미래가 더 중요한 것은 알아요. 하지만 정말 괴로워요."
>
> – 제이슨, 18세

내가 할 수 있는 것

내가 아는 사람이 왕따, 괴롭힘, 또는 괄시를 받고 있다면 다음의 행동을 즉시 취하자.

1. 믿을 수 있는 어른, 즉 선생님, 생활지도 선생님, 멘토 등에게 알린다. 바로 이 이야기를 전하는 것이 그렇다면 친구와 먼저 이야기해 보거나 관련 웹 사이트를 찾아보자. 기다려서는 안 된다. 당장 분명한 행동을 취해야 한다.

2. 사이버 불링을 당하고 있다면 괴롭히는 메시지에 절대 답하지 말자. 가해자가 원하는 것을 하면, 즉 메시지를 보내면 불난 집에 부채질을 하는 격이 된다. 그리고 나중을 위해서 모든 메시지를 저장해두자.

3. 학교에서 괴롭힘을 당했다면 직접 또는 다른 사람을 통해서 반드시 학교에 공식적으로 알리자. 그리고 만일 괜찮다면, 가해자 아이의 부모에게 알려달라고 학교에 제안하자. (일부 학교에서는 이미 필수로 하고 있으나, 다른 학교에서는 그렇지 않다.)

4. 학교 당국에 왕따를 신고한 후에, 학교 상담 선생님 또는 심리 상

담사와 상담 받을 수 있는지 문의하자. 그리고 만일 괜찮다면, 상담 선생님이 가해자도 상담할 수 있는지 물어보자. (일부 학교에서는 이미 필수로 하고 있으나, 많은 학교에서는 그렇지 않다.)

5. 주변에 왕따를 당한 학생들을 위한 지원 단체가 있는지 알아보자. 본인이 영재 맞춤형 단체를 시작해볼 수도 있다.

···▶ **사이버 불링과 영재**

현재 스물두 살인 저스틴 스위들러는 듀크대학교 법학과를 졸업하고 변호사로 일하고 있다. 그는 학교 교사와 교장을 비난하는 웹 사이트를 만들었다가 8학년에 퇴학을 당했다. 또, 그로 인한 피해 보상으로 50만 달러의 소송을 당했다.

컴퓨터 천재인 제임스 안체타는 어릴 때부터 해킹을 시작했고, 40만 대의 온라인 컴퓨터를 다룰 수 있었다. 그는 해킹한 컴퓨터에 접근하는 것을 스팸 발송자와 다른 해커들에게 돈을 받고 빌려줬고, 이를 통해 10만 달러를 벌어들였다. 결국, 그는 스무 살에 체포되어 5년형을 선고받았다.

리키 알라토레와 동급생인 16살 아이들이 리키를 사칭한 '릭션어리 Rictionary'라는 온라인 프로필을 만들었다. 그러고는 리키가 게이이고 사전을 좋아한다며 그가 성적이 좋은 것을 놀려댔다. 리키는 크게 절망하고 자살을 생각했지만, 결국 그 프로필을 삭제했고 부모님과 학교의 도움을 받았다.

인터넷에서 똑똑하게 행동하는 법

사이버 불링은 매우 심각한 문제이지만, 그렇다고 스마트 기기를 꺼릴 필요는 없다. 기기를 사용하지 못하는 것도 문제가 되기 때문이다. 오늘날에는 성공하려면 온라인에서 사람들과 어울려야 한다. 이미 SNS와 인터넷의 장점에 대해 설명했고, 온라인에서의 시간 관리에 대해서도 이야기했다. 이번에는 가상공간에서 어떻게 하면 똑똑하게 행동할 수 있는지 알아보겠다. 수영을 잘하는 사람이 스스로를 최고라고 여겨 오히려 익사 확률이 높은 것과 마찬가지로, 가장 똑똑하고 뛰어난 10대들이 주로 온라인에서 방심하고 만다. 하지만 인터넷에서 현명하게 대처하는 법을 알면 대수학 입문이나 생물학 입문을 공부하는 것처럼 온라인에서도 쉽게 돌아다닐 수 있다. 그리고 여러분의 재능을 키우고 펼칠 수 있는 최선의 방법들을 알게 될 것이다.

다음은 온라인에서 안전하게 개인 정보를 관리할 수 있는 방법이다. 이미 알고 있는 것도 있을 것이다. 하지만 아직 몰랐다면 이제부터 해보자!

온라인에서 안전하기 위한 여덟 가지 팁

1. 비밀번호를 자주 바꾸고, 아무에게도 가르쳐 주지 않는다(부모님이 물어볼 때를 제외하고).

2. 프로필을 친구들에게만 공개하고, 주소, 전화번호, 학교를 절대로 쓰지 않는다. 그리고 친구의 사진이나 개인 정보를 올릴 때는 친구에게 허락을 받는다.

3. 특정 웹 사이트에 들어가려고 나이를 속이지 않는다. 나이 제한은 여러분을 보호하기 위해서 있는 것이다.

4. 오프라인에서의 만남을 피한다. 온라인에서 만난 사람을 실제로 만나기로 했다면 낮에 공개된 장소에서 다른 사람과 함께 만나자. 그리고 나가기 전에 어른에게 말하자.

5. 구글에서 내 이름을 자주 검색해보자. 회사나 대학에 지원하기 전에 특히 그렇다. 만약 창피한 사진이나 게시물을 발견하면 해당 웹 사이트나 프로필을 관리하거나 그것을 올린 사람에게 삭제해달라고 부탁하자. 그리고 자신의 프로필을 더 긍정적인 것들로 채우자.

6. 경계를 늦추지 말자. 온라인에서는 사람들이 항상 본모습을 보이지 않는다는 걸 명심하자. 온라인에서 읽는 것들이 모두 사실은 아니며, 너무 좋아 보이는 제안은 의심해봐야 한다.

7. '부적절한 콘텐츠'가 있는 사이트는 피하자. 여기에는 포르노에서부터 섹스 채팅, 혐오 단체가 운영하는 폭탄 제작 블로그까지 포함된다. 부모님(또는 컴퓨터에서 여러분의 방문 기록을 볼 수 있는 사람)이 왜 인터넷을 사용해야 하는지 의문을 품게 하지 말자. 사용 금지를 당하기에 인터넷은 너무나 소중한 도구다.

8. 클릭하기 전에 생각하자. 정보 보호 설정이 되어 있고, 메시지를 자주 삭제하고, 캐시를 삭제하고, 휴지통을 자주 비우더라도 컴퓨터나 휴대폰으로 올리는 모든 글들이 결국은 공개되어 있는 것과 마찬가지다. 만약 부모님, 선생님, 교육청, 고용주, 대학 입학사정관이 정말 원한다면 여러분이 올린 것들을 추적할 수 있다.

블로그, 할까 말까?

블로그는 모두를 위한 것은 아니다. 블로그를 하려면 시간이 매우 많이 든다. 특히 다른 곳에 이미 최대의 노력을 들이고 있는 (여러분과 같은) 영재들에게는 더욱 그렇다. 하지만 저널리즘, 그래픽 디자인, 광고와 같은 커뮤니케이션 분야 또는 작문과 디자인이 필요한 분야를 생각하고 있다면, 여러분의 경험, 개성, 재능을 블로그 또는 웹 사이트에서 보여주면 아주 큰 자산이 될 것이다. 또한, 계속해서 실력을 키우는 데 큰 도움이 될 것이다. 대학이나 취업 원서에서 실력은 좋지만 온라인에서 존재감이 없는 다른 지원자들과 달리 자신을 돋보일 수 있다.

> ⋯ **대학 학자금을 위한 블로그**
>
> 만약 블로그를 열심히 운영하고, 대학교 등록금이 고민이라면 칼리지넷 CollegeNET(www.collegenet.com)을 방문해보자. 이곳에서 다양한 주제를 다룬 글을 기고하고 독자들의 투표를 받을 수 있다. 칼리지넷에서는 매주 가장 많은 표를 받은 블로그에 최대 5000달러의 등록금을 지원하고 있다.

부모님이 바라는 것과 내가 바라는 것

부모님과 독특한 관계를 맺고 있는 영재들이 많다. 5장에서 말했듯이 부모님은 때로는 학교에서 잘나가는 자녀들을 보고 더 완벽해지길 기대할 수도 있고, 잘하는 분야에서 원하는 것보다 더 잘해내기를 강요할 수도 있다. 왜 그럴까?

보통 영재성과 관련된 높은 지능이나 여러 특징들은 유전되기 때문에, 부모님 중 한 분 또는 두 분 모두 영재일 가능성이 있다. 영재 판정을 받고 나서 여러분은 아빠 또는 엄마에게 "아빠도(엄마도) 영재셨어요?"라고 물어봤을 수 있다. 이상하게도 이 질문은 현재형이 아닌 과거형으로 하게 된다. 왜냐면, 아이들은 고등학교를 졸업하면 더 이상 영재가 아니라고 생각하기 때문이다. 하지만 그렇지 않다. 영재 청소년의 부모님은 공식적으로 영재 판정을 받았든 그렇지 않든, 많은 것을 자녀와 공유하고 있다. 강렬함, 완벽하기 위한 노력, 모든 것에 거는 높은 기대, 그리고 일을 더 빨리 하고 배우는 능력 등이다. 만약 거울 속의 나에게서 어떤 식으로든 부모님의 모습이 비친다면, 부모님이 나와 같은 것을 겪었다고 생각해도 된다. 이것이 아마도 영재와 부모님의 가장 중요한 갈등거리이자 연결고리일 것이다.

속담과 같이, 사과는 대부분 나무에서 멀리 떨어지지 않는다.

부모들은 가끔 자신이 이루지 못한 꿈을 자녀가 이루기를 바란다. 특히, 자녀가 영재라면 더욱 그렇다. 겉으로 봤을 때, 부모가 아이에게 자신의 삶을 대신 살도록 하는 것은 나쁘게 보일 수 있다. 특히 아이의 생각과는 상관없이 기대가 심해지면, 그것 자체로 나쁜 것이 될 수 있다. 하지만 부모님이 이루지 못한 목표가 여러분의 성공을 위한 발판이 될 수도 있다. 예를 들어, 부모님이 자신들은 대학에 못 갔지만 자녀들은 갈 수 있다고 항상 생각하고 있다면, 부모님의 생각이 어떤 것인지 끝까지 들어보자. 또, 피아노를 2년 배우고 그만둔 것을 후회하던 엄마가 여러분에게 피아노를 계속 배우라고 한다면 6개월만 더 시간을 두고 배워보자.

내가 할 수 있는 것

이제 부모님이 왜 그렇게 하는지 조금은 알게 되었을 것이다. 그렇다면 그 다음에는 어떻게 해야 할까? 긍정적인 방법을 사용하여 부모님의 엄청난 기대를 바꿔볼 수도 있다. 예를 들어보았다.

★ 부모님과 이야기하자. 지난 몇 년간 영재 청소년과 이야기하고, 설문 조사하고, 인터뷰를 하면서 알게 된 것은 이것이다. 부모님이 실제로 이룰 수 있는 만큼 기대하도록 하는 가장 좋은 방법은 '부모님과 이야기하기'라는 것 말이다.

★ 나 자신을 믿는다. 부모님의 기대에 휘둘리지 말자. 결국, 여러분이 내린 선택으로 살아가는 사람은 여러분이다. 당연히 이 말은 부모의 조언을 무시하라는 말이 아니다. 부모님은 연륜이 있고, 아마도 진짜 지혜로울 것이다. 우리가 지켜야 하는 규칙도 있다. 하지만 가능한 한 자신이 결정을 내리고 결과에 대한 책임을 스스로 질 수 있어야 한다.

★ 최선을 다할 타이밍을 고르자. 보통의 생각(그리고 부모의 압력)과는 반대로, 모든 일에 100%의 노력을 기울일 필요는 없다. 불가능하기도 하고, 마땅하지도 않기 때문이다. 만일 부모님이 최

선을 다하라고 말하는데, 어떤 이유에서든 가능하지 않을 것 같다면 부모님과 이야기를 나누자. 왜 노력하고 싶지 않은지 그 이유를 스스로 알아보고, 설명해보자.

★ 부모님이 영재에 대해 더 알 수 있도록 돕자. 필요한 경우, 부모님을 위해 정보를 수집하자. 부모님에게 어떤 책을 읽어보라고 선물할 수도 있고, 아니면 부모님과 같이 그 책을 읽어볼 수도 있다. 만약에 부모님이 영재에 대해 배우는 것에 관심이 없어도, 적어도 스스로는 새로운 것을 배웠다고 만족할 수 있다.

★ 믿고 존경하는 어른의 도움을 구하자. 부모님에게 다가갈 수 있는 방법이 전혀 없다면, 여러분에게 필요한 것을 도와줄 수 있는 다른 어른을 찾아보자. 모든 부모님이 자녀의 말에 귀 기울이며 진지하게 받아들이지는 않는다. 일부 청소년은 다른 곳에서 역할 모델이자 자신을 도울 사람을 찾아야 한다. 그것도 괜찮은 방법이다.

부모님과의 대화를 잘하기 위한 전략

어릴 적에는 부모님과 대화하는 것이 더 쉬웠을 것이다. 대화의 주제가 금요일 수학 퀴즈 또는 화요일 소년 야구단 게임이었을 때는 싸울 일이 별로 없다. 대화의 대부분이 정보 전달과 일상적인 것이었을 테니 말이다. 하지만 나이가 들면서 부모님과의 관계도 성숙해진다. 이제 데이트나 운전 그리고 이 두 가지처럼 스스로 책임져야 하는 일들이 이야깃거리가 될 것이다. 고등학생 졸업 후 어떻게 살지, 사람은 죽으면 어떻게 될지에 관해 토론할 수도 있다. 어쨌든 여러분이 성인으로 성장하면서 부모님과의 좋은 관계를 만들려면 반드시 솔직하게 대화할 수 있어야 한다.

많은 청소년들이 부모님께 민감하거나 중요한 주제에 관해 이야기를 꺼내는 것을 어려워하는데, 부모님과 어느 정도 터놓고 지냈는지에 따라서 말을 꺼내는 방법이 달라진다. 다음의 세 가지 시나리오를 살펴보자.

시나리오 1: 여러분은 부모님과 오랫동안 중요한 이야기를 나눴다.

부모님께서 이미 섹스나 마약 같은 무거운 이야깃거리를 꺼냈을지도 모르겠다. 그렇다면 큰 문제없이 부모님께 이야기를 건넬 수 있을 것이다. 그렇다면 어떻게 말을 꺼내면 좋을까? "엄마 아빠, 드릴 말씀이 있어요. 저는 엄마 아빠 말을 존중하고, 엄마 아빠도 제 말을 이해해준다는 걸 알아요. 그래서 드리는 말씀이 있는데, 언제가 좋으세요?" 이렇게 다가가면 원하는 대로 잘 이야기해볼 수 있다.

시나리오 2: 여러분은 부모님과 중요한 이야기를 나눈 적이 많지 않다.

만약 중요한 문제를 부모님과 상의하는 습관이 들지 않았다면, 여러분과 부모님 모두에게 이런 대화가 어색할 수 있다. 이런 경우, 대화를 이렇게 시작해보자. "제가 정말 골똘히 생각하는 문제가 있는데, 엄마 아빠는 어떻게 생각하시는지 궁금해요." 이렇게 말하면 부모님에게 요구하는 게 아니라, 도와달라고 부탁하는 것이 된다. 이런 요청을 거절할 부모님은 많지 않다.

시나리오 3: 여러분은 부모님과 중요한 이야기를 나눈 적이 전혀 없다.

어떤 부모님은 자식이 점점 성숙해지는 것을 인정하기 어려워한다. 자식이 부모가 될 수 있을 만큼 컸다는 걸 인정하지 못하는 부모는 자식을 언제나 아이 취급하며 영원히 마음이 불안정할 수밖에 없다. 그런 부모에게 민감한 문제를 말하는 것은 어려울 것이다. 이런 상황이라면, 지원군이 필요하다. 믿을 만한 어른이 여러분과 부모님 사이에서 다리 역할을 해줄 수 있다. 다리 역할을 해줄 분(이모, 고모, 삼촌, 선생님, 상담 선생님, 코치 또는 갖고 있는 종교의 어른 등)에게 이렇게 이야기 해보자. "부모님께 드리고 싶은 말이 있는데, 혼자서 말하기가 힘들어요. 제가 부모님과 약속을 잡으면 같이 만나주시겠어요?" 그분이 허락한다면, 부모님에게 이렇게 말하자. "요즘 어떤 문제가 계속 떠올라요. 저랑 같이 다른 사람과 이야기 한번 해줄 수 있으세요?"

물론, 바로 동의하지 않을 수도 있다. 집안일을 밖으로 가지고 나갔다고 화를 낼지도 모른다. 그렇다면 이렇게 이야기하자. "저에게도 참 힘든 문제예요. 저는 싸우지 않고 그냥 이야기를 하고 싶을 뿐이에요. 그래서 그 사람과 있으면 대화를 잘 이어 나갈 수 있을 거라 생각했어요."

이렇게 말하는 게 불편하다면, 원래 대화 자체가 불편하기 때문일 것이다. 하지만 더 불편한 것은 어색하다는 이유로 말을 꺼내지 않는 것이다. 위험을 받아들여 보자. 소통하려면 누군가는 대화를 시작해야 한다. 부모님과 자신의 문제에 관해 이야기하는 것은, 밝은 미래를 위한 무대를 마련하고 있는 것이다.

⋯▸ 여러분이 영재 아이를 둔 부모라면, 자녀를 위해서 무엇을 하는 게
가장 중요할까요?

"아이가 학습과 활동 사이에
서 최대한 균형을 이룰 수 있
도록 해줄 거예요." - 엘, 16세

"아이가 스스로 똑똑하다는
것을 깨닫게 해주고 완벽해지
라고 강요하지 않을 거예요."
- 제이콥, 15세

"아이가 훌륭한 교육을 받을
수 있도록 무엇이든 할 거예
요." - 애덤, 15세

"아이가 스트레스를 너무 많
이 받지 않도록 할 거예요.
자신이 얼마나 특별한지는 알
려주겠지만, 너무 자만하게
두지는 않을 거예요."
- 재키, 13세

"아이에게 재능을 키우기 위
해 우정이나 사랑을 포기하지
말라고 말할 거예요.
물론 우정이나 사랑을 위해서
재능을 포기해서도 안 된다고
이야기할 거예요."
- 캠론, 15세

"아이에게 열정을 심어줄 거
예요. 그게 무엇이든, 아이들
은 자신이 무엇을 좋아하는지
알아야 해요." - 타라, 17세

"아이만을 위한 공간을 만들어줄 거예요. 지저분해도 괜찮아요. 우리는 무엇이 어디 있는지 다 알거든요."
- 재러드, 12세

"아이에게 사회 규범이 무엇이든 그것은 중요하지 않다고 말할 거예요.
그리고 '어울리는 것'이 반드시 좋은 것은 아니라는 사실을 알려줄 거예요."
- 윌로, 16세

"아이에게 영재가 이상하거나 항상 A만 받아야 하는 사람이 아니라고 알려줄 거예요.
그리고 영재는 다른 사람과는 조금 다르게 세상에 접근하는 사람이라고 말해줄 거예요."
- 브바나, 18세

"아이 주변에 항상 레고 아니면 머리를 써야 하는 물건들을 많이 둘 거예요." - 벤, 12세

"언제나 아이들을 응원할 거예요. 영재라는 건 보이는 것보다 훨씬 더 힘드니까요."
- 시드니, 17세

영재 그리고 10대로 산다는 것

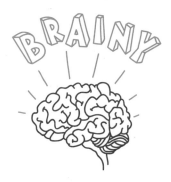

10대는 몇 년 동안 감정의 롤러코스터를 타는 것 같다는 말이 새롭게 들리지는 않을 것이다. 학교생활도 좋고, 친구들과도 문제가 없고, 부모님이 점점 결정을 인정해주고, 모든 것이 다 좋아지는 것 같을 때 큰 언덕의 내리막을 숨 가쁘게 내려오게 된다. 이런 날에는 자신의 인생에 해결해야 할 문제밖에 없는 것처럼 보인다. 해결하기 부담스러운 문제가 연속으로 일어나거나, 스스로를 의심하거나, 믿고 있었던 것을 이제는 믿지 못하기도 한다.

> "이제 독립해야 하는데, 제가 이 세상에서 어떤 존재인지 고민돼요. 비록 다른 방법으로 준비하고 있지만, 영재인 저도 다른 반 친구처럼 혼란스러워요. 결국 우리도 청소년이니까요. 그래서 청소년끼리 뭉쳐야 한다고 생각해요." - 크리스트, 15세

어쩌면 이런 문제에 대해서 고민할지도 모르겠다.

- ★ 나는 [예쁜가? / 키가 큰가? / 날씬한가? / 인기가 있나? / 똑똑한가? / 운동을 잘하는가? / 재능이 있는가?]
- ★ 나는 [부모님 / 선생님 / 형제자매 / 동료]의 기대에 부응하고 있는가?
- ★ 나와 같이 [데이트 / 섹스 / 결혼]을(를) 하려는 사람이 하나라도 있을까?
- ★ 내가 똑똑하고 영재라면, 왜 나는 [똑똑하게 보이지 않을까? / 정해 놓은 목표가 없을까? 고등학교를 졸업하고 무엇을 하고 싶

은지 모를까? / 여자 친구(또는 남자 친구)가 없을까? / 존중받지 못할까?]

이런 의문점과 여러 많은 문제는 영재뿐 아니라, 대부분의 청소년이 고민하는 것이다. 하지만 영재 청소년은 강렬함 때문에 사춘기에 이런 문제에 더욱 취약하다(3장 참조).

설문 조사에 따르면…

45%의 응답자가 성공의 정의를 자세히 알고 싶어 했다.
30%의 응답자가 자신의 인생 철학을 어떻게 세우는지 알고 싶어 했다.

롤러코스터는 이미 출발했다

10대가 힘든 이유 중 하나는 그 시기에 사춘기를 보내야 하기 때문이다. 사춘기를 마음이 준비될 때까지 미룰 수 있다면 좋겠지만, 불행히도 그건 불가능하다. 사실 사춘기란 20세기에 만들어진 것이다. 1800년대에 사람들은 아이에서 바로 성인이 되었고, 일을 하거나 가족을 책임져야 했다. 겨우 세 번의 세대가 지난 후에 13세부터 24세까지 진짜 세상에 발 한번 담그지 않고 고등학교, 대학교, 대학원에 다니게 되었다. 그 길고 변화무쌍한 기간에 어떤 일이 일어나고, 또 일어나야 하는지 기록이 전혀 없었던 것이다.

왜 어떤 사람들은 사춘기를 평탄하게 보내지만, 또 다른 사람은 호르몬이 조금이라도 작용하면 마음이 완전히 허물어질까? 왜 어떤 사람들은 사춘기에도 멋있고 힘이 넘치지만, 또 다른 사람은 콰지모도[빅토르 위고(Victor Hugo)의 소설《노틀담의 꼽추》에 나오는 주인공-편집자]처럼 정신없이 돌아다닐까? 왜 어떤 사람은 사춘기를 뒤돌아보며 '인생에서 가장 좋은 때'라고 말하지만, 또 다른 사람은 지옥 같았다고 이야기할까?

사춘기를 연구하는 전문가들은 여러 청소년들 사이에서 몇 가지 공통점을 발견했다. 가장 큰 특징은 아동기에서 성인기로 진행되면서 일어나는 신체 변화다. 무섭게 자라는 키, 부서질 것 같은 목소리, 여드름, 갑작스레 찾아온 강력하고 혼란스러운 감정과 섹스에 대한 관심 등, 사춘기에 겪게 되는 무수히 많은 괴로움을 모르는 사람이 누가 있을까? 이것들이 서로 결합하여 통제할 수 없을 것 같은 느낌을 만들고, 마음에서는 이상하고 강력한 힘이 자신을 압도한다. 그리고 성장하고 있다는 이유 하나만으로 세상은 청소년들에게 기대를 쏟아 붓는다. 10대들이 짜증스럽게 구는 것도 이해 못할 일은 아니다.

여기에 다른 문제도 있다. 아마도 영재 청소년은 사회에 잘 어울리는 게 얼마나 중요한지 빨리 알아챌 것이다. 가족을 이해하자마자 가족 곁을 떠나서 독립할 준비를 해야 한다. 정신을 차리니 길을 떠나야 하는 것이다.

앞서 다른 장에서 말했던 순응하기, 기대나 위험을 받아들이기 같은 문제에 더해 다음은 영재 청소년에게 특별히 중요한 문제들이다.

불협화음

"똑똑한데, 왜 전부 다 잘하지 못하지?"

어릴 적부터 완벽주의적인 면이 있는 영재 아이들은 사춘기에 특히 어려움을 겪는다. 이런 아이들의 경우, 사춘기의 여러 변화로 균형이 깨져버리면 자신이 이룬 것과 자신의 기대 사이에서 불협화음이 일어난다.

실력은 점점 늘어날 테지만, 영재에게도 한계는 있다. 그 한계를 알아채고 인정한다고 해서 스스로를 포기한다는 것은 아니다. 오히려 성장한다는 뜻이다.

참을성 부족

"지금 당장 하고 싶다고!"

10대 영재만 참을성이 없는 게 아니다. 사춘기의 아이라면 모두 그렇다. 하지만 영재들은 좀 지나칠 수 있다. 복잡한 문제는 물론 진로 선택과 인간관계까지 명쾌한 답을 원하는 면이 있기 때문이다.

명쾌한 답이 없을 때도 있고, 답을 얻는 데 시간이 오래 걸릴 때도 있다. 참을성이 부족하면 화를 내고, 성급하게 결단을 내리면 실망하게 된다.

이 말은 어떤 양말을 신을지 매일 몇 시간씩 고민하라는 뜻이 아니다. 하지만 성인이 되면 무엇을 할지, 친구와의 의견 충돌을 어떻게 해결할지 등, 중요한 문제에서는 좀 천천히 참을성을 가지자. 필요한 경우 도움을 요청하여 해결하는 것이 좋다.

정체성 혼란

"나는 내가 무엇이 되고 싶은지 알아!"

기대와 조급함이 서로 경쟁하게 되면, 영재 청소년은 자신의 미래를 너무 빨리 결정할 수도 있다. 열네 살짜리가 의사가 될 거라고 선언한다면, 그 아이는 다른 기회의 문을 너무 빨리 닫은 것이다. 그리고 열여섯 살에 댄서가 되기로 결심한다면, 이 아이는 자신에게 과학이나 수학 재능이 있는지 발견하지 못할 수 있다.

20대 후반의 한 청년은 13살에 아버지와 말다툼을 벌인 것을 후회한다고 했다.

"저는 영어 선생님이 되고 싶었어요. 그런데 아빠는 과학 수업을 더 듣는 게 어떻겠냐고 했죠. 저는 그런 과목은 영어를 가르치는 것과 아무 관련이 없다고 말했지만, 아빠는 그래도 들어보라고 했죠. 선택의 폭을 왜 좁히느냐고 말이죠. 그래서 저는 이렇게 소리쳤어요. '저는 제가 하고 싶은 게 뭔지 알아요. 절대 바꾸지 않을 거예요!' 그 말은 제가 한 말 중에 가장 멍청한 말이었어요."

너무 일찍 관심사를 좁히면, 세상의 무수한 가능성을 탐험할 기회를 놓칠 수 있다. 또 만족할 만한 직업을 갖지 못하거나 인간관계에 어려움을 겪을 수 있다. 그보다, 남은 인생 동안 무엇을 할지 누가 지금 결정하라고 했는가?

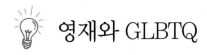

영재와 GLBTQ

일부 10대 영재들이 아주 많이 고민할 수 있는 또 다른 문제는 바로 성 정체성이다. 이 문제로 인한 여러 압박으로 많은 영재들이 심각한 마음의 혼란, 불안감, 자기혐오, 우울감 또는 더 심한 증상을 겪을 수 있다.

자신을 GLBTQ[게이(gay), 레즈비언(lesbian), 양성애자(bisexual), 트랜스젠더(transgender), 정체 모색 중(questioning)] 또는 그냥 동성애자라고 생각하는가? 혹은 그런 사람을 알고 있는가? 여러분은 이 질문에 "예"라고 답했을 수 있다. 전 세계에서 열 명 중 한 명은 GLBTQ이고, 네 가정 중 한 가정은 직계 가족에서 이에 해당되는 사람이 있다고 한다. 그리고 게이이면서 동시에 영재인 사람이 있을 수 있다(또는 본인이 그럴 수도 있다).

GLBTQ와 영재 사이에는 몇 가지 흥미로운 공통점이 있다. 영재들과 마찬가지로 GLBTQ인 사람도 3장에 나온 다섯 가지 강렬함에서 표준(표준은 이성애자를 말한다)보다 점수가 높은 경향이 있다. 또한, 그들은 동갑내기보다 창의적인 일을 하고 싶어 했다. 아마도 창의적인 세계에서 자신의 다름을 인정해주기 때문일 것이다. 일부 10대 GLBTQ들은 뭔가를 과하게 이루려는 면이 있다. 아마도 자신이 게이인 것이 부끄러워서 어떻게든 보상하려고 하기 때문일 수 있다. 예를 들어, 이렇게 생각할 수도 있다. "내가 게이일지는 몰라도, 적어도 나는 성적이 좋아. 운동도 다섯 가지나 하고, 음악에 엄청난 재능이 있어." 게이와 영재의 이런 공통점 때문에 영재이면서 동성애자인 10대 청소년의 경우, 두 배의 문제에 시달리게 된다.

하지만 이 아이들이 시달리는 문제 중 가장 심한 것은 바로 희롱이다. 영재이면서 동성애자인 10대들은 이중고에 시달려야 한다. 그래서 놀림, 왕따, 사회에서의 소외감, 우울증, 불안감을 느끼거나 약물 남용, 자살, 자퇴, 노숙자가 될 비율이 매우 높다. 보통 왕따를 당하면 부모님에게 이야기할 수 있지만, 많은 영재 게이 청소년은 부모님이나 다른 누구에게 왕따를 당했다고 말하는 걸 불편해한다. 그 이유는 부모님도 자식이 게이라는 것을 받아들이기 쉽지 않기 때문이다. 한 보고에 따르면, GLBTQ 10대들은 다른 아이나 어른들이 공개적으로 적대적인 행동을 하지 않더라도 사회에서 불편함을 느낀다고 한다.

이것은 바뀌어야 한다. 이성애자든 동성애자든(또는 어느 것인지 확실하지 않든), 남들에게 알렸든 그렇지 않든, 한 가지는 확실하다. 바로 모든 사람은 안전하고 자신을 받아주는 좋은 환경에서 교육받을 권리가 있다는 것이다. 여러분은 어떤 환경에서 공부하는가? 좋은 환경이 아니라면, 스스로 노력해서 얻을 수 있다. 어디서부터 시작할지 이 책의 자료를 통해 알아보자.

게이를 돕기 위해서 게이가 될 필요는 없다. 영재를 돕기 위해서 영재일 필요가 없는 것처럼 말이다. 여러분은 영재들에게만 지지를 받고 싶지 않을 것이다. 여러분과 마찬가지로 게이 청소년도(영재인 사람도 포함해서) 자신의 다른 점을 깨닫고 그것을 인정받기 위해서 주변 사람의 도움이 필요하다. 다음은 영재 GLBTQ 아이들을 돕고 지지할 수 있는 몇 가지 방법이다. (자신이 GLBTQ인 경우, 다른 사람들이 나를 지지할 수 있도록 이 목록을 남들과 공유하자.)

🌟 머릿속이 복잡할 테니 먼저 배려하는 마음을 갖자.
🌟 GLBTQ에 대해 터놓고 이야기하자.
🌟 그 아이들이 GLBTQ라고 사람들에게 밝힐 준비가 되었다면, 그들을 지지해주자.
🌟 그 아이들에게 GLBTQ인 게 '나쁜', '사악한', '잘못된', '더러운' 것이 아니라고 알려주자.
🌟 그 아이들에게 남과 다르다고 해서 혼자인 게 아니라고 알려주자.
🌟 그 아이들이 괴롭힘을 당하면 나서서 말리고, 다른 아이들도 그렇게 할 수 있도록 얘기하자.
🌟 그 아이들과 성 정체성에 대해 철학적인 이야기를 나눠보자. 여러분의 똑똑한 뇌를 최대한 활용하여 인간이란 게 얼마나 복잡한 것인지 알아보자.

영재이면서 게이라면 아주 보기 드문 그룹에 속한다. 이 그룹에 들어갔다는 것은 대처해야 할 문제가 많아졌다는 의미일 수 있다. 하지만 절망하지 말고 스스로를 인정하자. 그리고 이것만 기억하자. 혼자서 모든 문제에 대처할 필요는 없다. 손을 뻗어 다른 사람과 이야기해보자. 그러면 얼마나 많은 사람들이 자신을 이해하고 지지하는지 깜짝 놀랄 것이다.

···▶ 유명한 게이들

애덤 램버트 Adam Lambert, 제인 린치 Jane Lynch, 아니 디프랑코 Ani DiFranco, 클레이 에이킨 Clay Aiken, 엘튼 존 Elton John, 케이디 랭 K.D. Lang, 엘런 드제너러스 Ellen DeGeneres, 캘빈 클라인 Calvin Klein 등 영재이자 GLBTQ인 유명 인사를 많이 알고 있을 것이다. 하지만 다음에 소개할 역사 속 인물이 게이, 레즈비언, 양성애자이거나 그렇다고 널리 알려진 사람이란 것은 몰랐을 것이다. (유명한 사람이 많이 들어 있지만 전체 목록에는 한참 못 미친다!)

알렉산더 대왕 · 소크라테스 · 율리우스 카이사르 · 프랜시스 베이컨 · 미켈란젤로 · 레오나르도 다빈치 · 조지 고든 바이런 · 루드비히 비트겐슈타인 Ludwig Wittgenstein · 차이콥스키 Pyotr Ilyich Tchaikovsky · 월트 휘트먼 · 오스카 와일드 Oscar Wilde · 마르셀 프루스트 · 거트루드 스타인 Gertrude Stein · 버지니아 울프 Virginia Woolf · 장 콕토 Jean Cocteau · 라이너 마리아 릴케 Rainer Maria Rilke · 테네시 윌리엄스 Tennessee Williams · 허먼 멜빌 Herman Melville · 윌라 캐더 Willa Cather · 한스 크리스티안 안데르센 Hans Christian Andersen · 아나이스 닌 Anais Nin · 랠프 월도 에머슨 Ralph Waldo Emerson · E. M. 포스터 E. M. Forster · 노엘 카워드 Noel Coward · 제임스 볼드윈 James Baldwin · 랭스턴 휴즈 Langston Hughes · 준 조단 June Jordan · 앨런 튜링 Alan Turing · 엘리너 루스벨트 Eleanor Roosevelt · 존 M. 케인즈 John M. Keynes · J. 에드거 후버 J. Edgar Hoover · 앤디 워홀 · 프리다 칼로 Frida Kahlo · 루돌프 누레예프 Rudolf Nureyev · 레너드 번스타인 · 콜 포터 Cole Porter · 베시 스미스 Bessie Smith · 재니스 조플린 Janis Joplin · 제임스 딘 James Dean

이외에도 더 많은 사람들이 있다.

내 마음의 혼란을 받아들이기까지

by 알렉스 멘리스키

여드름과 털이 나는 것만이 성장기에 겪는 유일한 어려움은 아니다. 나에게 가장 무서운 것은 혼란이었다. 정체성은 나에게 매우 중요했다. 그리고 정체성을 통제하는 것은 그보다 더 중요했다. 통제할 수 없다는 것은 견디기 힘들었다. 정서적·성적 혼란보다 더 통제 불능인 상황은 없을 것이다.

동성애는 점점 늘어나고 있다. 수년 동안 사람들이 그 길을 걸어갔고, 여전히 울퉁불퉁하지만 그 길은 분명 존재한다. 사회에는 다양한 작은 물결이 흐르고 있었다. 나는 친구들이 작은 발판을 찾기 위해 고생하고 싸우고 목숨을 거는 것을 지켜봤다. 또한 자라는 동안 성에 대해 어떤 의문을 갖고, 어떤 감정을 느꼈으며 어떤 혼란을 겪었는지를 기억한다. 그것은 내가 발판을 찾을 수 없었기 때문이 아니었다. 그것은 강철 같은 자제력을 흔들어놓을 폭풍우로 인해 내가 자제력을 잃을까 봐 두려웠기 때문이었다.

나에게 감정은 이 세상 그 어느 것보다 무섭다. 내가 자제력을 잃는다는 것을 의미하니까. 그리고 성에 대한 불확실만큼 강력한 것이 뇌의 '기어'에 끼어 있으면 잘 돌아가던 머릿속도 흔들리고, 통제가 불가능해질 테니까. 나에게는 이 불확실성보다 두려운 것은 없었다. 특히 자기 확신이 뚜렷한 친구들, 즉 동성애자와 이성애자 친구들에게 둘러싸여 있는 동안은 더 그랬다. 확신이 가득 찬 친구들 사이에서 불확실하다는 것은 나에게 일종의 실패나 다름없었다. 그렇게 나는 나의 감정과 정체성에 대한 혼란으로 수치심과 자기혐오의 늪에 빠져들었다.

거짓말은 안 하겠다. 아직도 내가 누군지 잘 모르겠다. 그걸 정확히 아는 사람은 없다. 하지만 이런 질문을 피하거나 그것 때문에 자신을 괴롭히는 것은 도움은커녕 해가 된다. 나는 나의 성 정체성을 제대로 파악하지 못한다고 느끼면서 너무 많은 자해를 했다.

나는 게이나 양성애자일까? 아니다. 그렇다고 생각했지만 둘 다 아니었다. 하지만 그러면서 피해를 본다고 느끼고, 게이 친구들이 상처를 받는 만큼 스스로에게 상처를 줬다. 나는 그 아이들을 대신해서 이야기할 수 없다. 누군가에게 쫓기거나 미움 받는다는 것이 무엇인지 모르니까 말이다. 하지만 스스로를 증오하는 게 어떤 느낌인지는 안다. 그리고 혼자 조용히 있을 때나 혼란스러운 마음을 뇌 밑바닥에 밀어 넣을 때 어떤 느낌이 드는지도 안다. 혼란은 성에 대해 생각할 때 처음으로 맞게 되는 장애물이다. 그 혼란은 내가 더는 그것을 숨기지 않자 극복할 수 있었다.

나는 성에 관해 스스로에게 묻기 시작했다. 그 문제와 악수를 하고 같이 앉아서 이야기를 나눴다. 성의 존재를 인정하자 수년 동안 나를 짓눌렀던 짐이 덜어졌다. 대부분의 경우, 밖에서 주는 부담이 얼마든 간에 가장 큰 적은 나 자신이다. 문제를 외면하는 것은 도움이 되지 않는다. 성 정체성을 찾기 위해서는 적극적으로 행동해야 한다. 생각해보지 않는다면, 생각 없이 행동하게 되고, 처참하고 힘든 결과를 얻게 된다.

나는 게이 친구들이 조롱당할 때 어떤 아픔을 느끼는지를 알게 되면서 놀라기도 했지만, 혐오에 대항하는 그들의 꿋꿋한 태도를 존경하게 되었다. 혼란을 극복하고 스스로를 받아들일 수 있는 그들을 존경한다. 어쩌면 이것은 절반의 싸움일 것이다. 어떤 편견보다 색안경을 낀 자신이 스스로에게 더 해로울 수 있다. 그리고 이 사실을 알아두자. 나 말고 나를 더 잘 아는 사람이 있을까?

알렉스 멘리스키(Alex Menrisky)
현재 오하이오대학교에서 신문방송학, 영어, 불어를 공부하는 4학년 학생이다.

 내가 우울하다고?

영재에 관한 가장 흔한 오해 중 하나는 '똑똑한 사람들은 문제가 없다'라는 것이다. 여러분이 가진 우월한 머리 때문에, 감정적으로 힘들거나 심지어 심란할 때도 다른 사람의 도움 없이 해결할 수 있다고 보는 것이다. 다른 말로 표현하자면, 영재는 우울증과 무방하다는 의미이다.

하지만 영재들도 우울해진다. 그리고 우울감을 인정하지 않고, 검사나 치료를 받지 않은 채 놔둔다면 아주 위험할 수 있다. 우울증의 징후는 자살 징후와 매우 유사하다. 자살은 극심한 우울증에 대한 극단적 반응이기 때문이다. 다음은 우울증의 몇 가지 증상이다.

- ★ 입맛이 바뀐다.
- ★ 낮은 (또는 더 낮은) 성적을 받는다.
- ★ 늘 혼자 있고 싶어 한다.
- ★ 미래에 대해 부정적으로 본다.
- ★ 과거의 성공보다 실수에 집착한다.
- ★ 결단력을 잃고 항상 피곤하거나 지루해한다.
- ★ 외모에 신경을 쓰지 않는다(또는 신경을 덜 쓴다).
- ★ 사람들과 자주 말다툼을 한다.
- ★ 수면 습관이 변한다.
- ★ 모든 게 절망적이라는 태도를 보인다.
- ★ 외로움과 나 자신의 일부를 잃은 것 같은 느낌을 받는다.

물론 가끔씩 나쁜 날도 있을 것이다. 머리에 이불을 뒤집어쓰고 일주일 내내 잠만 자고 싶다면 그건 우울증이 아니다. 스트레스나 지루함에 대한 자연스러운 반응이다. 반대로 우울증은 장기간 (2주 이상) 지속되고 또 강렬하다. 매일 자신이 빠져 있는 웅덩이가 더 깊어지고, 자신 주변에 세운 벽이 점점 더 높아지고, 사람들을 쳐내는 것이 더 쉬워지고, 이런 소외감을 즐긴다고 말할 수는 없지만, 오히려 편안함을 느낄 수 있다. 이런 일이 발생하면 이제 도움을 구할 때이다.

우울증은 연쇄상구균이나 당뇨병과 같은 질병이다. 병에 걸렸다면 병원에 가지 않나? 물론 부끄럽거나 좌절감을 느낄 수도 있을 것이다. 특히 영재로서 그냥 '정리'해보고 싶겠지만 그럴 수 없다. 마치 폐렴을 '정리'해볼 수 없는 것처럼. 부모님, 친구, 선생님, 상담 선생님, 간호사 또는 다른 믿을 만한 사람에게 지금 이야기하자. 나빠지기를 기다리지 말자.

죽음을 생각하는 아이들

몇몇 주제는 금기시되고, 또 이야기하기 힘들어서 사람들이 완전히 무시하기도 한다. 자살이 그런 주제 중 하나다. '자살을 이야기하지 않으면 자살은 사라질 것이다(또는 자살을 이야기하면 더 많은 자살이 일어날 것이다)'라는 잘못된 가정에 따라 많은 청소년과 어른들이 10대 자살을 남들에게나 일어나는 일로 무시해버린다. 그리고 영재 청소년들은 자살을 생각하기에 너무 똑똑하다고 생각한다.

영재 청소년이 일반 학생보다 자살 시도나 자살을 하는 확률이 높다고 제시할 만한 확실한 증거는 없다. 하지만 영재의 어떤 특징이 때에 따라 자살행위에 영향을 미칠 수 있다. (여기에서 의도적으로 '수 있다'와 '때에 따라'라고 썼다. 왜냐하면 영재가 자살할 확률이 높은 것이 절대적이지 않기 때문이다.) 예를 들어보았다.

> ★ 다른 사람들과 다른 실패에 대한 생각(예를 들어, B를 받아도 F를 받은 것과 똑같은 기분이 드는 경우)
> ★ 언제나 1등이 되어야 한다는 주변의 압박과 미래의 리더 또는

거물이 되겠다는 목표

✦ 똑똑한 게 친구와의 관계나 신체 발달을 넘어설 때 오는 좌절감 ("너무 똑똑해서 친구를 잘 못 사귄다" 또는 "일찍 학교에 입학해서 2학년을 건너뛴 건 괜찮은데, 탈의실에서 항상 놀림을 받는다. 난 정말 별 볼 일 없다!")

✦ 어른들의 세상과 국제 동향을 이해하는 반면, 좋은 변화를 만들어 낼 수 없다는 무력감

지역 신문을 읽거나 뉴스를 본다면 자살을 택한 10대 소식을 접했을 것이다. 온라인에서는 쉽게 더 많은 사례를 찾을 수 있다. 이 청소년들은 '똑똑한', '우수한 학생', '성적이 좋은', '눈에 띄는', '예비 대학생' 등이었다. 어쩌면 주변에 자살을 시도하거나 자살한 사람을 알고 있을지도 모르겠다. 우리는 그런 사람을 알고 있다. 다음은 최근에 일어난 몇 가지 자살 사례이다.

✦ 케이티는 열일곱 살에 목숨을 끊었다. 그녀는 A를 받는 학생이었으며 학교에서 성적 우수자로 아너 소사이어티 Honor Society(우등생 모임)의 멤버였다. 게다가 치어리더, 모델 활동을 했고, 미인 대회에도 출전했다. 완벽주의자였던 케이티는 거식증과 폭식증으로 힘들어했다. 결국 2월 어느 오후에 케이티는 주립공원에서 휘발유 두 통을 자신의 몸에 쏟아 붓고 성냥에 불을 붙였다.

✦ 열세 살이었던 스티븐은 읽기 수업 시간에 자신의 머리에 총을

쌌다. 스티븐은 영재로 판정 받은 학생이었다. 학교 농구팀에서도 스타 선수로 활약했다.

★ 데이비드는 고등학교 졸업 한 달 전에 자신이 평점 0.3점 차이로 수석으로 졸업하지 못한다는 걸 알았다. 부모님이 실망할까 봐 걱정하던 데이비드는 결국 아버지의 옷장에서 총을 꺼내 자살했다.

★ 잭슨은 캘리포니아공과대학California Institute of Technology 기계공학과 4학년 학생이었다. 그는 대학 졸업장을 받기 48시간 전에 기숙사에서 죽었다. 많은 사람들은 그가 가장 똑똑하고, 누구나 좋아하는 사람이라고 했다. 그를 '최고 중의 최고'라고 기억하는 사람도 있었다.

슬프게도 우리는 이런 비극적인 이야기로 이 책을 채울 수 있다. 모든 (또는 대부분) 영재 청소년이 우울증과 자살 충동을 느끼는 것은 아니다. 어쩌면 여기 나온 이야기를 이해하기 힘들지도 모른다. 하지만 만약 여기에서 말한 것 중 자신과 관련된 것이 있다면, 더는 미루지 말고 지금 바로 도움을 구하자. 친구, 부모님, 선생님, 멘토, 상담 선생님 아니면 전화 또는 웹 사이트로 누군가에게 이야기하자.

지혜는 어떻게 공부해야 할까?

우리는 이 책에서 영재성, 지능, 사회성, 창의력, 감성, 정서, 확신, 성공에 관해 많이 이야기했다. 그렇다면 지혜는? 지혜는 쉽게 측정할 수 있는 것이 아니다. 왜냐면 경험을 통해서 배우고, 그에 대한 지식뿐 아니라 참을성, 평정심을 깨닫고 겸손해져야 하기 때문이다. 보통 현명해지려면 오랜 시간이 걸린다. 평생이 걸리는 사람도 있다. 여러분에게 현명하다고 생각되는 사람은 누구인가? 아마도 나이가 꽤 있을 것이다.

10대에 진짜 지혜로워질 수 있을까? 여러분의 두뇌는 빠르게 형성되고 있고, 아직 다양한 경험을 하지 못했다는 점을 고려하면, 그 대답은 '아마도 그럴 수 없다'일 것이다. 하지만 이미 높은 수준의 생각과 감성을 갖고 살고 있으니 지혜를 쌓기에는 좋은 위치에 있다. 지금부터 지혜를 쌓으면 일상을 소중히 여길 수 있고, 자신감도 기를 수 있어서(자신감은 남녀 모두에게 가장 매력적인 것으로 외모, 똑똑함, 인기, 유머 감각보다 높이 평가된다) 지금이 견딜 만하고 심지어 즐거워질 것이다.

현명해지려면 우선 성적, 트로피, 메달, 상, 특히 시험 성적 너머에 있는 것을 볼 수 있어야 한다. 키스 스타노비치Keith Stanovich 교수는 자신의 책《지능 검사가 가려내지 못한 것What Intelligence Tests Miss》에서 IQ 검사에서 측정할 수 없는 지혜와 관련된 인지 능력들을 열거했다.

1. 합리성: 성공하기 위해 사용 가능한 수단과 행동을 얼마나 잘 관리할 수 있는가?
2. 실용성: 단순한 두뇌 계산과 실제 지식(또는 상식)의 차이를 알고 있는가?
3. 열린 마음: 마음을 정하기 전에 반드시 어긋나는 모든 정보를 모아보는가?
4. 건전한 판단: 고정관념이 아닌, 증거의 설득력에 따라 확신하는가?
5. 불확실성에 대한 포용력: 대답이 명확해질 때까지 오랜 시간을 기다릴 수 있는가?
6. 편견 수정: 자신의 편견을 알고 있으며, 그것을 적극적으로 수정하려고 노력하는가?

여기서 말한 것들이 잘 되지 않는다고 걱정할 필요는 없다. 청소년이 이런 부분을 모두 섭렵할 거라고 생각하지 않는다. 어른도 마찬가지다. 그렇다면 어떻게 합리성, 실용성, 참을성, 건전한 판단, 열린 마음을 키우고 선입견을 없앨 수 있을까? 다음은 도움이 될 만한 몇 가지 기본 사항들이다.

★ 생각할 수 없는 것을 생각하자. 매달 적어도 하나씩 지구온난화, 리만 가설과 같이 복잡하고 해결할 수 없는 문제에 대해 생각하자. 친구들과 '깊은 생각 모임'을 열어서 피자를 먹으면서 하나의 주제에 대해 이야기하고 최대한 넓고 깊게 생각해보자. 그렇다고 머리 아플 정도로 심하게 생각하라는 것은 아니다.

★ 중요한 일을 만들자. 매일 방과 후에 수업에서 어떤 것이 가장 흥미로웠는지 정하고, 나 또는 가족이나 친구의 실생활에 그것을 어떻게 적용할 수 있을지 두세 가지 방법을 생각해보자. 그런 다음 친구나 가족과 함께 그 방법에 관해서 이야기해보자.

★ 평범한 문제를 해결해보자. 매주 자신의 GPA, 시험 점수, IQ, 이력서 또는 대학 지원서와 전혀 관련이 없는 것 중 귀찮은 문제를 하나 생각해보자. 평범할수록 좋다. 예를 들어, 열쇠나 휴대폰이 어디 있는지 매번 찾아야 하는가? 사물함이 엉망진창인가? 버스를 하루걸러 하루 놓치는가? 문제를 떠올렸다면, 자신의 재치와 모든 사용 가능한 수단을 총동원해 가장 좋은 해결책을 만들어보자.

★ 나만의 선언서를 만들자. 선언서는 종교부터 정치까지 어떤 것이든 다섯 또는 열 가지에 대해 자신의 견해를 적은 문서이다. 선언서를 만든 다음, 각각의 의견과 반대되는 책, 영화, 연극 등을 보자. 그리고 나서 선언서에 어떤 느낌이 들었는지 감상을 추가로 써넣자.

★ 의견이 충돌되는 사람과 이야기하자. 누구와 가장 의견이 맞지 않는지 생각해보자. 그 다음 그 사람과 자주 대화를 나누고 그 사람의 주장에 최대한 귀를 기울여보자. 상대의 의견에 맞서기보다는 상대에게 자신의 관점을 명확히 설명해달라고 부탁하자. 여기에서 중요한 것은 둘 중 누군가가 이기는 것이 아니라, 서로 다른 시각으로 하나의 주제를 검토한다는 것이다. (주의: 만약 의견 충돌로 격한 말싸움을 하게 된다면, 서로 의견이 다르다는 걸 인정하자.)

★ 자원봉사를 하자. 보상을 기대하지 않고 자신의 재능으로 주변 사람들을 돕는 것보다 지혜를 쌓는 좋고 쉬운 방법은 없을 것이다. 왜냐하면 아무런 대가 없이 무언가를 한다는 것은 돈, 음식, 상 또는 장학금과 같은 외부의 보상 때문에 이뤄지는 것이 아니기 때문이다. 대신 자신감, 성취감, 연민, 이타심 같은 내면의 보상을 얻게 된다. 자원봉사는 멀리 보면, 금전적 보상이나 대학 입학 허가서보다 여러분의 미래에 훨씬 더 가치 있는 일이다.

거듭된 연구를 통해 확인된 바에 따르면, 대부분의 사람들은 자신의 스펙을 올리거나 특정한 보상을 얻으려고 하는 작업보다는 스스로 참여하는 작업에서 더 많은 것을 배우고 잘해냈다. 그렇다. 자원봉사를 통해 여러분은 더 현명하고 똑똑해질 것이다.

> "최고의 지능 시험은 상반되는 두 개의 아이디어를 떠올리고, 두 아이디어가 서로의 역할을 잘 해내는지를 보는 것이다."
> - F. 스콧 피츠제럴드(F. Scott Fitzgerald), 작가

한계란 없다

by 자릴 비숍

나는 평점 3.0을 넘어 본 적이 거의 없다. 교장실에 불려가지 않고 한 해를 넘긴 적도 없다. 나는 언제나 더 좋아지기만을 바랐다. 그것이 8학년이 되기까지의 나의 학교생활이었다. 사람들은 나에게 더 잘할 수 있는데, 열심히 하지 않는다고 했다. 그러고는 나를 '나쁜' 아이로 보았다. 왜냐면 언제나 교장실에 불려갔기 때문이다.

또래에게 나는 '바보'였다. 사람들은 내가 나 자신을 믿지 못해서 좌절하고 있다는 것을 이해하지 못했고, 그래서 나는 '외로운' 아이였다. 사람들이 나를 바보, 나쁜 아이, 무능력한 아이라고 생각한다는 것을 알게 되면서 이런 소리를 듣는 것이 몹시 화가 났다. 더 이상 나의 이미지를 가난, 선생님, 다른 학생의 탓으로 돌릴 수 없었다. 그것은 내가 만든 것이었으니까. 이 사실을 깨달으면서 나는 인생을 바꿀 결심을 하게 됐다. 바로 학생회장에 출마하는 것이었다.

그래서 8학년부터는 절대 교장실에 불려가면 안 되고, 모든 과목에서 A를 받아야 하고, 아무도 나를 사고뭉치로 생각해서는 안 됐다. 나 스스로의 본모습을 찾고 싶었다. 어떤 상황의 피해자가 아닌, 마음속에 그린 그 사람으로 말이다. 나의 생각, 행동, 그리고 믿음을 크게 바꾼 끝에 나는 해낼 수 있었다. 오랫동안 숨겨 왔던 나의 본모습을 보여주고 회장에 당선된 것이다. 태어나서 처음으로 최고의 성적을 받았고, 교장실에 불려가지 않았다. 그리고 태어나서 처음으로 나의 목표, 꿈, 야망을 내가 이룰 수 있다는 것을 증명해냈다. 그때 내가 했던 일이 너무 자랑스럽다.

하지만 내가 변할 수 있도록 기회를 준 부모님, 선생님, 친구들이 아니었다면 이 이야기를 할 수 없었을 것이다. 그들은 내가 부정하던 내 안의 훌륭한 점을 보았고, 내가 그것들을 볼 수 있도록 최선을 다했다. 아버지는 교육의 중요성과 함께 나 스스로를 위해 아버지 자신보다 더 나은 미래를 만들어야 한다고 가르치셨다. 또, 어머니가 6남매를 강한 자신감과 큰 사랑으로 품으시는 것을 매일 보면서 크게 감동하였다. 많은 선생님들은 내가 나의 처지 너머의 일을 해내고 싶어 한다는 걸 알고는 많은 도움을 주셨다. 내가 고등학교를 우등생이자 육상팀 주장, 그리고 4년간 학년 대표로서 졸업할 수 있었던 이유가 이 사람들 덕분이다. 전혀 관련 없는 여러 사람들이 나에게 기회가 있다고 생각한다는 게 참 놀라웠다. 가난한 미국 흑인이자, 한 부모 가정의 자녀, 그리고 영재라고 판정받은 적도 없는 아이에게 말이다. 내가 나 자신에게 기회를 주자, 사람들도 나에게 기회를 주었다는 것을 깨달았다. 스스로 나아지는 것이 인종, 사회 계급 또는 한계를 초월하여 나에게 도움을 주었다는 것도 알게 되었다.

나는 현재 아이비리그 학교에 다니고 있으며, 사람들에게 기회를 줄 수 있는 일에 몸담고 있다. 이 일은 8학년 때 허리케인 카트리나로 피해를 입은 이재민을 위해 5천 달러를 모금하면서 시작됐다. 그 후에는 고등학교에서 성적이 좋지 않은 흑인 남자아이를 위한 클럽을 만들었고, 이러한 클럽을 통해 나와 비슷한 배경을 가진 아이들에게 나의 이야기를 전하고 있다. 나에게는 큰돈, 새 차는 없지만,

내가 가진 재능을 나눠줄 의무가 있다. 사람들이 자기 자신에게 기회를 줄 수 있도록 그들을 돕고 싶다. 우리가 각자 겪고 있는 어려움은 우리를 더 특별하게 만들어주지만, 그 어려움 때문에 자신이 갖고 있는 훌륭한 모습은 보지 못하기 때문이다. 내가 보기에 인생은 여러 기회들로 이뤄져 있다. 성공하는 사람은 그 기회를 쟁취할 준비가 된, 대담한 사람이다.

나는 '하늘이 한계다the sky is the limit'라는 말에 동의하지 않는다. 왜냐면 옛날에 내 '하늘'은 오하이오의 트윈스버그하이츠라는 저소득 도시였기 때문이다. 그곳에서 나는 하루를 버텨내기 위해서 혹독하게 일하는 사람들을 보면서 자랐다. 그 모습을 보면서 내가 그들처럼 하루하루 버텨내기 위해 일하는 게 아니라, 진짜 하고 싶은 것을 할 수 있다면 내 앞에 놓인 장벽이 무너질 거라는 생각이 들었다. 이제 내 '하늘'은 뉴햄프셔 주 하노버 Hanover 에 있는 다트머스대학교의 활발한 캠퍼스다. 그리고 내가 내 '하늘'을 직접 만들고 있다. 그렇게 해야 한다고 믿기 때문이다. 나의 이런 모습을 다른 사람들이 공감할 수 있길 바란다. 나이가 들고, 더 좋은 자리를 잡고, 더 편안해질 때까지 기다릴 수만은 없다. 오늘의 삶과 우리 주변의 삶을 더 좋게 만들겠다고 결심해야 한다.

자릴 비숍(Jalil Bishop)

뉴햄프셔 주, 하노버에 위치한 다트머스대학교(Dartmouth College)에서 정부 관련 전공을 하고 있으며 공공 정책을 부전공하고 있다. 그는 자신의 열정을 사로잡을 수 있는 직업이라면 교사부터 인권 변호사에 이르기까지 어떤 것이든 마음이 열려 있다. 하늘은 결코 그의 한계가 되지 않을 것이다.

인생철학을 이야기하다

인생철학을 세우는 것은 현명해지는 것과 밀접한 관련이 있다. 인생철학은 다음의 질문에 대한 여러분의 대답으로 만들어진다. "인생에서 중요한 것은 무엇일까?", "우리는 어떻게 살아야 할까?", "우리가 지구에 온 목적은 무엇일까?", "우리에게 목적이 있을까?", "무엇이 진짜일까", "시간이란 무엇일까?", "진리, 아름다움, 사랑, 자유는 어떤 의미일까?", "선과 악이 존재할까?", "신은 존재할까?", "우리는 죽으면 어떻게 될까?"

> "진정한 질문은 원하든 원하지 않든 의식 속으로 끼어 들어오는 질문이다. 잭 해머처럼 마음속에서 진동하는 것, '타협'을 본 것 같지만, 여전히 그대로 있는 것이다. 진정한 질문은 진정되지 않는다."
> - 잉그리드 벤지스(Ingrid Bengis), 작가

이 질문들은 매우 단순해 보이지만, 여러분이 열여덟 살이든 여든 살이든 쉽게 대답하기 어려울 것이다. 그리고 그 대답은 지혜와 연륜에 따라 평생 동안 자주 바뀔 것이다. 하지만 영재 청소년이 이 질문을 자주 묻게 될 것은 거의 확실하다. 실제로 영재 청소년들은 이미 몇 년 전부터 이 문제를 고민하고 있었을 것이다. 아마도 토요일 밤 다른 또래가 미식축구 경기를 보거나 쇼핑을 하고 있을 때, 인지 능력과 지성의 강렬함이 높은 영재 청소년은 집에서 스티븐 핑커 Steven Pinker(하

버드대학교 교수이자 심리학자-편집자) 또는 프리드리히 니체Friedrich Nietzsche의 책을 읽고 존재의 본질을 살펴볼 가능성이 높다. 중요한 것은 이러한 의문에 대해 체계적으로 생각하는 법을 배우는 것이다.

중요한 질문은 어떻게 찾을 수 있을까?

인생철학을 쌓으려면 가장 핵심적인 문제부터 시작하는 것이 좋다. 그 문제는 "현실이란 무엇인가?"와 같이 거대하고 형이상학적일 수 있다. 아니면 "슈뢰딩거의 고양이는 살았을까? 죽었을까?"(힌트: 구글에서 찾아보자!)와 같이 유머러스할 수 있다. 질문을 쓰고 역사적으로 다른 사람들은 어떻게 정의하고 답했는지 조사해보자. 이 과정은 아마도 멋진 과정이 될 것이다.

많은 사람이 생각하는 것과는 달리, 철학적으로 생각하는 것은 시합에서 이기거나 쇼핑몰에서 새로운 옷을 사는 것만큼 만족스러울 수 있다. 그러니 일기장을 꺼내서 질문을 쓰자.

그 다음은 조금 까다롭다. 자신의 질문을 철학적으로 이야기하는 방법을 배우는 것이다. 고정관념이 아닌 이성과 분석에 근거하여 주장을 평가하는 것이다. 여기서는 수업, 대화, 웹 사이트, 책이 쓸모 있을 것이다. 철학적으로 생각하는 데에는 시간과 노력이 필요하지만 그만한 가치가 있다. 이를 통해 책부터 영화, 환경, 동물의 권리, 경제, 영재에 이르기까지 모든 것에 대한 자신의 태도와 의견을 알게 될 것이다.

철학을 즐긴다고 해서 반드시 대학에서 철학을 전공하고 교수가 되어야 하는 것은 아니다. 추상적인 질문에 대해 깊이 생각하고, 반영하고, 호기심을 갖고, 풀어내는 능력은 여러분이 선택한 모든 수업,

과제 또는 직업에 도움이 될 것이며 다양한 면에서 삶을 풍요롭게 할 것이다.

> "심리학, 사회학, 윤리, 존재 문제…. 저는 여기에 만족할 만한 답을 찾지 못해도 밤에 이런 것들을 생각하면서 오랜 시간을 보낼 수 있어요." - 아나 루시아, 18세

 ## 존재감이 희미할 때는 철학을!

위대한 질문을 깊이 생각하는 법을 배우는 반면, 10대 영재로서 존재감의 위기나 존재에 대한 두려움 또는 우울감을 겪을 가능성이 크다. 존재감의 위기는 무한하고 미지의 것에 열중할 때 생각이 마음에 압도되면서 겪게 된다. 어쩌면 존재의 무능함과 무의미함에 주의를 집중할 수도 있다. 이미 이와 같은 위기를 겪었거나 지금 그 위기를 겪고 있을 수도 있다. 이러한 위기는 매우 고통스럽고 괴로우며 얼마 동안 지속될 수 있다. 임상 우울증, 불안 또는 다른 정신적 문제가 동반될 수 있고, 인생의 어떤 변화를 일으킬 수도 있지만 반드시 그렇지는 않다. 존재감의 위기는 영재들에게서 자연스럽게 일어난다. 예를 들어, 어느 화요일 오후에 비가 오는 것처럼 말이다.

"저는 우울증에 관심이 많고, 특히 심드렁하게 시간 보내기를 좋아해요. 또래에게 이런 우울증은 앓고 있다고 말하기 가장 어려운 종류인 것 같아요. 대부분 불안해하거든요." - 데이트, 18세

왜 영재는 존재감의 위기를 겪을 가능성이 더 클까? 영재는 다른 사람들은 보지 못하는 가능성을 볼 수 있기 때문이다. 그래서 영재들은 이상주의자가 되는 경향이 있다. 이상주의자들은 사회에서 모순, 독단, 불공정, 부조리, 위선, 무관심, 부정행위를 발견할 때 크게 실망한다. 다시 말해서, 세상이 자신의 이상에 맞지 않을 때 크게 실망할 가능성이 크다.

여러 한계에 좌절감을 느낄 때는 영재의 다양한 잠재력이 다시 생각하게끔 할 수 있다. 하루 중에 (또는 인생에서) 어떻게 시간을 충분히 내서 원하는 것을 할 수 있을까? 나의 목표와 관심사를 어떻게 좁혀 나가고, 또 왜 그렇게 해야만 할까? 이런 실망과 좌절은 슬픔, 두려움, 걱정, 무관심, 그리고 분노와 같은 강한 감정으로 이어질 수 있다. 특히 다른 10대(심지어 대다수의 성인까지)가 자신처럼 걱정하지 않고, 생각 없이 TV 프로그램을 보거나 무엇을 사는 데 빠져 있다면 더욱 그렇다.

존재감의 위기를 겪는 것은 건강하고 정상적이다. 많은 중년 어른들 역시 이것을 이해할 것이다. 그들의 세계에서는 '중년의 위기 midlife crisis'라고 한다. 영재 청소년들은 좀 더 일찍 인생의 위기를 겪고 있을 뿐이다. 이러한 위기에 대처하는 방법에 대해 다음의 팁을 참조하자.

존재감의 위기를 극복하는 열 가지 팁

1. 고립되지 않는다. 존재감의 위기를 함께 고민할 수 있는 어른 또는 청소년을 만나자. 그들에게 이렇게 말을 걸어볼 수 있다. "전 세계에서 일어나는 모든 폭력에 대해 너무 슬프고 그걸 막을 수 없어서 무력한 기분이 들어. 너도 이런 감정을 느껴 봤니?"

2. 존재감에 대해 스스로 공부하자. 한 번에 해결할 수 있는 문제가 아니며, 계속해서 다시 생각해야 하는 문제라는 것을 이해하자.

3. 스킨십을 하자. 아기들은 안정감을 얻기 위해서 안아달라고 한다. 그럴 때 토닥토닥 해주어야 하는 것처럼 존재 문제를 겪고 있는 사람도 그런 것이 필요하다. 안아주고, 쓰다듬어주고, 등을 두드려주는 등의 행동으로 외로움과 무의미함을 날려버릴 수 있다.

4. 삶에 도움이 되는 자신만의 인생철학을 만들자. (이전 섹션 참조)

5. 대의명분에 자신을 파묻지 말자. 존재감의 위기의 한가운데에 있을 때, 어디에 속하거나 어떤 의미를 찾기 위해서 필사적으로 정치적·학문적·사회적 이슈에 자신을 파묻을 수 있다. 불행하게도 대개 이것은 도움이 되지 않으며 상황을 악화시킬 수도 있다. 몇 가지 대의명분을 지지하는 것은 분명히 좋은 일이지만 절제가 필요하다.

6. 다른 사람들은 어떻게 의미 있는 삶을 살았는지 알아보자. 눈에 보이는 차이를 만든 사람들이 목표를 이루기 위해 어떤 길을 선택했는지 그에 대한 책을 읽어보자. 그들과 자신을 비교하지 말고, 단지 그들의 선택이 어땠는지에 집중하자. 도서 추천이 필요

하다면 학교 도서관이나 지역 도서관의 사서에게 물어보거나 인터넷으로 검색해보자.

7. 자연과 만나자. 자연에서 시간을 보내는 것은, 특히 친한 친구나 가족과 함께했을 때, 마음의 안식이 되고 삶을 낙관적으로 볼 수 있다.

8. 명상을 하자. 의식적으로 매우 활동적인 두뇌를 진정시키고 명상을 하면, 존재의 두려움에 대처하는 데 많은 도움이 된다. 아직 해보지 않았다면 어떻게 배울 수 있는지 동네의 명상 수업에서 알아보자.

9. 우울해지면 즉시 도움을 받자. 변화에 대해 무력감을 느끼거나 자신의 존재를 이해하는 것에 답답하고 외로운 마음이 든다면, 매우 심각한 우울증이나 심지어 자살에 이를 수도 있다. 이런 일이 발생하면 즉시 어른에게 알리자.

10. 희망을 갖고 긍정적으로 생각하자. 당연한 일이자, 위기에 처했을 때 여러분이 할 수 있는 가장 의미 있는 방어일 것이다. 모든 것이 좋아질 거라는 희망은 많으면 많을수록 좋다.

"봄의 민들레가 필요하다. 밝은 노랑은 파괴가 아니라 재탄생을 의미한다. 우리의 손실이 얼마나 나쁘든 간에 삶은 계속된다는 것. 그리고 다시 좋아질 수 있다는 약속이다." - 수잔 콜린스(Suzanne Collins)의 소설 《모킹제이(Mockingjay)》에서 주인공 캣니스 에버딘의 대사

단조로운 세상에서의 다섯 가지 교훈
by 토머스 프리드먼

다음의 내용은 《뉴욕타임스》 칼럼니스트이자, 《세계는 평평하다 The World Is Flat》의 저자이자, 퓰리처 상 수상자인 토머스 프리드먼의 대학 졸업식 축사에서 발췌한 것이다.

교훈 1 : 자신이 좋아하는 것을 하라. 내년에 세계 여행을 하든, 대학원에 가든, 일을 시작하든, 생각할 시간을 가지든, 무엇을 하든 간에 이성이 하는 말을 듣지 마세요. 여러분의 마음을 따라가세요. 마음은 최고의 진로 상담사입니다. 여러분이 정말로 하고 싶은 일을 하세요. 아직 그게 무엇인지 모르겠다면, 계속 찾아보기 바랍니다. 원하는 게 무엇인지 찾게 되면 다른 사람이나 기계에게는 맡기지 못할 자신만의 그 무엇을 일터에 가져갈 수 있기 때문입니다. 그 무엇이 여러분을 무적의 방사선 전문의, 무적의 엔지니어 또는 무적의 선생님으로 만들어 줄 것입니다.

교훈 2 : 남의 이야기를 잘 듣자. 남의 이야기를 잘 듣는 능력은 사람의 능력 중에서 가장 과소평가된 재능 중 하나입니다. 자신의 생각과 정반대인 사람의 말도 들어주고, 그것이 이치에 맞으면 고려할 수도 있다는 존중의 모습을 보여주세요. 그러면 그 사람과 문제없이 지낼 수 있습니다. 얼마나 많은 사람이 남이 자신의 말을 경청하기를 바라는지 작게 볼 사실이 아닙니다. 일단 그들의 이야기를 들어주면, 다음엔 그들이 여러분의 이야기를 들어줄 것입니다.

교훈 3 : 배우는 법을 배우자. 일터에 가져갈 수 있는 가장 영구적인 기술은 바로 배우는 법을 배우는 능력입니다. 이것으로 여러분은 어디서든 적응하고 전문가가 될 수 있을 것입니다. 친구에게 학교에서 가장 훌륭한 선생님이 누군지 물어보고, 그 선생님의 수업이 그리스 신화든 물리학이든 상관없이 한번 들어보세요. 아마도 배우는 법을 배우는 가장 좋은 방법은 배우는 것을 좋아하는 것일 겁니다. 가장 좋아했던 선생님을 생각해보면, 그분들이 여러분을 어떻게 가르쳤는지 기억이 잘 나지 않더라도, 배우는 게 즐거웠던 기억은 생생하게 떠오를 겁니다.

교훈 4 : 기기에 정신 팔리지 말자. 노트북과 PDA, 인터넷과 구글, MP3와 아이팟의 시대에 한 가지는 꼭 기억하세요. 바로 이 도구들로 여러분이 지금보다 더 똑똑해질지 몰라도, 똑똑한 사람이 될 수는 없습니다. 더 멀리 나아갈 수는 있겠지만, 담장 너머의 이웃에게 뭐라고 말을 걸지, 도움이 필요한 친구를 어떻게 위로할지, 글의 도입부를 어떻게 하면 노래하듯 쓸 수 있을지, 과학이나 문학에서 돌파구를 어떻게 찾을지에 관해서는 절대 알 수 없을 것입니다. 열정, 상상력, 열의나 창의성 같이 여러분을 무적으로 만들어줄 것들은 다운로드할 수 없습니다. 올리브 나무 아래에서 글을 읽고 쓰거나, 여행을 가거나, 공부를 하거나, 반성을 하거나, 박물관을 견학하거나, 사람들과 만나는 등 옛날 방식으로 업로드 해야 합니다.

교훈 5 : 부정적인 사람이 아니라 의심하는 사람이 되자. 의심한다는 건 질문하고, 미심쩍어하고, 조심하고, 쉽게 속지 않는 것이며 항상 새로운 것에 설득당할 열린 마음을 가진다는 뜻입니다. 반면 부정적이라는 건 사람이나 사건에 대해 이미 해답이 있거나 혹은 자신이 해답을 갖고 있다고 생각하는 것입니다. 의심하는 사람은 "나는 그렇게 생각하지 않아. 왜 그런지 알아볼 거야"라고 말하지만, 부정적인 사람은 "그건 사실이 아니야. 사실은 알 수 없어. 그래서 그 사람을 비난할 거야"라고 말합니다. 그러므로 부정적인 사람이 아닌 의심하는 사람이 되세요. 이미 우리나라에는 부정적인 사람이 충분히 있습니다. 그리고 부정적인 마음이 아니라 의심하는 마음에서 훨씬 더 창의적인 기운을 얻을 수 있습니다.

요약 : 제가 지금까지 한 이야기는 '행복은 여행이지, 목적지가 아니다'라는 오래된 격언으로 요약할 수 있을 것입니다. 기쁨과 열정, 긍정적인 모습을 직장에서 보이는 것은 정상에 올랐을 때 하는 일이 아닙니다. 정상에 오르기 위해 사용해야 할 방법입니다. 30년 전 여러분과 같은 자리에 서있던 제가 저널리스트로서 성공을 거두었다면, 그건 제가 목적지만큼이나 여행을 즐기는 방법을 찾았기 때문일 것입니다. 저에게도 물론 지루한 시간과 힘든 시절이 있었죠. 하지만 대부분의 일에서 배울 점과 즐거운 점을 발견했습니다. 평생을 목적지에 걸 수는 없습니다. 여행을 즐길 수 있어야 합니다. 그래서 마크 트웨인의 명언으로 이 축사를 마치겠습니다.

"항상 돈이 필요 없는 것처럼 일하라. 항상 상처받지 않은 것처럼 사랑에 빠져라. 아무도 보지 않는 것처럼 항상 춤을 춰라. 항상 천국인 것처럼 살아라."

앞으로 어떤 일이 우리를 기다릴까?

이제 많은 영재들이 영재성을 이해하고 받아들이고 축하할 수 있게 되기를 바란다. 더 크고, 즐겁고, 흥미로운 삶의 한 조각을 스스로 개척할 수 있기를 바란다. 그리고 여행을 계속하는 동안 행운이 함께하기를 기원한다. 그 여행이 이끄는 곳이면 어디든.

···▶ **도움말**

앨리스가 말했다.

"체셔 퍼스. 여기서부터 어디로 가야 하는지 알려줄 수 있나요?"

고양이가 말했다.

"그건 네가 어디로 가고 싶은지에 달렸지."

앨리스가 말했다.

"어디든 상관없어요."

그러자 고양이가 답했다.

"그럼 어디로 가든 상관없잖아."

앨리스가 거기에 말을 덧붙였다.

"어딘가에 도착한다면 말이죠."

그러자 고양이가 말했다.

"오, 그렇게 될 거야. 충분히 걷기만 한다면 말이야."

– 루이스 캐럴 Lewis Carroll의 《이상한 나라의 앨리스》 중에서 –

영재성

- **호기스 키즈 앤 틴**(Hoagies' Kids and Teens): 영재 관련 자료 보고, 링크, 잡지, 독서 목록뿐 아니라, '범생이' 셔츠, 경연 대회, 스마트 장난감 등이 수록되어 있다. www.hoagieskids.org
- **《이매진**(Imagine)**》**: 존스홉킨스대학교 영재 청소년 센터에서 발행하는 잡지. 학생과 전문가가 함께 만든 이 잡지는 대학 입시 가이드, 스펙 쌓기, 여름학교 프로그램 정보와 방과 후 활동에 대한 정보를 제공한다. cty.jhu.edu/imagine
- **《아웃라이어**(outliers)**》**: 말콤 글래드웰 지음. 높은 IQ는 성공을 보장할까? 성공한 모든 사람은 열심히 일해서 잘된 것일까? 아니면 그들만의 이점이 있었을까? 글래드웰은 잠재력과 성취 사이의 관계에 대해 자세히 살펴보고, '자수성가'라는 개념에 문제를 제기한다.

지적 · 사회적 · 감성적 · 창의적 지능

- **《감성 지능**(Emotional Intelligence)**》**: 린다 워스머 앤드류스 Linda Wasmer Andrews 지음. EQ에 관한 간단명료한 가이드로서 기본적이고 복합적인 감정을 정의하고, 간단한 MBTI 성격 검사를 실어 어린 독자들이 스스로 테스트해볼 수 있도록 했다.
- **국제 미래 문제 해결 프로그램**(FPSPI, Future Problem Solving Program International): 엘리스 폴 토런스 박사가 세운 단체로 창의적 사고력을 자극하고, 학생이 미래의 목표를 세워 행동할 수 있도록 장려한다. 여기에 학생들이 리더십을 갖춘 인재로 성장하도록 돕는다. 해당 사이트를 통해 국제 시

나리오 글쓰기 대회 International Scenario Writing Competition와 국제회의 International Conference 에 참가할 수도 있다. www.fpspi.org

- **《10대를 위한 쿨한 매너(How Rude! The Teen Guide to Good Manners, Proper Behavior, and Not Grossing People Out)》**: 알렉스 J. 패커 Alex J. Packer 박사 지음. 알맞은 조언에 유머를 더해 매너가 왜 중요한지 설명한다. 여러 상황에서 자신을 스스로 다룰 줄 아는 사람만이 성공하고, 원하는 것을 얻고, 스스로에 만족할 수 있기 때문이다.

- **멘사(Mensa)**: 전 세계 11만 명이 넘는 회원을 보유한 높은 IQ를 가진 사람들을 위한 국제적인 단체이다. 스탠포드-비네 방식으로 130점을 받으면 회원 자격이 부여된다. 이 사이트에 있는 멘사 연습 문제로 뇌 운동을 해보자. www.mensa.org

- **마인드해빗(MindHabits)**: 몬트리올에 있는 맥길대학교 McGill University 연구원이 개발한 단순하고 과학적인 게임을 통해 사회적 · 정서적 지능을 개발해보자. www.mindhabits.com

- **틴 잉크(Teen Ink)**: 창의적인 젊은이들을 위한 글쓰기, 미술, 사진, 포럼으로 구성된 잡지이자 도서 출판사이자 웹 사이트다. www.teenink.com

- **젊은 작곡가(Young Composers)**: 작곡에 관심 있는 사람들을 위한 원스톱 자료실이다. 사이트에 음악을 업로드하면 식견 있는 비평가들이 여러분이 작품을 잘 다듬을 수 있도록 도와준다. www.youngcomposers.com

강렬함 · 성격 유형

- **《서로 다른 천부적 재능들(Gifts Differing: Understanding Personality Type)》**: 이사벨 브릭스 마이어스 Isabel Briggs Myers 지음. MBTI를 고안한 사람 중 한 명인 이사벨 브릭스 마이어스가 직접 집필한 책으로, MBTI 유형으로 확인할 수 있는 열여섯 가지 주요 성격에 대한 정보를 속속들이 알려준다.

- **융 유형 검사(Jung Typology Test)**: MBTI를 기반으로 하는 무료 온라인 테스

트를 통해 열여섯 가지 성격 유형 중에서 자신이 어디에 해당하는지 알아볼 수 있다.

www.humanmetrics.com/cgi-win/jtypes2.asp

- 《강렬하고 똑똑한 10대를 위한 가이드(The Smart Teens' Guide to Living with Intensity)》: 리사 리베로 Lisa Rivero 지음. 자신의 강렬함과 창의력을 개발하면서 완벽주의, 부모님, 학교에 대한 대처법을 배울 수 있다.

두뇌 개발

- 《영재의 뇌는 어떻게 학습하는가(How the Gifted Brain Learns)》: 데이비드 소사 David Sousa 지음. 두뇌는 신비로운 방식으로 작동하나, 더는 베일에 싸여 있을 필요가 없다. 이 책은 최신 신경과학 연구 결과를 통해 영재의 생각을 이해하고 함께 참여할 수 있는 방법을 제시한다. 선생님이나 부모님과 함께 보자.
- 어린이를 위한 신경과학(Neuroscience for Kids): 신경계에 대해 배울 수 있는 (거의) 모든 것을 알아보자. 척추, 뉴런, 감각 체계를 비롯해 왜 대부분의 사람들은 뇌의 10%밖에 사용하지 못하는지 등 많은 것을 배울 수 있다.

faculty.washington.edu/chudler/neurok.html

완벽주의, 성공 & 스트레스

- 《10대를 위한 스트레스 해소법(The Stress Reduction Workbook for Teens)》: 지나 M. 비겔 Gina M. Biegel 지음. 스트레스가 심한 경우에 긴장을 풀 수 있는 방법, 할 일의 우선순위를 정하는 방법, 마음을 진정시키는 방법을 가르쳐준다.
- 《16살, 꿈이 너의 미래를 바꾼다(The Success Principles for Teens)》: 잭 캔필드 Jack Canfield, 캔트 힐리 Kent Healy 지음. 재능이 뛰어난 10대들이 직접

시도하고 효과를 본 스물세 가지 전략으로 목표를 달성해보자.

- 《충분히 좋은 것이 충분하지 않을 때 해야 할 일(What to Do When Good Enough Isn't Good Enough)》: 토마스 S. 그린스펀 Thomas S. Greenspon 박사 지음. 자신이 완벽주의자인지 살펴보고, 완벽주의가 한 사람의 인생에 어떤 영향을 미치는지 알아보자. 그리고 '충분히 좋은 것'을 받아들이는 방법에 대해 배워보자. 10대 초반의 아이들을 염두에 두고 집필했지만, 그 위의 청소년이나 청년에게도 도움이 되는 책이다.

공부 방법 & 온라인에서의 습관

- 《세계 최고의 학습법(Becoming a Master Student)》: 데이비드 엘리스 Dave Ellis 지음. 전공 선택에서부터 사람들 앞에서 발표할 때 두려움을 극복하는 방법까지 다양한 조언을 얻을 수 있다.
- 《사이버 중독: 게임과 인터넷 중독에서 탈출하기(Cyber Junkie: Escape the Gaming and Internet Trap)》: 케빈 로버츠 Kevin Roberts 지음. 게임에 빠져 있거나 혹은 그런 사람을 알고 있는가? 이 책은 친구와 가족이 인터넷 중독을 극복하도록 여러 절차와 전략을 제공한다.
- 《속도에서 깊이로(Hamlet's BlackBerry)》: 윌리엄 파워스 William Powers 지음. 역사 전반에 걸쳐 여러 사상가들을 살펴보고, 그들이 시대의 변화에 어떻게 대처했는지 알려준다.

사이버 강의 & 홈스쿨

- 영재 홈스쿨러 포럼(GHF, Gifted Homeschoolers Forum): 영재 학생의 홈스쿨과 그와 관련된 정보를 제공한다. 부모님에게 이곳을 알려 주고 학교 밖에서 다양한 교육을 할 수 있는 아이디어를 찾아보자.
www.giftedhomeschoolers.org

- **미국교육진흥원**(Institute for Educational Advancement): '영재 자료 센터 Gifted Resource Center'를 클릭하면 광범위한 데이터베이스에서 원격 학습과 여러 자료를 검색할 수 있다. www.educationadvancement.org
- **《학교에 가지 않는 11명 청소년의 진짜 이야기(Real Lives: Eleven Teenagers Who Don't Go to School Tell Their Own Stories)》**: 그레이스 루엘린 Grace Llewellyn 엮음. 명작이 업데이트되었다. 이 책은 여러 명의 홈스쿨 학생의 이야기를 통해 홈스쿨을 선택한 아이들의 대학 및 진로에 관해서 이야기한다.

대학 그리고 그 후

- **《영재학생을 위한 대학진학계획(College Planning for Gifted Students)》**: 산드라 버거 Sandra Berger 지음. 대학 입시 에세이 작성법, 추천서 요청 방법, 대학 입시 면접 방법에 대한 조언이 담겨 있다. 영재 학생을 염두에 두고 쓰였다.
- **선택하라: 갭이어 탐색 가이드(Considering Your Options: A Guidebook for Investigating Gap Year Opportunities)**: 데이비드슨 영재 개발 연구소에서 1년 동안 갭이어를 하는 데 준비해야 할 것들을 소개한 가이드북으로, 해당 사이트에서 무료로 다운로드 받을 수 있다. www.davidsongifted.org
- **《2015 내부자 가이드: 대학생의 진짜 캠퍼스 이야기(The Insider's Guide to the Colleges, 2015: Students on Campus Tell You What You Really Want to Know)》**: 예일 데일리 뉴스 Yale Daily News 편집부 지음. 대학생들이 자신이 다니는 대학교의 속사정을 공개한다. 이 책에서는 대학에서 배울 수 있는 것뿐 아니라, 밤 문화, 기숙사, 학생 단체에 관한 이야기도 들을 수 있다.
- **10대 사업가 블로그(Teen Entrepreneur Blog)**: 10대 사업가들이 만든 블로그로서, 여기서는 '특이한 생각을 지닌 CEO'에게 영감과 힘을 불어넣는다. 13세 이하의 어린이는 부모님의 지도가 필요하다. www.teenentrepreneurblog.com

- 《**부모님보다 돈을 더 벌기 위해 필요한 것들**(What It Takes to Make More Money Than Your Parents)》: 닉 셰디스 Nick Sheidies, 닉 타르트 Nick Tart 지음. 자신의 재능을 불태워 성공한 50명의 젊은이를 인터뷰한 이 책에서 영감을 얻어보자.

사이버 불링

- **씬 라인**(A Thin Line): MTV에서 관리하는 사이트로 섹스 문자, 끊임없는 문자 메시지, 문자 검열 등에 관한 정보를 제공한다. 자신의 디지털 사생활을 관리하고 다른 사람에게 도움을 주는 방법과 이를 쉽게 배울 수 있도록 퀴즈도 제공한다. www.athinline.org
- 《**10대의 사이버 불링**(Teen Cyberbullying Investigated)》: 톰 제이콥스 Tom Jacobs 지음. 수정 헌법 제1조에서 보장하는 온라인에서의 권리에 대해 알아보고, 휴대폰과 인터넷 등으로 선생님을 포함하여 여러 사람을 괴롭힌 10대 아이들의 법정 소송 사건과 그 결과를 살펴볼 수 있다.
- **쿨하지 않아**(That's Not Cool): 사이버 불링, 섹스 문자, 사이버 스토킹은 쿨한 것이 아니지만, 이 사이트는 쿨하다. 만약 괴롭힘을 당한다면, 파격적인 '결투 카드'를 다운로드해서 맞서고, 인터넷에서 일어나는 갈등을 해결하는 방법을 알아보자. 여기에 애니메이션 게임도 즐길 수 있다. www.thatsnotcool.com

SNS

- **코기토**(Cogito): 수학과 과학에 관심이 많다면 존스홉킨스대학교 CTY가 관리하는 이 사이트에서 전 세계 영재를 만나보자. 뿐만 아니라, 여기에서는 포럼, 연구 교육 프로그램에 참여하고 에세이, 사설 등을 읽어볼 수 있다. www.cogito.org

- **데이비드슨 젊은 학자 프로그램**(Davidson Young Scholars): 수학과 과학에 관심이 많다면 이곳 사이트를 방문해보자. 데이비드슨 영재 개발 연구소의 프로그램으로, 여기서는 영재를 위한 컨설팅 서비스, 온라인 커뮤니티 등을 무료로 이용할 수 있다. www.davidsongifted.org/youngscholars
- **호기스 영재 교육**(Hoagies' Gifted Education) 페이스북 페이지: 영재들과 교류할 수 있는 좋은 장소로 링크를 공유하고 댓글을 남길 수 있다. 페이스북 계정을 만들려면 열세 살은 되어야 한다. www.facebook.com/HoagiesGifted
- **지티 월드**(GT World): 영재와 재능이 뛰어난 아이들, 그리고 그들을 돕는 사람들을 위한 온라인 커뮤니티이다. 어린이와 청소년을 위한 정보를 얻으려면 '지티 패밀리 GT-Families'를 구독해보면 좋을 것이다. www.gtworld.org

GLBTQ

- **캠퍼스 프라이드**(Campus Pride): 게이 친화적인 대학 환경에 대한 리뷰, 평점 및 기타 정보가 들어 있다. 어떤 게 최고의 선택이 되는지 알아보자! www.campusclimateindex.org
- **이성-동성 연합 네트워크**(GSA Network, Gay-Straight Alliance Network): 여러분의 학교에 GSA가 있는가? 없다면, 하나 만들 수 있고, 특별히 영재 GLBTQ 청소년을 위한 단체를 만들 수도 있을 것이다. www.gsanetwork.org
- **《GLBTQ》**: 켈리 휴걸 Kelly Huegel 지음. 이 10대를 위한 최신 안내서에는 동성 결혼에 관한 뉴스와 입법안, '묻지도 말하지도 말라 Don't Ask, Don't Tell(2011년 폐지된 미국의 동성애자 군 복무 금지 제도-옮긴이)' 정책, 친구 사귀기, 데이트하기, 커밍아웃에 이르기까지 다양한 정보가 담겨 있다.
- **더 나아질 거야 프로젝트**(It Gets Better Project): GLBTQ 청소년들을 돕는 세계적인 운동이다. 1만 명이 넘는 사용자가 만든 동영상이 3천5백만 번 넘는

조회수를 기록했다. 버락 오바마 Barack Obama 전 미국 대통령을 비롯한 유명 인사, 단체, 활동가, 지도자들의 동영상을 감상해보자.
www.itgetsbetter.org

우울증 & 자살

• 《아무런 의미가 없을 때: 우울한 10대를 위한 생존 가이드(When Nothing Matters Anymore: A Survival Guide for Depressed Teens)》: 베브 코베인 Bev Cobain 지음. 혹시 우울하거나 자살을 생각한 적이 있다면 여러분만 그랬던 것이 아니다. 고인이 된 록 가수 커트 코베인 Kurt Cobain 의 친척이 쓴 이 책에 따르면 말이다. 이 책에서 우울증, 자살, 그리고 그에 대한 대처법에 관해 다른 10대들이 어떻게 말하는지 들어보자.

지혜 & 철학

• 《왜 착한 사람에게 나쁜 일이 생길까?(Philosophy for Teens)》: 샤론 카예 Sharon Kaye, 폴 톰슨 Paul Thomson 지음. 거짓말, 속임수, 사랑, 아름다움, 정부, 혐오, 편견에 대한 열네 개의 강의를 읽고 철학적으로 생각해보자.